GUIDE PRATIQUE DES ÉTUDES UNIVERSITAIRES

2013

Plus de 207 programmes d'études

- objectifs
- définition
- nature du travail
- préalables du collégial
- établissements offrant les programmes
- accès
- placement
- etc.

18 établissements au Québec

- universités francophones
- universités anglophones
- écoles
- écoles affiliées

Explorer avant de choisir

Édité par le Service régional d'admission du
Montréal métropolitain
C.P. 11028, succursale Centre-ville
Montréal (Québec)
H3C 4W9   Tél. : 514.271.1124
www.sram.qc.ca

Dépôt légal : 3e trimestre 2012
Bibliothèque nationale du Québec
Bibliothèque nationale du Canada
ISBN : 978-2-921667-45-6

Table des matières

Avertissements

Ce livre contient des indices sur l'accès aux programmes universitaires. Ces données sont le résultat de comparaisons de statistiques tirées de documents officiels les plus récents. Par contre, il faut interpréter ces données avec prudence et jugement, car elles représentent des taux globaux qui peuvent varier selon les années et selon les régions. Les futurs candidats aux études universitaires sont donc invités à rencontrer leurs éducateurs qui peuvent nuancer ces données du passé qui ne sont qu'un indice pour l'avenir.

Les programmes universitaires contenus dans ce livre sont principalement les baccalauréats de premier cycle de type spécialisé et avec majeure et/ou mineure. **Les «Faculty Programs» et les certificats sont ajoutés afin de rendre complète l'exploration du futur étudiant universitaire. Les diplômes de 1er cycle accessibles par les collégiens sont aussi ajoutés. Toutefois, il faut noter que les mineures, les certificats et les diplômes de 1er cycle réservés exclusivement aux adultes n'apparaissent pas.** Aussi, nous avons séparé les certificats offerts dans les différents secteurs en deux catégories : accessibilité par un DEC préuniversitaire, et accessibilité par un DEC technique. On peut retrouver certains certificats dans les deux catégories. De plus, les orientations et options des baccalauréats ne sont pas définies non plus, à quelques exceptions près et pour des orientations particulièrement connues et fréquentées. Parfois, les orientations possibles des programmes sont énumérées à l'intérieur de la définition de ces programmes.

Ce livre est un document général d'information et **un guide à l'intention plus particulièrement des finissants du niveau secondaire et des étudiants du niveau collégial québécois** qui désirent entreprendre des études universitaires de premier cycle. C'est donc dire que l'on ne retrouvera pas ici les conditions d'admission pour les autres types de clientèle, par exemple les adultes. Les universités québécoises offrent également des programmes de deuxième et troisième cycles. On peut s'adresser directement aux universités pour obtenir des renseignements au sujet de ces programmes. On peut, par contre, trouver une liste complète des programmes de 2e et 3e cycles des universités à partir de la page 325.

Ce petit guide ne vise pas à remplacer les publications des universités. Au contraire avant de faire leur choix de cours au Cégep, les étudiants doivent vérifier les cours exigés et les objectifs à atteindre pour l'admission à l'université.

Note : Dans le présent livre, le genre masculin est utilisé sans aucune discrimination et uniquement dans le but d'alléger le texte.

Introduction

Voici la vingt-huitième édition du GUIDE PRATIQUE DES ÉTUDES UNIVERSITAIRES. Il s'agit d'un livre qui contient une synthèse des programmes universitaires et qui est destiné à la fois aux étudiants des 3e, 4e et 5e du secondaire et aux étudiants des secteurs préuniversitaire et technique des collèges.

Les informations contenues dans ce livre ont été cueillies dans bon nombre de documents officiels et sites Web qui ne sont pas toujours facilement accessibles aux futurs candidats aux études universitaires. Ainsi les objectifs et définition des programmes sont tirés généralement des différents annuaires des universités et de d'autres documents d'information listés dans la bibliographie de la page 367. L'indice d'accès à l'admission est tiré des données fournies majoritairement par la conférence des recteurs et des principaux des universités du Québec (CRÉPUQ).

Ainsi, il est important de souligner ici que les baccalauréats de type spécialisé et «HONOURS» ainsi que les baccalauréats avec majeure et mineure ont été retenus. Les certificats de premier cycle sont aussi ajoutés à cause de la possibilité d'obtenir un baccalauréat par cumul de trois certificats et / ou mineures. Les diplômes de 1er cycle viennent compléter les possibilités d'une meilleure exploration. Les programmes réservés exclusivement aux candidats adultes ne font pas partie des informations contenues dans ce livre. Pas plus d'ailleurs que les préalables des programmes concernant ces mêmes candidats adultes. Toutefois une liste globale des programmes de 2e et 3e cycles figure à partir de la page 325.

Il convient donc de porter une attention particulière aux autres programmes en prenant la peine de consulter les annuaires des établissements d'enseignement universitaire et leur site Web ou encore les conseillers en orientation et les professeurs et conseillers en information scolaire et professionnelle que l'on retrouve dans la plupart des établissements scolaires.

Enfin, lorsque vient le temps de poser sa candidature à un programme en faisant une demande d'admission, les dates limites pour ce faire sont le 1er mars d'une année pour la session qui débute à l'automne de cette même année, et le 1er novembre pour la session débutant en janvier suivant. La plupart des cégeps et collèges ont en leur possession les formulaires d'admission des différentes universités pour distribuer aux candidats intéressés. De plus, tout candidat à une admission universitaire peut accéder les sites Web des différentes institutions où il trouvera les formulaires et, dans la majorité des cas maintenant, pourra déposer sa demande en ligne. Les adresses Internet figurent à partir de la page 361.

Les spécialistes en orientation et en information des institutions secondaires et collégiales peuvent aider les candidats dans toute leur démarche d'admission aux universités, et les bureaux et services des admissions des établissements universitaires sont également à la disposition des candidats éventuels. De plus, à chaque année, des représentants autorisés et compétents des différentes institutions universitaires font la tournée des cégeps et collèges de la province de Québec pour rencontrer les étudiants désireux de poursuivre leurs études. Il faut savoir profiter de leur présence dans le milieu collégial pour compléter et raffermir l'information trouvée dans ce guide.

Ce guide a été réalisé par le Service régional d'admission du Montréal métropolitain (SRAM) avec des données disponibles en juin 2012. Il est en vente à un prix très raisonnable. Informez-vous auprès de vos éducateurs (conseillers d'orientation, professeurs en information, aides pédagogiques individuels), ou au laboratoire d'information scolaire et professionnelle, ou à la coopérative étudiante, ou au bureau du registraire, ou au SRAM, C.P. 11028, succursale Centre Ville, Montréal, H3C 4W9 ou au SRAM en appelant au 514.271.1124.

SECONDAIRE V
DES ou DEP

(Incluant les cours requis pour être admis au collégial)*

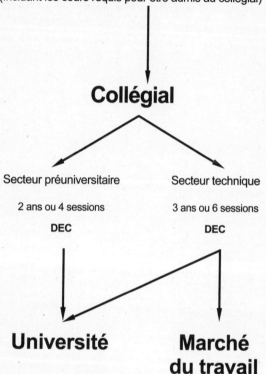

Collégial

Secteur préuniversitaire

2 ans ou 4 sessions

DEC

Secteur technique

3 ans ou 6 sessions

DEC

Université

Marché du travail

Micro-programme ou module ou
programme court (de 9 à 15 cr.)*

Diplôme (60 cr.)*   Certificat (30 cr.)*

**Baccalauréats (de 90 à 120 cr.)* et Doctorats de premier
cycle (+ de 120 crédits)***
        spécialisé, général, individuel,
        avec majeure, mineure

Maîtrises et diplômes

Doctorats et diplômes

---

*   Nombre de crédits généralement exigés pour ces programmes.

Définition des termes

ENSEIGNEMENT UNIVERSITAIRE : ce vocable désigne généralement les études universitaires des 1er, 2e et 3e cycles.

CYCLE : on utilise ce terme pour désigner les différents niveaux d'études universitaires.

Le 1er cycle est la première étape de l'enseignement universitaire. Il fait habituellement suite aux études collégiales et comprend des programmes conduisant généralement à l'obtention du grade de bachelier.

Le 2e cycle est la deuxième étape de l'enseignement universitaire. On y retrouve principalement les programmes de maîtrise.

Le 3e cycle est la troisième étape de l'enseignement universitaire. Il comprend les programmes de doctorat.

PROGRAMME : ensemble cohérent de cours ou d'activités portant sur une ou plusieurs disciplines (ou champs d'études).

«FACULTY PROGRAM» : il s'agit d'une sélection approuvée de cours constituant une concentration dans un champ d'études intellectuellement cohérent et interfacultaire.

BACCALAURÉAT : programme de 1er cycle conduisant à l'obtention du grade de bachelier. Il existe divers types de baccalauréats. Leur contenu peut porter soit sur une même discipline ou un même champ d'études (v.g. baccalauréat spécialisé, «Honours»), soit sur plusieurs disciplines ou champs d'études résultant généralement du cumul de majeures, de mineures ou de certificats. Il y a également des « doctorats de 1er cycle » à ce niveau comme la chiropratique et la médecine par exemple.

– SPÉCIALISÉ : baccalauréat dont la majorité des cours (90 crédits ou plus, 120 crédits, etc.) portent sur une même discipline ou un même champ d'études ou dont la plupart des cours portent sur des disciplines ou des champs d'études jugés connexes.

– «HONOURS» : ce type de programme demande un haut degré de spécialisation et que l'étudiant puisse satisfaire aux exigences spécifiques des départements et Facultés tout en maintenant un bon niveau des résultats académiques. Le « Honours « est propre aux universités anglophones..

– MAJEURE : programme cadre dont la plupart des cours (+ ou - 60 crédits) portent sur une même discipline ou un même champ d'études. Il est généralement la composante principale d'un baccalauréat avec majeure.

– MINEURE : programme cadre dont la plupart des cours (+ ou - 30 crédits) portent sur une même discipline ou un même champ d'études. Il est généralement la composante complémentaire d'un baccalauréat.

– GÉNÉRAL : baccalauréat formé normalement de trois (3) certificats.

- INDIVIDUEL : programme formé de cours choisis par le candidat et son professeur responsable, en accord avec les objectifs poursuivis par l'université.

DIPLÔME : au premier cycle, ce terme désigne un acte attestant la réussite à un programme comportant généralement 60 crédits, au 2e cycle, 30 crédits.

CERTIFICAT : un acte attestant la réussite à un programme cohérent d'études universitaires comportant généralement 30 crédits de 1er cycle ou 2e cycle.

MICROPROGRAMME ou PROGRAMME COURTou MODULE : est un ensemble organisé et cohérent d'activités d'enseignement comportant généralement de 9 à 15 crédits, dans une discipline ou un champ d'études.

RÉGIME COOPÉRATIF : est une méthode de formation en vertu de laquelle l'étudiant complète ses études universitaires par une expérience pratique acquise en milieu de travail, se préparant ainsi graduellement à exercer l'activité professionnelle à laquelle il se destine.

Qu'est-ce que la cote R?

Quel cégep choisir pour préparer l'entrée à l'université? Certains diront de choisir le cégep qui a la réputation d'admettre des étudiants faibles, ce qui permettrait d'avoir plus facilement des notes au-dessus de la moyenne et donc des meilleurs scores Z. Attention! C'est là un faux raisonnement.

En effet, pour chaque cours suivi au cégep, le score Z sera modifié par un indicateur de la force du groupe (IFG). Pour chacun des cours collégiaux, les universités vont regarder avec quels étudiants un cours a été suivi (ex. Philosophie). Ces étudiants étaient-ils forts, moyens ou faibles? Pour le savoir, les universités vont aller voir les bulletins secondaires finaux des 30 étudiants qui ont suivi ce cours (Philosophie) au cégep. Si la moyenne secondaire de ces 30 étudiants était forte, il sera difficile d'avoir un score Z élevé dans ce cours; alors l'IFG augmentera le score Z pour ce cours (Philosophie). Si, au contraire, la moyenne secondaire de ces 30 étudiants était faible, il sera facile d'avoir un score Z élevé dans ce cours; alors l'IFG diminuera le score Z pour ce cours (Philosophie). Chacun des cours collégiaux sera ainsi ajusté par l'IFG de chacun des groupes collégiaux. Tous les scores Z ainsi ajustés par autant d'IFG donneront la COTE DE RENDEMENT AU COLLÉGIAL (COTE R). Cette cote R, qui est ici simplifiée et résumée, est cependant calculée très rigoureusement par les universités, qui s'en servent surtout pour les programmes contingentés.

De plus, il faut savoir que la cote de rendement au collégial n'est pas le seul critère de sélection dans les programmes universitaires contingentés. Plusieurs facultés exigent des tests d'aptitude et des entrevues de sélection, en plus du bulletin d'études collégiales.

Alors, on déconseille les stratégies basées sur le score Z. Il faut choisir plutôt un cégep où l'on croit pouvoir bien fonctionner et faire de bonnes études pendant deux ans. Ce qui importe c'est de bien se préparer aux études universitaires et non pas de bien calculer des écarts à la moyenne. Il est donc préférable, par exemple, de choisir un cégep qui n'est pas trop loin du domicile, pour ne pas perdre de temps dans les transports. L'important c'est d'être bien dans sa peau et dans son environnement, ce qui aide à bien étudier. La priorité, c'est d'étudier. De bonnes études collégiales préparent de bonnes études universitaires, tout comme de bonnes études secondaires annoncent de bonnes études collégiales.

Pour plus de détails sur la cote R et/ou le score Z, consultez le site Web du SRAM : www.sram.qc.ca

Cliquez sur « Français ou Anglais », ensuite sur «Pour en savoir plus» et choisissez «Textes connexes».

Signification des abréviations

AIES	signifie Association des institutions d'enseignement secondaire
CEGEP	signifie Collège d'enseignement général et professionnel
CREPUQ	signifie Conférence des recteurs et des principaux des universités du Québec
DEC	signifie Diplôme d'études collégiales
DES	signifie Diplôme d'études secondaires
ENAP	signifie École nationale d'administration publique
ETS	signifie École de technologie supérieure
HEC	signifie HEC Montréal
INRS	signifie Institut national de la recherche scientifique
ISEP	signifie Information scolaire et professionnelle
Laval	signifie Université Laval
Montréal	signifie Université de Montréal
SRAM	signifie Service Régional d'Admission du Montréal Métropolitain
TÉLUQ	signifie Télé-Université
UQAC	signifie Université du Québec à Chicoutimi
UQAM	signifie Université du Québec à Montréal
UQAT	signifie Université du Québec en Abitibi-Témiscamingue
UQAR	signifie Université du Québec à Rimouski
UQO	signifie Université du Québec en Outaouais
UQTR	signifie Université du Québec à Trois-Rivières

PROGRAMMES DE TYPE COOPÉRATIF

Liste des programmes coopératifs

École de technologie supérieure
- Génie de la construction[1]
- Génie électrique[1]
- Génie logiciel[1]
- Génie mécanique[1]
- Génie des opérations et de la logistique[1]
- Génie de la production automatisée[1]
- Génie des technologies de l'information[1]

Université Laval
- Génie du bois[1]
- Génie des matériaux et de la métallurgie[1]
- Génie des mines et de la minéralurgie[1]
- Informatique[2]
- Opérations forestières[1]

Université de Sherbrooke
- Administration des affaires incluant concentration en comptabilité, finance, gestion de l'information et des systèmes, gestion des ressources humaines, management, marketing[1]
- Biochimie de la santé[2]
- Biologie[2]
- Biologie moléculaire et cellulaire[2]
- Chimie[2]
- Chimie pharmaceutique[2]
- Communication, rédaction et multimédia[2]
- Droit[2]
- Droit avec MBA[1]
- Droit – sciences de la vie[2]
- Écologie[2]
- Économique[2]
- Études anglaises et interculturelles[2]
- Études de l'environnement[1]
- Génie biotechnologique[2]
- Génie chimique[2]
- Génie civil[2]
- Génie électrique[2]
- Génie informatique[2]
- Génie mécanique[2]
- Géomatique appliquée à l'environnement[2]
- Sciences de l'image et des médias numériques[2]
- Informatique[2]
- Informatique de gestion[2]
- Kinésiologie[1]
- Mathématiques[2]
- Microbiologie[2]
- Orientation[2]
- Pharmacologie[2]
- Physique[2]
- Traduction professionnelle[2]

---

1. Offert selon le régime coopératif seulement.
2. Offert selon le régime régulier ou coopératif.

École polytechnique
– Génie géologique[1]
– Génie des mines[1]

Université Bishop's
– Administration[2]
– Informatique[2]

Université McGill
– Génie minier[1] (conjoint avec Polytechnique)
– Génie des matériaux[1]

Université Concordia
– Applications informatiques[2]
– Biochimie[2]
– Chimie[2]
– Commerce international[2]
– Comptabilité[2]
– Computation Arts[2]
– Design[2]
– Économie[2]
– Finance[2]
– Génie du bâtiment[2]
– Génie civil[2]
– Génie électrique[2]
– Génie industriel[2]
– Génie informatique[2]
– Génie logiciel[2]
– Génie mécanique[2]
– Gestion de chaînes automatisées[2]
– Gestion des ressources humaines[2]
– Histoire de l'art[2]
– Jeux sur ordinateurs[2]
– Marketing[2]
– Mathématiques actuarielles[2]
– Mathématiques actuarielles/finance[2]
– Mathématiques pures et appliquées[2]
– Physique[2]
– Services & Applications Web[2]
– Statistiques[2]
– Systèmes informatiques[2]
– Systèmes d'information[2]
– Systèmes intégrés de gestion[2]
– Systèmes logiciels[2]
– Traduction[2]

UQAM
– Informatique et génie logiciel[2]
– Génie microélectronique[1]

---

1. Offert selon le régime coopératif seulement.
2. Offert selon le régime régulier ou coopératif.

UQAR
– Gestion de projet[2]

UQO
– Administration[2]
– Informatique[2]
– Relations industrielles et ressources humaines[2]

UQTR
– Sciences comptables[2]

Université de Montréal
– Informatique[2]
– Mathématiques : orientation en actuariat et en statistique[2]
– Traduction : orientation générale et « COOP » [2]

1. Offert selon le régime coopératif seulement.
2. Offert selon le régime régulier ou coopératif.

Le diplôme d'études collégiales (DEC) en sciences, lettres et arts

(Programme intégré)

Le DEC en sciences, lettres et arts est un programme intégré élaboré et défini conformément aux prescriptions du Règlement sur le régime des études collégiales. Le ministre a déterminé les objectifs du programme formulés en fonction de compétences à atteindre et de standards liés à ces objectifs. Chaque collège a la responsabilité de déterminer les activités d'apprentissage.

En conséquence, les blocs de cours du DEC en sciences, lettres et arts peuvent varier autant de fois qu'il y a de collèges à les offrir. L'analyse de ce genre de dossier par les agents d'admission des universités est d'autant plus complexe qu'ils ne peuvent se référer à une grille de cours traditionnelle comme dans le cas des DEC en sciences de la nature par exemple.

Là où le travail de sélection des universités est simplifié est qu'il est admis que le DEC en sciences, lettres et arts donne accès à tous les programmes universitaires. On remarquera que les objectifs propres au programme de sciences, lettres et arts ont 01Y comme 3 premiers caractères.

En conclusion, le lecteur remarquera que le DEC en sciences, lettres et arts ne figure jamais dans la section «préalables du collégial» car il faudrait le placer partout et pour toutes les universités. C'est donc inutile en autant que les candidats et les services d'admission des universités sachent que :

LE DEC EN SCIENCES, LETTRES ET ARTS
DONNE ACCÈS À
TOUS LES PROGRAMMES UNIVERSITAIRES
(IL EXISTE TOUTEFOIS CERTAINES RESTRICTIONS,
DANS CERTAINES UNIVERSITÉS,
NOTAMMENT EN MUSIQUE, ARTS PLASTIQUES
ET DANSE)

Baccalauréat International
– Sciences de la nature
– Sciences humaines
– Arts et lettres

Conformément aux prescriptions du Règlement sur le régime des études collégiales, le ministre a reconnu le programme de Baccalauréat International (BI) comme programme conduisant au DEC avec la mention cheminement baccalauréat international. Ces programmes de deux ans offrent une formation enrichie et comportent l'étude d'au moins deux langues, des mathématiques, d'une science de la nature, d'une science humaine et de la théorie de la connaissance. Chaque collège a la responsabilité de déterminer les activités d'apprentissage tout en respectant les exigences de l'organisation du Baccalauréat International.

En conséquence, les blocs de cours de ces programmes peuvent varier d'un collège à l'autre. L'analyse de ce genre de dossier par les agents d'admission des universités est d'autant plus complexe qu'ils ne peuvent se référer à une grille de cours traditionnelle des DEC en sciences de la nature, en sciences humaines ou en arts et lettres.

Là où le travail de sélection des universités est simplifié, est qu'il est admis que le DEC BI en sciences de la nature donne accès à tous les programmes universitaires pour lesquels on demande le DEC en sciences de la nature; de même, les autres DEC BI ouvrent la porte à l'ensemble des programmes universitaires en sciences humaines et en sciences de l'administration en respectant certains préalables de mathématiques, et en beaux-arts, en lettres et langues.

On retrouvera des informations complémentaires concernant les préalables BI pour les programmes universitaires et la cote CRC BI sur le site Internet de la Société des établissements du Baccalauréat international du Québec à l'adresse http://www.sebiq.ca/

En conclusion, le lecteur remarquera que les DEC, avec mention cheminement baccalauréat international, ne figurent jamais dans la section « préalables du collégial », car il faudrait les placer partout et pour toutes les universités avec les DEC en sciences de la nature, en sciences humaines ou en arts et lettres.

Baccalauréat multidisciplinaire, ou personnalisé, ou intégré, ou individuel, ou par cumul de programmes (certificats, majeures, mineures), par composantes ou sur mesure, ou général, ou Bachelor of Arts and Science

Les universités offrent aussi des baccalauréats de 90 crédits comportant des cumuls de trois certificats, ou de trois mineures, ou d'un mélange des deux ou même encore de deux certificats ou mineures et un bloc complémentaire de cours de 30 crédits. Pour les baccalauréats ou certificats personnalisés, l'étudiant doit présenter son propre plan de formation et en déterminer l'axe intégrateur.

Normalement, les Universités Laval et Sherbrooke nomment ces baccalauréats **baccalauréat multidisciplinaire ou personnalisé ou sur mesure ou intégré,** tandis que l'Université de Montréal et les Universités du réseau des universités du Québec parlent plutôt de **baccalauréat individuel ou par cumul de programmes ou par composantes (certificats, majeures, mineures).** La TÉLUQ a deux grades : les **Baccalauréat ès Arts et Baccalauréat ès Sciences** sont des programmes avec un cheminement individuel par composantes; ce qu'on appelle aussi un **baccalauréat général**. L'Université **McGill** a instauré un **Bachelor of Arts and Science (B.A. & Sc.) :** il s'agit d'un nouveau programme interdisciplinaire qui permet aux étudiants de poursuivre simultanément un programme offert par la Faculté des arts et un autre offert par la Faculté de sciences. À **McGill** il y a aussi le **Multi-track** qui est leur baccalauréat personnalisé.

Dans un cas comme dans l'autre, ces baccalauréats sont nés notamment pour permettre aux étudiants d'acquérir une formation polyvalente leur procurant une diversification de connaissances plutôt qu'une spécialisation dans un domaine particulier. Ces baccalauréats existent depuis toujours, mais semblent gagner en popularité ces dernières années.

Pour plus d'informations concernant ce type de baccalauréat, le lecteur doit se référer directement à l'Université de son choix car les règles d'obtention pour ce grade universitaire peuvent varier d'une institution à une autre ainsi que les préalables exigés.

Sciences de la santé/ Health Sciences

Secteur des sciences de la santé
Tableau de correspondance
des codes d'objectifs
utilisés comme préalables

Disciplines	Sujets	Objectifs du programme 200.B0* (utilisés comme préalables dans ce secteur)	Code de cours communs[1] pour le programme 200.B0*	Objectifs équivalents du programme 700.A0*	Code de cours des anciens programmes
Biologie	Évolution et diversité du vivant	00UK	101-NYA-xx	01Y5	101-301-78 101-301-95
	Structure et fonctionnement du vivant	00XU			101-401-78 101-401-94
		00UK 00XU		01Y5 01YJ	
Chimie	Chimie générale la matière	00UL	202-NYA-xx	01Y6	202-101-82 202-101-95
	Chimie des solutions	00UM	202-NYB-xx		202-201-75 202-201-95
	Chimie organique	00XV		01YH	202-202-75 202-202-94
Mathématiques	Calcul différentiel	00UN	201-NYA-xx	01Y1	201-103-77 201-103-95
	Calcul intégral	00UP	201-NYB-xx	01Y2	201-203-77 201-203-95
	Algèbre linéaire et géométrie vectorielle	00UQ	201-NYC-xx	01Y4	201-105-77 201-105-94
Physique	Mécanique	00UR	203-NYA-xx	01Y7	203-101-77 203-101-95
	Électricité et magnétisme	00US	203-NYB-xx	01YF	203-201-77 203-201-95
	Ondes et physique moderne	00UT	203-NYC-xx	01YG	203-301-78 203-301-95

[1] Des collèges peuvent utiliser leurs propres codes de cours

* 200.B0   DEC en Sciences de la nature
  700.A0   DEC en Sciences, lettres et arts

Pour l'Université de Montréal, les préalables doivent avoir été complétés moins de 8 ans avant la demande d'admission à moins que le dossier soumis ne démontre le maintien à jour des connaissances.

Secteur des sciences de la santé

Ce grand secteur regroupe dix-huit (18) programmes de type baccalauréat spécialisé. Le DEC qui mène habituellement à ces programmes est le DEC en sciences de la nature, à quelques exceptions près où il est également possible d'y accéder en complétant un DEC technique. De plus, le DEC en sciences, lettres et arts donne accès à tous ces programmes.

La structure du programme des sciences de la nature comprend, comme formation spécifique, les objectifs communs suivants : 00UK (biologie), 00UL, 00UM (chimie), 00UN, 00UP, 00UQ (mathématiques), 00UR, 00US, 00UT (physique)

Toutefois, pour être admis dans les programmes du secteur des sciences de la santé, les candidats peuvent avoir à atteindre, en plus, les objectifs 00XU (biologie) et/ou 00XV (chimie).

À quelques exceptions près, l'accès à ces programmes est généralement «DIFFICILE» à cause du très grand nombre de demandes d'admission et du nombre de places limitées dans les facultés ou programmes.

Le pourcentage attribué à l'indice d'accès aux programmes est établi à partir du nombre d'offres d'admission par rapport au nombre de demandes d'admission **des sortants des collèges**. Ces données proviennent majoritairement de la CRÉPUQ.

Ce secteur regroupe encore et toujours une majorité de programmes ayant les meilleurs débouchés sur le marché du travail.

Audiologie

Définition et objectifs du programme
Ce programme vise à permettre à l'étudiant d'évaluer les capacités auditives des personnes malentendantes et à rechercher les causes et les facteurs aggravants de leurs déficiences. Il lui permet également de pouvoir avancer et appliquer des plans d'intervention afin de rétablir l'aptitude des personnes ayant des difficultés d'audition. L'étudiant apprend aussi à pouvoir fournir à l'entourage de la personne handicapée l'information et le soutien nécessaires.

Nature du travail
L'audiologiste étudie, évalue et corrige les défauts ayant trait à l'ouïe spécialement en se servant d'instruments électro-acoustiques. Il peut aussi se consacrer à la recherche orientée vers le système auditif. Son travail consiste particulièrement à éliminer les effets du handicap vécu par la personne.

Préalables du collégial
Détenir un DEC en sciences de la nature et avoir atteint l'objectif 00XU (biologie)

OU détenir tout autre DEC et avoir atteint les objectifs 00UN (mathématiques), 00UR, 00US, 00UT (physique), 00UL, 00UM (chimie), 00UK, 00XU (biologie)

Université offrant le programme spécialisé
Montréal

N.B. : Des études de 2e cycle sont requises pour porter le titre d'audiologiste : 2 années d'études.

Durée des études : 3 ans

Indice d'accès : 51 % sont admis

Biologie médicale (sciences biomédicales)

Définition et objectifs du programme

Ce programme propose aux étudiants une formation intégrée, à la fois pratique et théorique, dans le vaste domaine des sciences biomédicales. L'étudiant a la possibilité d'acquérir des connaissances en anatomie, biochimie, biologie cellulaire et moléculaire, physiologie, immunologie, pharmacologie, microbiologie et hématologie. L'intégration de ces connaissances amène l'étudiant à comprendre les mécanismes responsables du fonctionnement normal et des dérèglements pathologiques des grands systèmes physiologiques et les prépare à relever avec succès les défis qui se posent à la société moderne en matière de santé humaine.

Nature du travail

Les diplômés de ce programme détiennent une compétence particulière pour le travail dans les laboratoires de recherche médicale ainsi que dans les compagnies pharmaceutiques où ils occupent entre autres, des fonctions de délégués médicaux, de représentants ainsi que diverses fonctions scientifiques.

On retrouve également plusieurs diplômés dans l'enseignement collégial, dans l'administration paramédicale et en contrôle de qualité.

Préalables du collégial

Détenir un DEC en sciences de la nature (UQTR) et avoir atteint les objectifs 00XV (chimie), 00XU (biologie) : (Laval, Montréal)

OU détenir tout autre DEC et avoir atteint les objectifs 00UN, 00UP (mathématiques), 00UR, 00US, 00UT (physique), 00UL, 00UM, 00XV (chimie), 00UK, 00XU (biologie) : (Laval, Montréal)

OU détenir tout autre DEC et avoir atteint les objectifs 00UN, 00UP (mathématiques), 00UR, 00US, 00UT (physique), 00UL, 00UM (chimie), 00UK (biologie) : (UQTR)

OU, pour les détenteurs d'un DEC technique, vous référer à l'annuaire de l'université concernée ou à son site Web : (UQTR)

Universités offrant le programme spécialisé

Laval (sciences biomédicales), Montréal (sciences biomédicales, perfusion extracorporelle, pharmacologie, sciences neurologiques, physiologie intégrée, pathologie et biologie cellulaire et sciences de la vision, + cheminement Honor), UQTR (biologie médicale)

Durée des études : 3 ans

Indice d'accès : 60 % sont admis

Chiropratique

Définition et objectifs du programme

La chiropratique a pour objet l'étude de l'être humain dans sa globalité en tenant compte de ses pouvoirs naturels de récupération. Elle ne recourt donc ni aux médicaments ni à la chirurgie. Elle prépare des professionnels en recouvrement et maintien de la santé humaine en leur permettant de poser des diagnostics et d'appliquer des traitements en relation avec les systèmes nerveux et musculo-squelettiques, particulièrement par la colonne vertébrale.

La préparation offerte aux futurs chiropraticiens comporte trois axes d'apprentissage : 1. formation fondamentale (anatomie, physiologie, histologie, biochimie, physiopathologie, diagnostic clinique et radiologie); 2. formation spécialisée (études théoriques, pratique professionnelle, diagnostic et applications chiropratiques); 3. formation clinique (stages et internat).

Nature du travail

Le chiropraticien exerce habituellement en clinique privée. Il peut concentrer sa pratique sur le traitement de certains types de problèmes (maladies professionnelles, blessures sportives) ou de certains types de clients (enfants, personnes âgées). Il peut également agir à titre de consultant dans les domaines de la santé et sécurité au travail ainsi que des maladies professionnelles.

Il est également possible de se spécialiser dans certains domaines de la profession tels l'orthopédie chiropratique, la radiologie diagnostique, la nutrition, les sciences cliniques et le traitement des blessures sportives.

Préalables du collégial

Détenir un DEC et avoir atteint les objectifs 00UN, 00UP (mathématiques), 00UR, 00US, 00UT (physique), 00UL, 00UM, 00XV (chimie), 00UK, 00XU (biologie)

De plus, le candidat sélectionné devra se soumettre à une entrevue. Et pour compléter son dossier en vue de la sélection, ce candidat invité à l'entrevue doit présenter un formulaire signé par un chiropraticien attestant qu'il a passé l'équivalent d'une demi-journée d'observation en clinique chiropratique privée. +RCR/DEA (adultes, enfants, bébés)

Université offrant le programme spécialisé

UQTR

Durée des études : 5 ans

Indice d'accès : 28 % sont admis

Ergothérapie (réadaptation occupationnelle)

Définition et objectifs du programme

Ce programme prépare l'étudiant à devenir un professionnel de la santé dont l'objet d'expertise est principalement l'occupation. Ce terme implique les activités, les habiletés et les rôles significatifs qui rendent la personne capable d'accomplir, de façon satisfaisante pour elle, les actes de la vie courante. La formation implique un ensemble de connaissances théoriques et de compétences cliniques dans le domaine des sciences biomédicales, occupationnelles, psychologiques et sociales, ainsi qu'au niveau de la gestion et de la recherche.

Nature du travail

Le diplômé planifiera et supervisera des programmes d'activités pour les personnes atteintes d'une incapacité physique ou psychologique, permanente ou temporaire, en vue d'améliorer leur fonctionnement dans la vie quotidienne, de faciliter leur intégration dans le milieu et de développer leurs capacités.

Préalables du collégial

Détenir un DEC en sciences de la nature (Sherbrooke) et avoir atteint les objectifs 00XV (chimie), 00XU (biologie) : (Laval, McGill, UQTR); et avoir atteint l'objectif 00XU (biologie) : (Montréal)

OU détenir tout autre DEC et avoir atteint les objectifs 00UN, 00UP (mathématiques), 00UR, 00US, 00UT (physique), 00UL, 00UM, 00XV (chimie), 00UK, 00XU (biologie) : (Laval, McGill,UQTR)

OU encore, détenir tout autre DEC et avoir atteint les objectifs 00UN, 00UP (mathématiques), 00UR, 00US, 00UT (physique), 00UL et (00UM ou 00XV) (chimie), 00UK, 00XU (biologie) : (Montréal)

OU, pour les détenteurs d'un DEC technique, vous référer aux annuaires des universités concernées ou à leur site Web : (Laval, Montréal, Sherbrooke)

De plus, le candidat devra passer une entrevue : (UQTR)

Universités offrant le programme spécialisé

Laval, McGill (occupational therapy), Montréal (sciences de la santé (ergothérapie), continuum bac-maîtrise), Sherbrooke (bac-maîtrise intégrés), UQTR (bac-maîtrise intégrés)

Note : des études de 2e cycle sont requises pour porter le titre d'ergothérapeute (2 ans).

Durée des études : 3 ans (4 ans : bac-maîtrise)

Indice d'accès : 59 % sont admis

Kinésiologie

Définition et objectifs du programme
Ce programme vise à faire acquérir aux étudiants une compétence générale favorisant leur capacité d'intervention dans la pratique de l'activité physique et de façon plus spécifique, les compétences liées à la prescription de programmes en fonction de différentes clientèles, à l'encadrement de séances en groupe ou individuelles, à l'application de diverses méthodes d'entraînement physique, à l'évaluation de l'efficacité de programmes, à l'application d'une planification auprès de participants sportifs, à l'encadrement de séances de développement technique et tactique, à l'élaboration de stratégies en gestion de stress, à l'application de stratégies en modification du comportement.

Nature du travail
Le diplômé de ce programme évalue la capacité physique et prescrit des programmes d'activités physiques adaptés à des fins préventives de maladies chroniques ou en vue de performances de haut niveau ou encore il peut établir des programmes de réadaptation.

Préalables du collégial
Détenir un DEC : (Sherbrooke (+ un test d'aptitude), UQAM (+ test d'aptitude, entrevue, expérience), UQTR (avoir atteint l'objectif 022V (biologie))

OU détenir un DEC en sciences de la nature (Montréal, UQTR) et avoir atteint l'objectif 00XU (biologie) : (Laval)

OU détenir tout autre DEC et avoir atteint les objectifs 00UN, 00UP (mathématiques), 00UR, 00US, 00UT (physique), 00UL, 00UM (chimie), 00UK, 00XU (biologie) : (Laval (n'exige pas 00XV mais 00UL **ou** 00UM (chimie), McGill)

OU détenir un DEC en sciences humaines et avoir atteint l'objectif 022V (biologie) **ou** détenir tout autre DEC et avoir réussi un cours en biologie humaine et avoir atteint l'objectif 00UN ou 022P (mathématiques) : Montréal

OU, pour les détenteurs d'un DEC technique, vous référer à l'annuaire de l'université concernée ou à son site Web : (Laval)

Universités offrant le programme spécialisé
Laval, McGill (Kinesiology), Montréal (à temps complet seulement), Sherbrooke, UQTR

Universités offrant une majeure
McGill, UQAC, UQTR

Universités offrant une mineure
McGill (Kinesiology for Science students), UQTR (massokinésiothérapie)

Voir aussi Activité ou Éducation physique p. 152

Durée des études : 3 ans

Indice d'accès : 69 % sont admis

Médecine

Définition et objectifs du programme

Ce programme cherche à former des étudiants qui auront acquis à la fin de leurs études la capacité de cerner et d'analyser les problèmes cliniques et de définir la conduite à tenir vis-à-vis de ces problèmes, en vue de fournir au malade des soins compétents qui allient la dimension scientifique et la dimension relationnelle de la médecine, tout en tenant compte du contexte familial et social du malade. De plus, ils auront acquis la capacité de reconnaître et d'analyser les problèmes de santé de la communauté et des individus, en vue de les aider à prendre en charge leur santé et afin de contribuer au maintien et à l'amélioration de la santé de la population en général. Ils auront donc en ce sens, à acquérir des connaissances dans les sciences biologiques et les autres disciplines scientifiques requises pour connaître et comprendre le corps humain.

Nature du travail

Le médecin diagnostique, puis traite les problèmes de santé. Il peut donc donner des conseils pour prévenir la maladie et promouvoir tout moyen qui favorise une bonne santé. Il n'y a que deux grandes classes de pratique médicale : la médecine générale et la médecine spécialisée.

Préalables du collégial

Détenir un DEC en sciences de la nature et avoir atteint les objectifs 00XU (biologie) et 00XV (chimie) : (Laval, Montréal)

Ou détenir tout autre DEC et avoir atteint les objectifs 00UN, 00UP (mathématiques), 00UR, 00US, 00UT (physique), 00UL, 00UM, 00XV (chimie), 00UK, 00XU (biologie) : (Laval, McGill, Montréal, Sherbrooke)

De plus, il y a possibilité d'entrevues (McGill). Aussi possibilité d'examen médical (Montréal). Test d'aptitude (Sherbrooke). Mini entrevues multiples pour candidats présélectionnés (Laval, Montéal, Sherbrooke). Une année préparatoire s'ajoute au programme qui mène au doctorat en médecine dont la durée est de quatre ans (Montréal, McGill). Tous les candidats font une demande d'admission à L'ANNÉE PRÉPARATOIRE au programme de médecine. (Montréal).

Universités offrant le programme spécialisé

Laval, McGill, Montréal (+ extension à l'UQTR), Sherbrooke (+ extension à l'UQAC).

Durée des études : 4 ou 5 ans

Indice d'accès : 38 % sont admis

Médecine dentaire

Définition et objectifs du programme

L'étudiant de ce programme sera appelé à maîtriser les capacités relatives à la prévention, au diagnostic, au plan de traitement, au pronostic et au traitement des maladies dentaires; à renforcer ses compétences dans les relations interpersonnelles et dans la direction efficace de sa pratique; à assumer ses responsabilités professionnelles et personnelles et à évoluer selon les lois actuelles; à faire preuve d'autonomie, de responsabilité et de curiosité professionnelle.

Par sa structure, le programme favorise le choix d'un cheminement d'études dans certaines disciplines dans les cours à option.

Nature du travail

Le diplômé de ce programme voit au dépistage, au diagnostic, à la prévention et au traitement des maladies, des déficiences et des anomalies de la dentition et de la cavité buccale. Après avoir établi le bilan de l'état bucco-dentaire du patient, le dentiste propose et applique un traitement qui peut inclure des traitements, une chirurgie, une restauration ou une extraction. Il soulage la douleur, rétablit ou améliore la fonction de la dentition.

La majorité des dentistes œuvrent en cabinet privé.

Préalables du collégial

Détenir un DEC en sciences de la nature et avoir atteint les objectifs 00XV (chimie), 00XU (biologie) : (Laval, McGill, Montréal)

OU détenir tout autre DEC et avoir atteint les objectifs 00UN, 00UP (mathématiques), 00UR, 00US, 00UT (physique), 00UL, 00UM, 00XV (chimie), 00UK, 00XU (biologie) : (Laval, McGill, Montréal)

OU, pour les détenteurs d'un DEC technique en hygiène dentaire avoir atteint les objectifs 00UN, 00UP (mathématiques), 00UR, 00US, 00UT (physique), 00UL, 00UM, 00XV (chimie) : (Laval)

De plus, il y a un test de perception visuelle obligatoire (Laval), une entrevue et une autobiographie (McGill). Tous les candidats doivent se présenter **obligatoirement** aux tests d'aptitude aux études dentaires de l'Association dentaire canadienne (Laval, Montréal, McGill). Il y a une possibilité d'entrevue structurée à Laval (obligatoire) et Montréal et d'examen médical à Montréal. Une année préparatoire s'ajoute au programme de médecine dentaire dont la durée est de quatre ans (Montréal). Tous les candidats font une demande à l'année préparatoire au doctorat de médecine dentaire et ils doivent soumettre une lettre de motivation (Montréal).

Universités offrant le programme spécialisé

Laval, McGill, Montréal

Durée des études : 4 ou 5 ans

Indice d'accès : 27 % sont admis

Médecine vétérinaire

Définition et objectifs du programme
Ce programme veut former des spécialistes de la médecine des grandes populations animales. Le vétérinaire doit diagnostiquer, prévenir et traiter les maladies des animaux. Il doit donc être à la fois anesthésiste, chirurgien, orthopédiste, psychologue et dentiste pour les animaux. C'est dans ce programme également qu'on forme les spécialistes qui auront à renseigner les humains sur les maladies transmissibles de l'animal à l'homme.

Nature du travail
Le diplômé en médecine vétérinaire peut exercer sa profession dans le domaine des animaux de compagnie (chiens, chats, petits rongeurs, oiseaux et animaux exotiques), des animaux de la ferme (bovins, porcs, volailles) ainsi que dans les domaines des chevaux, de l'environnement et de la faune. De plus, les activités de la profession ne se limitent pas à l'exercice en population rurale et urbaine, qui absorbe à peine la moitié des diplômés. L'hygiène préventive, la salubrité des usines de transformation des aliments, l'inspection des viandes, le contrôle des maladies transmissibles à l'homme, les laboratoires de diagnostics et de recherche et l'enseignement sont autant de sphères d'activités qui intéressent le médecin vétérinaire.

Le titre de docteur en médecine vétérinaire ne confère pas la permission d'exercer la profession. Pour obtenir ce droit au Québec, le nouveau diplômé doit subir avec succès les examens exigés par la Loi, auprès de l'Ordre des médecins vétérinaires du Québec.

Préalables du collégial
Détenir un DEC en sciences de la nature et avoir atteint les objectifs 00XV (chimie), 00XU (biologie),

OU détenir tout autre DEC et avoir atteint les objectifs 00UN, 00UP (mathématiques), 00UR, 00US, 00UT (physique), 00UL, 00UM, 00XV (chimie), 00UK, 00XU (biologie),

OU, pour les détenteurs d'un DEC technique, vous référer à l'annuaire de l'université concernée ou à son site Web,

De plus, il y a des entrevues pour les candidats présélectionnés.

Université offrant le programme spécialisé
Montréal

Durée des études : 5 ans

Indice d'accès : 22 % sont admis

Nutrition (Diététique)

Définition et objectifs du programme

La formation de ce programme repose sur trois axes principaux d'apprentissage : l'individu, l'aliment et la santé. Il vise donc à former des spécialistes de la nutrition humaine capables d'intervenir en matière de nutrition pour répondre aux besoins des individus et des groupes, dans une perspective de promotion de la santé.

L'accent est mis aussi sur des connaissances telles que : les aspects biologiques, psychologiques et socioculturels des individus, la nature et l'utilisation des aliments, les aptitudes à la consommation, la gestion dans les champs d'action de la nutrition et la créativité dans les méthodes de travail.

Nature du travail

Le diplômé de ce programme guide les choix alimentaires des individus ou des groupes de tous les âges, en santé ou malades, selon les principes de nutrition en vue de promouvoir la santé par une saine alimentation. Il évalue les comportements alimentaires, établit et applique des programmes d'hygiène nutritionnelle, élabore des menus et supervise l'approvisionnement, la production et la distribution des aliments et des repas. Il peut aussi offrir des services de consultation individuelle.

Préalables du collégial

Détenir un DEC en sciences de la nature et avoir atteint les objectifs 00XV (chimie), 00XU (biologie) : (Laval, Montréal)

OU détenir tout autre DEC et avoir atteint les objectifs 00UN (mathématiques), 00UR, 00US, 00UT (physique), 00UL, 00UM, 00XV (chimie), 00UK, 00XU (biologie) : (McGill, Montréal)

OU encore détenir tout autre DEC et avoir atteint les objectifs 00UN (mathématiques), 00UR (physique), 00UL, 00UM, 00XV (chimie), 00UK, 00XU (biologie) : (Laval)

OU, pour les détenteurs d'un DEC technique, vous référer aux annuaires des universités concernées ou à leur site Web : (Laval, Montréal)

Universités offrant le programme spécialisé
Laval, Montréal

Université offrant une majeure
McGill (Campus Macdonald)

Université offrant une mineure
McGill-Campus Macdonald (Human Nutrition)

Durée des études : 3 $^1/_2$ ans

Indice d'accès : 62 % sont admis

Optométrie

Définition et objectifs du programme
Ce programme veut amener l'étudiant à poser tous les actes qui ont pour objet la vision et qui se rapportent à l'examen des yeux, l'analyse de leur fonction et l'évaluation des problèmes visuels ainsi que l'orthoptique, la prescription, la pose, l'ajustement, la vente et le remplacement de lentilles ophtalmiques.

L'étudiant complète sa formation théorique en développant ses habiletés au moyen de stages en cliniques diverses.

Nature du travail
Le diplômé de ce programme est un professionnel de la santé en première ligne des soins oculaires et visuels. Il effectue l'examen des yeux, procède à l'évaluation de la fonction visuelle et détecte les problèmes de santé oculaire afin de diagnostiquer les déficiences de la vision. Il prescrit et fournit les traitements nécessaires à toute clientèle jeune ou moins jeune, avec déficience légère ou plus sévère. L'optométriste, par ses conseils de prévention, contribue à l'hygiène visuelle et au maintien de la santé oculaire.

Préalables du collégial
Détenir un DEC en sciences de la nature et avoir atteint les objectifs 00XV (chimie), 00XU (biologie),

OU détenir tout autre DEC et avoir atteint les objectifs 00UN, 00UP (mathématiques), 00UR, 00US, 00UT (physique), 00UL, 00UM, 00XV (chimie), 00UK, 00XU (biologie),

ET, pour les candidats présélectionnés, soumettre un curriculum vitae, et se présenter à une entrevue.

Université offrant le programme spécialisé
Montréal

Une année préparatoire s'ajoute au programme qui mène au doctorat en optométrie dont la durée est de quatre ans. Tous les candidats font une demande à l'année préparatoire au programme de doctorat en Optométrie.

Durée des études : 4 ou 5 ans, incluant l'année préparatoire

Indice d'accès : 21 % sont admis

Orthophonie

Définition et objectifs du programme

Le programme forme des étudiants qui auront à s'occuper du dépistage, du diagnostic, du traitement et de la prévention des troubles de la parole, de la voix, du langage et des fonctions de communication. À cette fin, on leur enseigne à évaluer la nature, l'étendue et la gravité des troubles (défauts d'articulation, trouble vocal, dyslexie, aphasie, bégaiement, etc.), à rechercher les facteurs responsables (physiologiques, neurologiques, affectifs, familiaux, sociaux), et à en planifier et réaliser les interventions thérapeutiques et éducatives auprès de la personne en plus d'offrir un soutien à leur entourage.

Nature du travail

L'orthophoniste étudie, évalue et corrige les défauts d'élocution, de prononciation et de la voix. Il peut également faire de la recherche dans ce domaine.

Préalables du collégial

Détenir un DEC en sciences de la nature et avoir atteint l'objectif 00XU (biologie),

OU détenir tout autre DEC et avoir atteint les objectifs 00UN (mathématiques), 00UR, 00US, 00UT (physique), 00UL, 00UM (chimie), 00UK, 00XU (biologie)

Université offrant le programme spécialisé

Montréal

N.B. : Des études de 2e cycle sont requises pour porter le titre d'orthophoniste : 2 années d'études.

Durée des études : 3 ans

Indice d'accès : 51 % sont admis

Pharmacie

Définition et objectifs du programme

Ce programme cherche à former des étudiants qui auront à promouvoir et assurer un usage optimal des médicaments pour améliorer la qualité de vie des patients dans le respect de la personne humaine. Cet étudiant aura à contribuer, avec les autres professionnels de la santé, à l'éducation et à la promotion de la santé, et il devra s'adapter aux changements sociologiques et technologiques. Il aura également à résoudre des problèmes de santé liés de près ou de loin à des médicaments, en vue d'améliorer le mieux-être du patient.

Nature du travail

La prestation de soins pharmaceutiques constitue l'essence même de la profession de pharmacien. Que le pharmacien œuvre en milieu communautaire ou en établissement de santé, il doit s'assurer que le médicament soit préparé adéquatement et que le patient reçoive toutes les informations nécessaires à l'utilisation correcte du médicament.

Dans l'industrie pharmaceutique, le diplômé de ce programme participe au développement du médicament et collabore à l'étude des effets thérapeutiques sur l'organisme. Il travaille aussi au niveau du contrôle de la qualité et aux essais cliniques.

Préalables du collégial

Détenir un DEC en sciences de la nature et avoir atteint les objectifs 00XV (chimie), 00XU (biologie) : (Laval, Montréal)

OU détenir tout autre DEC et avoir atteint les objectifs 00UN, 00UP (mathématiques), 00UR, 00US, 00UT (physique), 00UL, 00UM, 00XV (chimie), 00UK, 00XU (biologie) : (Laval, Montréal)

Et, pour les candidats présélectionnés, répondre à un questionnaire. Sur demande, fournir des références et se présenter à une entrevue (Montréal). Pour Laval et Montréal, le candidat dont la langue d'études n'est pas le français, devra faire la preuve de la connaissance du français pour être admissible. Il y a aussi possibilité d'un test psychométrique et le candidat devra répondre à un questionnaire autobiographique.

Universités offrant le programme spécialisé

Laval, Montréal

Voir aussi Sciences biopharmaceutiques, p. 48

Durée des études : 4 ans

Indice d'accès : 43 % sont admis

Pharmacologie

Définition et objectifs du programme
Ce programme vise à former des scientifiques – chercheurs qui recevront, de ce fait, une formation multidisciplinaire. D'ailleurs le programme est offert en collaboration entre les facultés de médecine, des sciences et de l'administration. Les étudiants auront donc à se familiariser avec les méthodes et les techniques modernes utilisées tant dans les laboratoires universitaires qu'industriels.

Il s'agit donc de former des chercheurs et scientifiques pour l'industrie pharmaceutique spécifiquement. D'ailleurs le programme a été mis en place avec la collaboration de l'industrie afin de bien cibler les cours et la formation pertinente au travail demandé.

Nature du travail
Ce diplômé analyse les effets d'un produit chimique sur l'organisme vivant dans le but d'en voir une utilité thérapeutique. Il vérifie les effets bénéfiques en tant qu'agent thérapeutique et participe aux études pré-clinique et clinique.

Il est important de noter qu'un pharmacologue ne peut devenir un pharmacien d'officine ou d'hôpital à moins de se diriger ensuite dans un programme de pharmacie. Il s'agit donc plus d'un scientifique-chercheur au niveau de l'industrie que d'un professionnel qui aura un contact plus étroit avec les patients, comme, par exemple le pharmacien.

Préalables du collégial
Détenir un DEC et avoir atteint les objectifs 00UN, 00UP (mathématiques), 00UR, 00US, 00UT (physique), 00UL, 00UM (chimie), 00UK (biologie)

OU, pour les détenteurs d'un DEC technique, vous référer à l'annuaire de l'université concernée ou à son site Web

Université offrant le programme spécialisé
Sherbrooke

Université offrant une mineure
McGill

Durée des études : 3 ans

Indice d'accès : 78 % sont admis

Physiothérapie (réadaptation physique)

Définition et objectifs du programme
Ce programme vise à former des spécialistes aptes à promouvoir la santé et à favoriser l'autonomie fonctionnelle des individus par la prévention, l'évaluation et le traitement des déficiences motrices et leur conséquence sur la capacité fonctionnelle de même que par le développement des connaissances en physiothérapie.

Nature du travail
Ce diplômé intervient auprès des gens atteints d'une incapacité physique affectant les systèmes musculo-squelettique, cardiorespiratoires ou neurologiques en vue de rétablir leur fonctionnement physique optimal. À cette fin, il procède à une évaluation de la nature, des causes et de l'étendue des troubles fonctionnels des patients au moyen de tests, établit les objectifs de réadaptation, planifie le traitement et fait des recommandations.

Préalables du collégial
Détenir un DEC en sciences de la nature (Sherbrooke) et avoir atteint les objectifs 00XV (chimie), 00XU (biologie) : (Laval, McGill); et avoir atteint l'objectif 00XU (biologie) : (Montréal)

OU détenir tout autre DEC et avoir atteint les objectifs 00UN, 00UP (mathématiques), 00UR, 00US, 00UT (physique), 00UL, 00UM, 00XV (chimie), 00UK, 00XU (biologie) : (Laval, McGill, UQAC)

OU encore détenir tout autre DEC et avoir atteint les objectifs 00UN, 00UP, 00UQ (mathématiques), 00UR, 00US, 00UT (physique), 00UL et (00UM ou 00XV) (chimie), 00UK, 00XU (biologie) : (Montréal)

OU, pour les détenteurs d'un DEC technique, vous référer aux annuaires des universités concernées ou à leur site Web : (Laval, Montréal, Sherbrooke)

De plus, une notice autobiographique standardisée (NAS) est exigée à Laval.

Universités offrant le programme spécialisé
Laval, Montréal (sciences de la santé (physiothérapie), continuum bac-maîtrise), McGill (physical therapy), Sherbrooke (bac-maîtrise intégrés), UQAC (réadaptation – programme de McGill offert en extension)

Note : des études de 2e cycle sont requises pour porter le titre de physiothérapeute (2 ans)

Durée des études : 3 ans

Indice d'accès : 42 % sont admis

Podiatrie

Définition et objectifs du programme
Ce programme prépare des professionnels de la santé qui seront responsables des soins et des traitements du pied. Ils seront donc habilités à déterminer, au moyen des examens cliniques et radiologiques, les diverses affections et pathologies relatives au pied, au niveau des systèmes musculo-squelettique, tégumentaire, dermatologique, vasculaire et neurologique.

Les compétences cliniques acquises dans ce programme doivent permettre au podiatre d'être en mesure de différencier une affection locale du pied d'une maladie systémique, de différencier donc les pathologies relevant des traitements podiatriques de celles relevant de la compétence d'un médecin.

Nature du travail
Ce diplômé utilisera plusieurs modes thérapeutiques pour traiter les affections des pieds. Il pourra recourir à la prescription et à l'administration de médicaments, notamment dans le cadre des anesthésies locales et pour soulager la douleur, ainsi qu'à l'exécution de chirurgies mineures. Il sera également habilité à fabriquer, à transformer, à modifier ou à prescrire une orthèse podiatrique. Il saura enfin conseiller les gens sur les soins à donner à leurs pieds de même que sur les mesures préventives et les mesures d'hygiène à adopter.

Préalables du collégial
Détenir un DEC et avoir atteint les objectifs 00UN, 00UP, 00UQ (mathématiques), 00UR, 00US, 00UT (physique), 00UL, 00UM, 00XV (chimie), 00UK, 00XU (biologie)

OU, détenir un DEC en sciences de la nature et avoir atteint les objectifs 00XV (chimie) et 00XU (biologie)

ET, le candidat devra se soumettre, au besoin, à des tests d'admission et à une entrevue

Université offrant le programme spécialisé
UQTR (doctorat en médecine podiatrique)

<u>À noter</u> : un stage de 4 mois est obligatoire au New York College of Podiatric Medecine.

Durée des études : 4 ans (2 sessions (été))

Indice d'accès : 21% sont admis

Sage-femme (pratique)

Définition et objectifs du programme

Le programme de baccalauréat en pratique sage-femme a pour but de former des sages-femmes comme praticiennes compétentes et autonomes qui suivent des femmes et leur famille tout au long de la période périnatale, dans un contexte d'équipe multidisciplinaire, en respectant le besoin des femmes d'accoucher en sécurité et dans la dignité. Ce programme répond aux orientations ministérielles concernant la pratique des sages-femmes et son intégration dans le système de santé, et répond à la définition internationale de la sage-femme. Il se fonde plus particulièrement sur l'humanisation des soins périnatals, leur continuité, la responsabilité de la femme et son droit au choix éclairé, le soutien du milieu communautaire et la sécurité de la mère et de l'enfant.

La 1re année est consacrée à l'acquisition de connaissances en sciences biomédicales et en sciences sociales et humaines. Les 3 autres années sont principalement consacrées aux stages en milieu clinique : maison de naissance, centre hospitalier et milieu communautaire.

Nature du travail

Les sages-femmes offrent des soins de première ligne, sécuritaires et professionnels, tout au long de la période périnatale, dans différents lieux de pratique. Elles sont appelées à collaborer avec les autres intervenants et professionnels du réseau de la santé, à contribuer au développement des connaissances théoriques et cliniques par la recherche, et à mettre constamment à jour leurs connaissances. La loi prévoit 3 lieux de pratique : maison de naissance, centre hospitalier et domicile. En bref, le champ de pratique de la sage-femme concerne les événements normaux du processus de la reproduction humaine et comprend l'ensemble des services requis tout au cours de leur déroulement. Il débute avec la grossesse et va jusqu'à six semaines après la naissance.

Préalables du collégial

Détenir un DEC préuniversitaire ou technique et avoir atteint les objectifs 00UM, 00XV (chimie), 00XU, 00UK (biologie)

ET, les candidats doivent répondre à un questionnaire écrit, fournir deux rapports confidentiels (référence), fournir une lettre attestant de 50 heures d'implication communautaire et passer une entrevue.

Université offrant le programme spécialisé

UQTR

Note : Le mot «sage-femme» désigne un titre professionnel qui est accessible aussi bien aux hommes qu'aux femmes. Le féminin est utilisé dans ce texte sans discrimination et uniquement pour alléger le texte.

Durée des études : 4 ans

Indice d'accès : 27 % sont admis

Sciences biopharmaceutiques

Définition et objectifs du programme
Ce programme intègre, dans une démarche à la fois théorique et pratique, les sciences biopharmaceutiques et leurs applications. Au terme de sa formation, l'étudiant aura acquis des connaissances de base et une compréhension générale des processus de découverte, de développement préclinique et clinique et de fabrication du médicament, ainsi que des principales fonctions associées à ceux-ci; il connaîtra, de manière générale, les approches scientifiques propres à chacune des phases cliniques du développement du médicament; il aura dégagé une vue d'ensemble des activités associées au médicament et de son environnement politique, juridique, économique et social; enfin, il sera conscient des enjeux éthiques et de l'importance de l'intégrité personnelle et profession-nelle associés au développement du médicament.

Nature du travail
Ce diplômé pourra faire carrière dans plusieurs secteurs, tels que l'industrie pharmaceutique novatrice et générique, la biotechnologie, le milieu de la recherche hospitalo-universitaire, le gouvernement et finalement les entreprises de recherche préclinique et clinique.

Préalables du collégial
Détenir un DEC en sciences de la nature et avoir atteint les objectifs 00XV (chimie) et 00XU (biologie)

OU détenir tout autre DEC et avoir atteint les objectifs 00UN, 00UP (mathématiques), 00UR, 00US, 00UT (physique), 00UL, 00UM, 00XV (chimie) et 00UK, 00XU (biologie)

OU détenir un DEC en techniques de laboratoire : biotechnologiques (version 210.AA)

Université offrant le programme spécialisé
Montréal

Durée des études : 3 ans

Indice d'accès : 43% sont admis

Sciences infirmières

Définition et objectifs du programme

Ce programme vise à permettre à l'étudiant de construire avec des individus, des familles et des collectivités un processus de soins fondé sur une approche globale et sur des connaissances dans les sciences humaines et biomédicales. Il permet également à l'étudiant d'accroître ses habiletés dans la prise de décision en lien avec les pratiques de soins infirmiers, d'accroître son répertoire d'interventions infirmières, lesquelles s'appuient sur un savoir valide, de développer les attitudes et les habiletés nécessaires au dialogue et à la collaboration dans des contextes intradisciplinaire et interdisciplinaire et finalement de s'outiller en vue de faire face à l'évolution constante des connaissances et des pratiques de soins à l'intérieur de la discipline infirmière.

Nature du travail

Le diplômé de ce programme planifie et prodigue les soins nécessaires au rétablissement ou au maintien du bien-être des patients. Il surveille leur état de santé, administre les traitements et les médicaments selon l'ordonnance du médecin, observe leurs réactions et les consigne dans un dossier médical. Il favorise la promotion de la santé, la prévention de la maladie, le recouvrement et la réadaptation.

Préalables du collégial

Détenir un DEC technique en soins infirmiers (toutes les universités)

OU détenir un DEC en sciences de la nature UQAC et UQO (formation initiale), UQTR (formation initiale) et avoir atteint les objectifs 00UN (mathématiques), 00UL (chimie), 00XU (biologie), Montréal, UQO et Laval (sans les mathématiques 00UN)

OU détenir tout autre DEC et avoir atteint les objectifs 00UN, 00UP (mathématiques), 00UR, 00US, 00UT (physique), 00UL, 00UM, 00XV (chimie), 00UK, 00XU (biologie) à (McGill, Montréal) : 00UN (mathématiques), 00UR (physique), 00UL, 00UM, 00XV (chimie), 00UK ou 00XU (biologie) à (Laval) : 00XU (biologie), et un objectif en mathématiques à (UQAC, formation initiale)

OU détenir un DEC en sciences humaines (UQO), et avoir atteint les objectifs 00XU (biologie), 00UL (chimie), 00UN (mathématiques) : (UQTR pour la formation initiale)

OU, pour les détenteurs d'un DEC technique, vous référer aux annuaires des universités concernées ou à leur site Web : (Laval, McGill, Montréal, Sherbrooke, UQAC, UQAR, UQAT, UQO, UQTR)

DE PLUS, le candidat dont la langue d'études n'était pas le français, devra faire la preuve de la connaissance du français pour être admissible. Toutefois, tous les candidats doivent maîtriser la langue anglaise à cause de la documentation de référence en majeure partie en langue anglaise (Laval)

Sciences infirmières (suite)

Universités offrant le programme spécialisé
Laval, McGill (nursing), Montréal (formation initiale, formation intégrée + cheminement Honor), Sherbrooke (formation intégrée), UQAC (formation initiale, intégrée, perfectionnement), UQAR (+UQAR-Campus de Lévis), UQAT, UQO (+ UQO à Saint-Jérôme), UQTR (formation initiale, perfectionnement)

Université offrant une mineure
Montréal (profession et santé, pratique infirmière 1, et à compter de l'hiver 2011 pratique infirmière 2)

Durée des études : 3 ans

Indice d'accès : 81 % sont admis

Certificats du secteur des sciences de la santé ouverts aux sortants du niveau collégial

Admissibilité à partir d'un DEC préuniversitaire
- Biologie médicale à l'UQTR
- Études sur la toxicomanie à Laval
- Études en santé mentale à l'UQAC
- Gérontologie à Laval, Montréal et UQTR
- Santé et sécurité au travail à l'UQAC et à l'UQO
- Technologie et innocuité des aliments à Montréal
- Toxicomanie à Sherbrooke
- Toxicomanie et autres dépendances à l'UQAC
- Toxicomanie (prévention et réadaptation) à Montréal

Admissibilité à partir d'un DEC technique
- Biologie médicale à l'UQTR
- Études sur la toxicomanie à Laval
- Exercice infirmier en soins critiques à l'UQAR (+Campus de Lévis)
- Gérontologie à Montréal
- Gestion des services de la santé et des services sociaux à la TÉLUQ
- Inhalothérapie : anesthésie et soins critiques à l'UQAT (distance)
- Réadaptation motrice et sensorielle à l'UQAT (distance)
- Santé communautaire à Montréal et l'UQAC
- Santé et sécurité au travail à l'UQAC, l'UQAT (distance), l'UQTR et Montréal
- Santé mentale à l'UQAR, l'UQTR et l'UQAC (études en...)
- Santé mentale : fondements et pratiques d'intervention à Montréal
- Soins infirmiers à l'UQO
- Soins infirmiers cliniques à l'UQAT (distance) et l'UQTR
- Soins infirmiers communautaires à l'UQAT et l'UQAR (+Campus de Lévis)
- Soins infirmiers de santé publique à l'UQTR
- Soins infirmiers périopératoires à l'UQTR
- Technologies biomédicales, instrumentation électronique à Polytechnique
- Technologie et innocuité des aliments à Montréal
- Toxicomanie à Sherbrooke
- Toxicomanies et autres dépendances à l'UQAC
- Toxicomanie : prévention et réadaptation à Montréal

Autres diplômes de 1er cycle offerts dans ce secteur
- Biologie moléculaire à l'UQTR
- Examen clinique à l'UQAT
- Pratique infirmière en salle d'opération à l'UQTR
- Pratique infirmière en région éloignée à l'UQAT

- Sciences infirmières (évaluation de la santé et interventions) à Montréal
- Sciences infirmières (soins d'urgence) à Montréal
- Soins critiques (urgence) à l'UQAT et l'UQTR
- Soins infirmiers cliniques à l'UQAT
- Soins infirmiers cardiovasculaires à l'UQTR
- Soins infirmiers en cardiologie à l'UQAT

Sciences pures et appliquées / Pure and applied sciences

Secteur des sciences pures et appliquées
Tableau de correspondance des codes d'objectifs utilisés comme préalables

Disciplines	Sujets	Objectifs du programme 200.B0* (utilisés comme préalables dans ce secteur)	Code de cours communs[1] pour le programme 200.B0*	Objectifs équivalents du programme 700.A0*	Code de cours des anciens Programmes
Biologie	Évolution et diversité du vivant	00UK	101-NYA-xx	01Y5	101-301-78 101-301-95
	Structure et fonctionnement du vivant	00XU			101-401-78 101-401-94
		00UK 00XU		01Y5 01YJ	
Chimie	Chimie générale la matière	00UL	202-NYA-xx	01Y6	202-101-82 202-101-95
	Chimie des solutions	00UM	202-NYB-xx		202-201-75 202-201-95
	Chimie organique	00XV		01YH	202-202-75 202-202-94
Mathématiques	Calcul différentiel	00UN	201-NYA-xx	01Y1	201-103-77 201-103-95
	Calcul intégral	00UP	201-NYB-xx	01Y2	201-203-77 201-203-95
	Algèbre linéaire et géométrie vectorielle	00UQ	201-NYC-xx	01Y4	201-105-77 201-105-94
Physique	Mécanique	00UR	203-NYA-xx	01Y7	203-101-77 203-101-95
	Électricité et magnétisme	00US	203-NYB-xx	01YF	203-201-77 203-201-95
	Ondes et physique moderne	00UT	203-NYC-xx	01YG	203-301-78 203-301-95

[1] Des collèges peuvent utiliser leurs propres codes de cours

* 200.B0   DEC en Sciences de la nature
   700.A0   DEC en Sciences, lettres et arts

Secteur des sciences pures et appliquées
Tableau de correspondance des codes d'objectifs utilisés comme préalables
(suite)

Discipline Mathématique Sujets	Objectifs du programme 300.A0* (utilisés comme préalables dans ce secteur)	Code de cours communs[1] pour le programme 300.A0*	Objectifs équivalents du programme 200.B0*	Objectifs équivalents du programme 700.A0*	Code de cours des anciens programmes
Calcul différentiel	022X	201-103-RE	00UN	01Y1	201-103-77 201-103-95
Calcul intégral	022Y	201-203-RE	00UP	01Y2	201-203-77 201-203-95
Algèbre linéaire et géométrie vectorielle	022Z	201-105-RE	00UQ	01Y4	201-105-77 201-105-94
Statistiques	022W	201-301-RE 201-302-RE 360-301-RE		01Y3	203-101-77 203-101-95
Méthodes quantitatives	022P	201-300-RE 360-300-RE			203-201-77 203-201-95

[1] Des collèges peuvent utiliser leurs propres codes de cours

* 200.B0   DEC en Sciences de la nature
  300.A0   DEC en Sciences humaines
  700.A0   DEC en Sciences, lettres et arts

Secteur des sciences pures et appliquées

Ce grand secteur regroupe quatre-vingt-dix neuf (99) programmes de type baccalauréat dont soixante dix-huit (78) sont plus nettement de type de baccalauréat spécialisé.

Normalement, le DEC en sciences de la nature est celui qui mène à ce genre d'études universitaires. Toutefois, pour certains programmes du secteur des sciences pures et appliquée, les candidats peuvent avoir à atteindre, en plus, les objectifs 00XU (biologie) et /ou 00XV (chimie). De plus, le DEC en sciences, lettres et arts donne accès à tous ces programmes.

La structure du programme des sciences de la nature comprend comme formation spécifique les objectifs communs suivants : 00UK (biologie), 00UL, 00UM (chimie), 00UN, 00UP, 00UQ (mathématiques), 00UR, 00US, 00UT (physique).

L'indice d'accès aux programmes est attribué à partir du nombre d'offres d'admission par rapport au nombre de demandes d'admission **des sortants des collèges**. Ces données sont fournies majoritairement par la CRÉPUQ.

Ce grand secteur des sciences pures et appliquées contient présentement un des domaines le plus couru par les employeurs; l'informatique sous toutes ses formes dame le pion à beaucoup d'autres secteurs en termes de demande d'emploi. Le génie suit de très près, notamment en génie mécanique, en production automatisée, en génie électrique et même en génie civil. La chimie semble également vouloir permettre de belles carrières pour les années à venir (par exemple la criminalistique). Ces programmes offrent donc actuellement des perspectives d'emploi plus qu'intéressantes.

Actuariat

Définition et objectifs du programme

Ce programme vise deux objectifs : premièrement, assurer une formation générale centrée sur la poursuite de la rigueur, le développement de l'esprit d'analyse et l'habileté à concevoir, élaborer et manipuler des modèles quantitatifs (évolution dans un contexte multidisciplinaire, aptitudes à la communication, accroissement de l'autonomie et de l'efficacité, créativité dans le travail) : deuxièmement, transmettre la compétence professionnelle indispensable à la pratique de l'actuariat.

Le titre d'actuaire (Fellow de l'Institut Canadien des Actuaires, F.I.C.A.) s'obtient par la réussite à une série d'examens professionnels à forte tendance mathématique.

Nature du travail

Le diplômé évalue les coûts reliés aux événements futurs qui touchent les individus et qui ont un impact sur leur situation financière : maladie, invalidité, retraite, décès. Les employeurs habituels das actuaires sont le milieu de l'assurance, les bureaux de consultation ou les organismes gouvernementaux.

Préalables du collégial

Détenir un DEC en sciences de la nature : (Concordia (B.Sc.), Laval)

OU détenir un DEC en sciences informatiques et mathématiques : (Laval)

OU détenir tout autre DEC et avoir atteint les objectifs 00UN, 00UP, 00UQ (mathématiques) : (UQAM)

OU détenir tout autre DEC et avoir atteint les objectifs 00UN, 00UP, 00UQ (mathématiques), 00UR (physique), et un autre objectif parmi 00US, 00UT (physique), 022W (mathématiques) : (Laval)

OU détenir tout autre DEC et avoir atteint les objectifs 00UN, 00UP, 00UQ (mathématiques) : (Concordia B.A.) + 00UR, 00US, 00UT (physique), 00UL, 00UM (chimie), 00UK (biologie) : (Concordia B.Sc.)

OU pour les détenteurs d'un DEC technique, vous référer à l'annuaire de l'université concernée ou à son site Web : (Laval)

De plus, fournir une lettre d'intention pour le programme « actuarial mathematics and finance » : (Concordia)

Universités offrant le programme spécialisé

Concordia (+Honours, B.A. et B.Sc. en actuarial mathematics, actuarial mathematics and finance), Laval, UQAM

Voir aussi Mathématiques, pp. 126-127 (certaines concentrations d'actuariat en mathématiques : Concordia, Montréal)

Durée des études : 3 ans

Indice d'accès : 89 % sont admis

Agroéconomie

Définition et objectifs du programme
Ce programme vise à former un professionnel dont le champ d'action sera l'agroalimentaire. Donc l'agroéconomiste interviendra à toutes les étapes du processus alimentaire, soit de la production à la consommation, en passant par la distribution, la transformation et les approvisionnements. Ses connaissances en gestion d'entreprise, en économie, en agronomie et en sciences et technologie des aliments devront faire de lui un professionnel polyvalent. Sa formation devra favoriser entre autre une certaine facilité d'adaptation et d'analyse élevée, deux atouts importants dans les contextes économique et politique actuels de ce secteur.

Nature du travail
Ce diplômé participe à la gestion d'une entreprise agricole et d'une entreprise agroalimentaire privée ou coopérative et conseille les personnes responsables de ces mêmes entreprises. Il planifie et organise les fonctions de mise en marché et de marketing agroalimentaire.

Finalement, il peut contribuer à la conception et à la mise en œuvre de projets de développement rural, régional et international.

Préalables du collégial
Détenir un DEC en sciences de la nature,

OU détenir tout autre DEC et avoir atteint les objectifs 00UN, 00UP (mathématiques), 00UL (chimie), 00UK (biologie),

OU, pour les détenteurs d'un DEC technique, vous référer à l'annuaire de l'université concernée ou à son site Web.

Université offrant le programme spécialisé
Laval

Université offrant une majeure et une mineure
McGill (Agricultural economics au Macdonald campus)

Université offrant des Faculty Programs
McGill – Campus Macdonald (agricultural economics, agri-business, environmental economics)

Ce programme donne accès à l'Ordre des agronomes du Québec et à l'Association des économistes du Québec.

Durée des études : 4 ans

Indice d'accès : 76 % sont admis

Agronomie

Définition et objectifs du programme

L'objectif général du programme est d'assurer le développement et l'épanouissement des personnes désireuses de maîtriser la science et l'art nécessaires à la saine utilisation et à la saine gestion des ressources vouées à la production agricole et alimentaire dans la perspective d'un développement durable.

Il vise de plus à ce que les futurs agronomes aient une vision globale des systèmes de production, une bonne intégration des connaissances, une bonne compréhension de la réalité agricole de même que des attitudes personnelles et une maîtrise de la communication permettant entre autres d'exercer avec compétence leur profession.

Nature du travail

Le diplômé en agronomie pourra éventuellement travailler dans les domaines suivants : service-conseil, gestion, recherche-développement dans les domaines tels que les productions animales (lait, viande, œufs), les productions végétales (grandes cultures, fruits et légumes, fleurs), les sols et l'environnement (conservation, fertilisation et utilisation des sols, aménagement paysager).

Préalables du collégial

Détenir un DEC en sciences de la nature (Laval, McGill)

OU détenir tout autre DEC et avoir atteint les objectifs 00UN (mathématiques), 00UR (physique), 00UL, 00UM (chimie), 00UK (biologie) (Laval)

OU, pour les détenteurs d'un DEC technique, vous référer aux annuaires des universités concernées ou à leur site Web. (Laval, McGill)

De plus, l'atteinte de l'objectif 00XV (chimie organique) est recommandée pour bien réussir le programme : (Laval)

Universités offrant le programme spécialisé

Laval, McGill

Université offrant des Faculty Programs

McGill-Campus Macdonald (agro-environmental sciences, animal production, animal health-disease, ecological agriculture, entomology, international agriculture + food systems, professional agronomy, soil and water reserves, plant production)

Voir aussi Environnement p. 88

Durée des études : 4 ans (Laval), 3 ans (McGill)
Indice d'accès : 92 % sont admis

Aliments, Sciences et technologies des...

Définition et objectifs du programme
Ce programme vise à former des spécialistes qui auront à intervenir dans leur milieu de travail avec un grand sens de l'autonomie, une rigueur scientifique remarquable, une éthique professionnelle évidente, ainsi qu'une bonne capacité à travailler en équipe. Il vise aussi à stimuler l'ouverture d'esprit et la créativité. De plus, le programme permet l'accès aux études supérieures.

Nature du travail
Ce diplômé sera apte à travailler dans l'industrie et les services publics pour gérer la qualité des produits alimentaires et des procédés à l'intérieur d'un système de production et de distribution, et pour innover et améliorer les produits alimentaires tout au long du procédé, depuis la conception jusqu'à la distribution. Et tout cela, dans le but de satisfaire les besoins des clients, des entreprises et de la société, dans un contexte de mondialisation des marchés.

Préalables du collégial
Détenir un DEC en sciences de la nature,

OU détenir tout autre DEC et avoir atteint les objectifs 00UN, 00UP (mathématiques), 00UR, 00US, 00UT (physique), 00UL, 00UM (chimie), 00UK (biologie),

OU, pour les détenteurs d'un DEC technique, vous référer à l'annuaire de l'université concernée ou à son site Web.

De plus, l'étudiant doit suivre, au cours de sa 1re année d'inscription à l'université, **en plus de son programme,** un cours de chimie organique, s'il n'a pas atteint l'objectif 00XV (chimie) du collégial.

Université offrant le programme spécialisé
Laval

Université offrant une majeure
McGill (Food science au Campus Macdonald et d'une durée de 3 ans)

Durée des études : 4 ans

Indice d'accès : 85 % sont admis

Aménagement et environnement forestiers

Définition et objectifs du programme
Ce programme vise à former des spécialistes possédant une solide connaissance des aspects écologiques, sociaux et économiques du milieu forestier. Il permet aussi d'acquérir les notions de base liées à l'arbre et à l'écosystème forestier à l'échelle du peuplement et du paysage.

Les principaux secteurs d'apprentissage de ce programme sont l'économie, la sociologie, les politiques et lois liés à l'aménagement des forêts et les sciences appliquées nécessaires à l'implantation et la conservation des forêts. L'étudiant y acquerra également des attitudes conformes à l'éthique de la profession ainsi que des habiletés nécessaires à une bonne communication.

Nature du travail
Ce diplômé aura à gérer des projets forestiers comme l'exécution et le contrôle des travaux forestiers dans le respect de l'environnement et des attentes de l'ensemble des utilisateurs du milieu. De plus, ses fonctions tourneront autour de la planification de l'aménagement intégré des forêts selon les principes d'un développement durable.

Préalables du collégial
Détenir un DEC en sciences de la nature

OU détenir tout autre DEC et avoir atteint les objectifs 00UN, 00UP, 00UQ (mathématiques), 00UR, 00US, 00UT (physique), 00UL, 00UM (chimie), 00UK (biologie)

OU, pour les détenteurs d'un DEC technique, vous référer à l'annuaire de l'université concernée ou à son site Web.

Université offrant le programme spécialisé
Laval (aménagement durable des forêts, bioécologie forestière, changements climatiques et cycles écologiques, économie et gestion forestière, foresterie internationale, sylviculture).

Note : ce programme donne accès à l'Ordre des ingénieurs forestiers du Québec.

Durée des études : 4 ans

Indice d'accès : 97 % sont admis

Anatomy and Cell Biology

Définition et objectifs du programme
Ce programme permet une étude approfondie du corps humain et de son fonctionnement. Ce qui veut dire que l'étudiant apprend l'histoire des sciences de la vie par l'évolution et le développement de l'anatomie même.

La formation offerte dans ce programme comprend surtout des cours de neuroanatomie, d'embryologie, d'histologie et de biologie cellulaire.

Nature du travail
Le spécialiste en anatomie travaille particulièrement en recherche de base au niveau des sciences biomédicales et médicales. Il œuvre donc avec les autres professionnels et spécialistes de la santé. L'enseignement est aussi un autre secteur de travail important pour ce diplômé.

Les principaux employeurs sont les universités, les centres de recherche et les gouvernements.

Préalables du collégial
Détenir un DEC en sciences de la nature,

De plus, l'université **recommande** d'avoir atteint les objectifs 00XU (biologie), 00XV (chimie).

Université offrant le programme spécialisé
McGill

Université offrant une majeure
McGill

Durée des études : 3 ans

Indice d'accès : 93 % sont admis

Architecture

Définition et objectifs du programme

Le programme d'architecture a pour objectif l'acquisition de la connaissance de base des principes, méthodes et concepts propres à l'édification d'édifices publics, de maisons et de bâtiments de tous ordres nécessaires à la société.

La formation comprend l'acquisition des connaissances en histoire de l'architecture, en compréhension de la diversité des établissements humains et des modes de vie, en l'acquisition des aptitudes et habiletés de base pour définir et documenter un problème d'architecture. Évidemment, la formation comprend aussi la compréhension des systèmes constructifs et techniques du bâtiment.

Nature du travail

Le travail consiste à monter et dessiner des plans de divers bâtiments. L'architecte en aménage les espaces intérieurs et extérieurs. Il en surveille finalement l'éxécution.

De plus en plus, ces diplômés travaillent en association avec d'autres professionnels comme des designers d'intérieur, d'urbanistes et ingénieurs.

Préalables du collégial

Détenir un DEC en sciences de la nature : (Laval, McGill, Montréal)

OU détenir un DEC en sciences informatiques et mathématiques : (Laval, Montréal)

OU détenir tout autre DEC et avoir atteint les objectifs 00UN ou 022X (mathématiques), 00UR (physique) : (Laval); ou avoir atteint l'objectif 00UQ ou 022Z (mathématiques) : (Montréal)

OU, pour les détenteurs d'un DEC technique, vous référer à l'annuaire des universités concernées ou à leur site Web : (Laval, Montréal)

Les candidats devront aussi déposer un portfolio : (McGill).

Universités offrant le programme spécialisé

Laval, McGill, Montréal

Le diplômé qui souhaite avoir le titre professionnel officiel devra poursuivre ses études au niveau de la maîtrise en architecture.

Durée des études : 3 ans

Indice d'accès : 61 % sont admis

Architecture de paysage

Définition et objectifs du programme
Ce programme vise à former des spécialistes habilités à concevoir des paysages et à intervenir sur leurs différentes composantes (biophysiques, socio-économiques et culturelles), que ce soit à l'échelle microlocale, locale ou régionale.

La formation permet d'acquérir des connaissances concernant les espaces extérieurs à aménager tels que les jardins publics et privés, les parcs, les places, les territoires et les paysages urbains et ruraux.

Nature du travail
L'architecte paysagiste aménage des espaces extérieurs. Il y conçoit des paysages. Il peut travailler à son compte ou avec d'autres professionnels ou encore agir à titre de conseiller pour une municipalité ou un bureau de services publics.

Préalables du collégial
Détenir un DEC en sciences de la nature,

OU détenir un DEC en sciences humaines,

OU détenir un DEC en sciences informatiques et mathématiques,

OU détenir un DEC en histoire et civilisation et avoir atteint l'objectif 022P (méthodes quantitatives),

OU détenir tout autre DEC et avoir atteint les objectifs 022W (mathématiques), ou 022X, 022Y (mathématiques), ou 022P (méthodes quantitatives),

OU, pour les détenteurs d'un DEC technique, vous référer à l'annuaire de l'université concernée ou à son site Web.

Université offrant le programme spécialisé
Montréal

Durée des études : 3 ans

Indice d'accès : 47 % sont admis

Biochimie

Définition et objectifs du programme

Ce programme forme des spécialistes qui auront à étudier les réactions chimiques se déroulant dans les cellules des organismes vivants. C'est l'étude de la base moléculaire de la vie.

La biochimie moderne trouve son plein essor surtout dans les domaines de la biologie moléculaire et de la biologie cellulaire grâce auxquels elle a pu développer une nouvelle technologie, la biotechnologie qui s'applique dans plusieurs secteurs d'activité des sociétés modernes dont la médecine, la pharmacologie, l'environnement, l'agronomie ou l'industrie alimentaire.

Nature du travail

Le diplômé effectue en laboratoire des recherches et des analyses en vue de mieux comprendre la structure, les propriétés chimiques et les fonctions des molécules qui constituent les êtres vivants, et les aspects moléculaires des processus normaux et pathologiques au cours du développement embryonnaire de la croissance et du vieillissement.

Préalables du collégial

Détenir un DEC en sciences de la nature : (Concordia, Laval, McGill, Sherbrooke, UQAM, UQTR)

OU détenir un DEC en sciences de la nature et avoir atteint les objectifs 00XV (chimie), 00XU (biologie) : (Montréal)

OU détenir tout autre DEC et avoir atteint les objectifs 00UN, 00UP, (mathématiques), 00UR, 00US, 00UT (physique), 00UL, 00UM (chimie), 00UK (biologie) : (Concordia, McGill, Sherbrooke, UQAM, UQTR)

OU détenir tout autre DEC et avoir atteint les objectifs 00UN, 00UP (mathématiques), 00UR. 00US. 00UT (physique), 00UL, 00UM, 00XV (chimie), 00UK, 00XU (biologie) : (Montréal)

OU détenir tout autre DEC et avoir atteint les objectifs 00UN, 00UP (mathématiques), 00UR, 00US (physique), 00UL, 00UM (chimie), 00UK (biologie) : (Bishop's, Laval)

OU, pour les détenteurs d'un DEC technique, vous référer aux annuaires des universités concernées ou à leur site Web : (Laval, Montréal, Sherbrooke, UQAM, UQTR)

Universités offrant le programme spécialisé

Bishop's, Concordia (Biochemistry + Honours), Laval, McGill, Montréal (biochimie, biochimie et médecine moléculaire, génétique et génomique humaine), Sherbrooke (biochimie de la santé), UQAM, UQTR (biochimie et biotechnologie).

Universités offrant une majeure

Bishop's, Concordia, McGill

Université offrant une mineure

Bishop's, Concordia

Durée des études : 3 ans

Indice d'accès : 84 % sont admis

Bio-informatique

Définition et objectifs du programme
Ce programme est destiné aux étudiants qui désirent acquérir une formation bidisciplinaire solide en bio-sciences et en informatique. En conséquence, ce programme comprend des cours de base en biochimie, chimie, biologie, microbiologie et physiologie ainsi qu'en informatique et mathématiques. De plus, des cours d'intégrations théoriques et des stages ou travaux pratiques à l'interface entre les bio-sciences et l'informatique permettent de fournir une formation spécifique à la discipline bio-informatique.

Nature du travail
Le programme prépare à des études supérieures tout comme il permet un accès immédat au marché du travail dans l'industrie, les institutions de recherche ainsi que dans l'enseignement dans des domaines touchant la biotechnologie ou l'informatique appliquée à des systèmes biologiques.

Préalables du collégial
Détenir un DEC en sciences de la nature (Laval), et avoir atteint deux des cinq objectifs suivants : 00XU (biologie), 00XV (chimie), 00UV (chimie, en ayant réussi un 4e ou un 5e cours de mathématiques ou un cours de programmation informatique) (Montréal)

OU détenir tout autre DEC et avoir atteint les objectifs 00UN, 00UP, 00UQ (mathématiques), 00UR, 00US, 00UT (physique), 00UL, 00UM ou 00XV et 00UV (chimie), 00UK ou 00XU (biologie) (**Montréal**), ou avoir atteint les objectifs 00UN, 00UP, 00UQ (mathématiques), 00UR, 00US (physique), 00UL, 00UM (chimie), 00UK (biologie) (**Bishop's, Laval**)

OU, pour les détenteurs d'un DEC technique, vous référer aux annuaires des universités concernées ou à leur site Web (Laval, Montréal)

Universités offrant le programme spécialisé
Bishop's, Laval, Montréal

Durée des études : 3 ans

Indice d'accès : 27 % sont admis

Biologie (sciences biologiques)

Définition et objectifs du programme

Ce programme vise à former des candidats qui auront les connaissances suffisantes et nécessaires à l'interprétation des différentes manifestations de la vie depuis la cellule jusqu'aux écosystèmes les plus complexes. Il permet aussi de comprendre les lois de l'écologie et de les appliquer à la protection de l'environnement. Le cheminement proposé à l'étudiant a en outre pour objectif primordial de lui donner progressivement une formation scientifique du meilleur niveau autant qu'un esprit critique sur la science concernée.

De plus, ce programme permet d'acquérir des connaissances en statistiques et en chimie considérées comme essentielles à l'acquisition d'autres savoirs en biologie. Il prépare aussi à l'observation des phénomènes de la vie végétale, animale et microbienne dans un but de compréhension et d'analyse.

Nature du travail

Que ce diplômé soit spécialisé en biologie végétale ou animale, en écologie, en microbiologie ou autres secteurs importants de la biologie, le détenteur de ce diplôme peut travailler comme conseiller ou assistant de recherche dans des services gouvernementaux ou privés, des centres de recherche universitaires, hospitaliers ou autres ou des bureaux de conseil.

Préalables du collégial

Détenir un DEC en sciences de la nature : (Concordia, Laval, McGill, Sherbrooke, UQAC, UQAR, UQTR)

OU détenir un DEC en sciences de la nature et avoir atteint les objectifs 00XV (chimie), 00XU (biologie) : (Montréal)

OU détenir tout autre DEC et avoir atteint les objectifs 00UN, 00UP (mathématiques), 00UR, 00US, 00UT (physique), 00UL, 00UM (chimie), 00UK (biologie) : (Concordia, McGill, Sherbrooke, UQAC (sans 00US et 00UT en physique), UQAR, UQTR)

OU détenir tout autre DEC et avoir atteint les objectifs 00UN, 00UP (mathématiques), 00UR, 00US (physique), 00UL, 00UM (chimie), 00UK (biologie) : (Bishop's, Laval)

OU détenir tout autre DEC et avoir atteint 1 objectif en mathématiques, 2 objectifs en chimie dont 1 en chimie organique, et 2 objectifs en biologie : (Montréal)

OU, pour les détenteurs d'un DEC technique, vous référer aux annuaires des universités concernées ou à leur site Web : (Laval, Montréal, Sherbrooke, UQAC, UQAR, UQTR)

Biologie
(sciences biologiques) (suite)

Universités offrant le programme spécialisé
Bishop's (diversity, form and function, environmental biology, health sciences, + honours), Concordia (biology, cell and molecular biology, ecology, + Honours), Laval, McGill, Montréal (microbiologie et immunologie, biologie moléculaire et cellulaire, physiologie et biodiversité, écologie et évolution, + cheminement Honor), Sherbrooke, UQAC (écologie, biologie médicale, monde végétal et animal), UQAR (écologie, faune et habitats, physiologie et biochimie environnementales, sciences marines, biogéochimie environnementale), UQTR (sciences biologiques et écologiques)

Universités offrant une majeure
Bishop's, Concordia, McGill – Comma et Campus Macdonald (environmental biology, life sciences, agricultural and biological sciences), Montréal (Sciences biologiques), UQAR

Universités offrant une mineure
Bishop's, Concordia (Biology), McGill – Campus Macdonald (animal biology), Montréal (Sciences biologiques), Sherbrooke, UQAR

Université offrant des Faculty Programs
McGill – Comma et Campus Macdonald (environmental biology, animal biology, plant biology, wildlife biology, microbiology)

Voir aussi Biologie biomédicale p. 33 et Sciences de la Terre et de l'atmosphère p. 139

Durée des études : 3 ans

Indice d'accès : 85 % sont admis

Biologie en apprentissage par problèmes

Définition et objectifs du programme

Le programme est offert selon une nouvelle approche pédagogique. Cette approche pédagogique, où les connaissances s'acquièrent à partir d'analyses de cas concrets, en petits groupes dans lesquels les enseignants agissent à titre de tuteur-professeur, favorise particulièrement la poursuite des objectifs d'autonomie et de responsabilité qui se développeront graduellement chez l'étudiant, au fil de son cheminement dans le programme d'études. Par ce système pédagogique, l'étudiant pourra ainsi développer une attitude active, envers sa formation, qui se manifeste par une curiosité face à la biologie, une ouverture d'esprit, ainsi qu'une reconnaissance de la diversité des approches d'un problème ou d'une situation. Puisque le programme favorise l'intégration des disciplines plutôt que leur juxtaposition, les étudiants auront acquis, au terme de leur curriculum, un ensemble de connaissances scientifiques multidisciplinaires et auront développé un ensemble d'habiletés, ce qui leur permettra d'exercer de façon efficace et responsable leur profession de biologiste.

Le programme consiste en une formation générale en biologie pendant les deux premières années, suivie d'une spécialisation en troisième année, permettant à l'étudiant de se spécialiser dans une des trois options suivantes : écologie, biologie moléculaire et biotechnologie, toxicologie et santé environnementale. La troisième année vise donc l'intégration pratique des connaissances acquises lors des deux années précédentes, mais aussi l'acquisition et la maîtrise de nouvelles connaissances en fonction des options.

Nature du travail

Ce programme prépare les étudiants à travailler dans l'industrie privée (production de matériaux et services biologiques), en consultation (évaluation des problèmes biologiques et études d'impact) ou dans la fonction publique (aspects biologiques de la planification et gestion de projets).

Préalables du collégial

Détenir un DEC en sciences de la nature

OU détenir tout autre DEC et avoir atteint les objectifs 00UN, 00UP (mathématiques), 00UR, 00US, 00UT (physique), 00UL, 00UM (chimie), 00UK (biologie),

OU, pour les détenteurs d'un DEC technique, vous référer à l'annuaire de l'université concernée ou à son site Web.

Université offrant le programme spécialisé

UQAM (santé environnementale-toxicologie, biologie moléculaire-biotechnologie, écologie)

Durée des études : 3 ans

Indice d'accès : 82 % sont admis

Biologie moléculaire et cellulaire

Définition et objectifs du programme
Ce programme vise à former des spécialistes dans un domaine spécifique de la biologie. Cette formation tourne autour de l'étude et de l'utilisation des organismes vivants pour améliorer le bien-être de la société et de l'environnement. La biotechnologie moderne est essentiellement basée sur l'approche moléculaire.

Nature du travail
Les principales ouvertures sur le marché du travail pour ces diplômés sont la biopharmaceutique, le génie génétique, la pharmacogénétique, l'agriculture, la production alimentaire, la thérapie génique, etc. et tous les secteurs connexes à ceux-là tels la bio-informatique et la biostatique.

Préalables du collégial
Détenir un DEC en sciences de la nature

Ou détenir tout autre DEC et avoir atteint les objectifs 00UN, 00UP (mathématiques), 00UR, 00US, 00UT (physique), 00UL, 00UM (chimie) 00UK (biologie).

OU, pour les détenteurs d'un DEC technique, vous référer à l'annuaire de l'université concernée ou à son site Web.

Université offrant le programme spécialisé
Sherbrooke

Université offrant un Faculty Program
McGill – Campus Macdonald (molecular biotechnology)

Durée des études : 3 ans

Indice d'accès : 83 % sont admis

Biophysique

Définition et objectifs du programme
Ce programme, à l'instar de la biologie, cherche à connaître et à comprendre les phénomènes biologiques, de l'échelle de la molécule à celle de la biosphère. À ce titre, la biophysique est partie intégrante de la biologie et, à quelque part, de la physique moderne (la biophysique étant alors définie comme la physique des systèmes biologiques).

Le programme vise donc à donner à l'étudiant une formation adéquate pour aborder dans une optique quantitative l'étude de la cellule ainsi que de la membrane biologique. La biophysique favorise la synthèse de certaines disciplines telles la biologie, la biochimie, la chimie et la physique.

Nature du travail
Ce diplômé, de par sa formation polyvalente, est particulièrement préparé à travailler au sein d'équipes multidisciplinaires dans divers domaines de la vie économique, que ce soit dans le domaine biomédical, de l'énergie ou de l'environnement, et dans les secteurs des nouvelles biotechnologies fondées sur l'utilisation de molécules biologiques ou de biomembranes artificielles.

Préalables du collégial
Détenir un DEC en sciences de la nature,

OU détenir tout autre DEC et avoir atteint les objectifs 00UN, 00UP, 00UQ (mathématiques), 00UR, 00US, 00UT (physique), 00UL, 00UM (chimie), 00UK (biologie)

OU, pour les détenteurs d'un DEC technique, vous référer à l'annuaire de l'université concernée ou à son site Web.

Université offrant le programme spécialisé
UQTR

Durée des études : 3 ans

Indice d'accès : 100 % sont admis

Chimie

Définition et objectifs du programme

Ce programme vise à donner une formation de base solide dans les branches fondamentales de la chimie telles la chimie organique, physique, minérale et analytique. L'étudiant prendra connaissance des multiples possibilités de la chimie contemporaine par l'apprentissage des concepts d'interrelation entre les études théoriques et expérimentales.

La formation permet aussi à l'étudiant de pouvoir définir des techniques et des principes scientifiques afin de déterminer la composition, la structure et les transformations de la matière ainsi que les changements énergétiques qui les accompagnent.

Nature du travail

Le diplômé, compte tenu de la nature même de sa formation, touchera à plusieurs domaines de la vie économique dont l'environnement, la santé, l'alimentation, la pétrochimie, les pâtes et papiers, les textiles, la peinture et quoi d'autres... Il aura aussi la responsabilité de concevoir ou de modifier des procédés de fabrication et des méthodes d'analyses dans divers secteurs de activité.

Préalables du collégial

Détenir un DEC en sciences de la nature : (Concordia, Laval, McGill, Sherbrooke, UQAR, UQTR), et avoir atteint l'objectif 00XV (chimie) : (Montréal, UQAM)

OU détenir tout autre DEC et avoir atteint les objectifs 00UN, 00UP (mathématiques), 00UR, 00US, 00UT (physique), 00UL, 00UM (chimie), 00UK (biologie) : (Concordia, Laval, McGill, Sherbrooke, UQAM, UQAR, UQTR)

OU détenir tout autre DEC et avoir atteint les objectifs 00UN, 00UP, 00UQ (mathématiques), 00UL, 00UM, 00XV (chimie), 00UR, 00US, 00UT (physique) : (Bishop's, Montréal)

OU, pour les détenteurs d'un DEC technique, vous référer aux annuaires des universités concernées ou à leur site Web : (Laval, Montréal, Sherbrooke, UQAM, UQAR, UQTR)

Chimie (suite)

Universités offrant le programme spécialisé

Bishop's (Chemistry), Concordia (Chemistry + Honours), Laval (biopharmaceutique, environnement, matériaux), McGill (Chemistry; option Bio-Organic/atmosphere & environment/ Materials), Montréal (chimie pharmaceutique et bioorganique, chimie assistée par ordinateur, chimie bioanalytique et environnementale, chimie des matériaux et biomatériaux, chimie générale), Sherbrooke, UQAM, UQAR, UQTR (chimie, criminalistique)

Universités offrant une majeure

Bishop's, Concordia (Chemistry), McGill (Chemistry; option Bio-Organic/Environmental/Materials), Montréal

Universités offrant une mineure

Bishop's, Concordia (chemistry), McGill, Montréal, Sherbrooke

Durée des études : 3 ans

Indice d'accès : 88 % sont admis

Chimie de l'environnement et des bioressources

Définition et objectifs du programme
Ce programme veut préparer les étudiants à rechercher des solutions qui favorisent le développement durable dans le cadre, par exemple, du protocole de Kyoto. L'étudiant obtiendra donc une formation multidisciplinaire unique, accréditée par l'Ordre des chimistes du Québec, ayant comme préoccupation la qualité de la vie des générations actuelles et futures.

Nature du travail
Ce diplômé pourra oeuvrer dans une gestion harmonieuse de la mise en place de moyens qui minimisent l'impact du développement des activités humaines à des fins récréatives, agricoles et industrielles. Il aura à développer de nouveaux outils de transformation respectant davantage l'environnement, comme par l'application des techniques de la « chimie verte ».

Préalables du collégial
Détenir un DEC en sciences de la nature

OU, pour les détenteurs d'un DEC technique, vous référer à l'annuaire de l'université concernée ou à son site Web.

Université offrant le programme spécialisé
UQAR

Durée des études : 3 ans

Indice d'accès : 84 % sont admis

Chimie des produits naturels

Définition et objectifs du programme

Ce programme est axé sur l'étude des produits naturels d'origine végétale, particulièrement ceux présentant un intérêt thérapeutique. Il vise à donner une formation de base en chimie (analytique, organique, inorganique et physique), complétée par des cours de pharmacognosie (étude des substances biologiques à visée thérapeutique) et de biologie végétale.

L'importance accordée aux travaux pratiques ainsi que l'apprentissage personnalisé en petits groupes distinguent ce programme novateur qui vient répondre à un besoin de la société actuelle dans laquelle le marché des produits naturels prend de plus en plus d'importance.

Nature du travail

Ce programme, qui est reconnu par l'Ordre des chimistes du Québec, vise à former des chimistes qui occuperont un rôle de premier plan sur le marché du travail (en recherche et développement dans des entreprises de produits de santé naturels ou dans des entreprises pharmaceutiques, ou encore en enseignement). Les études supérieures leur sont aussi ouvertes.

Préalables du collégial

Détenir un DEC en sciences de la nature

OU détenir tout autre DEC et avoir atteint les objectifs 00UN, 00UP (mathématiques), 00UR, 00US, 00UT (physique), 00UL, 00UM (chimie), 00UK (biologie).

OU, pour les détenteurs d'un DEC technique, vous référer à l'annuaire de l'université concernée ou à son site Web.

Université offrant le programme spécialisé

UQAC

Durée des études : 3 ans

Indice d'accès : 100% sont admis

Chimie pharmaceutique

Définition et objectifs du programme
Ce programme spécifique est différent de la formation en pharma-cologie. La chimie pharmaceutique se consacre à la recherche fondamentale, tandis que la pharmacologie se situe plutôt en recherche appliquée au développement de nouveaux remèdes et médicaments. Alors, ce programme en chimie pharmaceutique vise donc la formation de professionnels capables de fabriquer des molécules biologiquement actives.

Nature du travail
Ce diplômé pourra œuvrer dans les industries pharmaceutiques, biotechnologiques, agrochimiques, lithographiques (puces d'ordina-teurs), et dans les industries des polymères et plastiques, des pâtes et papiers, des produits pétroliers, etc. Les institutions d'enseignement collégial et universitaire ainsi que le domaine des enquêtes policières scientifiques sont d'autres secteurs d'emplois susceptibles de faire appel à ces chimistes pharmaceutiques.

Préalables du collégial
Détenir un DEC en sciences de la nature

OU détenir tout autre DEC et avoir atteint les objectifs 00UN, 00UP (mathématiques), 00UR, 00US, 00UT (physique), 00UL, 00UM (chimie), 00UK (biologie).

OU, pour les détenteurs d'un DEC technique, vous référer à l'annuaire de l'université concernée ou à son site Web.

Université offrant le programme spécialisé

Voir aussi Chimie p. 74 et Sciences biopharmaceutiques p. 48

Durée des études : 3 ans

Indice d'accès : 94 % sont admis

Design de l'environnement

Définition et objectifs du programme

Le programme d'études en design de l'environnement offre une formation fondamentale au projet de design comme activité créatrice et moyen d'expression commune aux disciplines du design industriel, de l'architecture et du design urbain.

Il est fondé sur une définition de l'environnement comme l'ensemble intégré des objets et espaces construits encadrant la vie quotidienne, et du *design de l'environnement* comme une approche au projet de design de ces objets et espaces consciente et respectueuse de cette intégration.

Cette formation favorise l'autonomie d'esprit, l'ouverture et la polyvalence requises par la pratique du projet de façon indépendante ou au sein des groupes professionnels, ou d'équipes multidisciplinaires sur le marché du travail, à titre de designer-concepteur; elle assure également une préparation à la poursuite d'études avancées

Nature du travail

Le travail des designers trouve des applications dans plusieurs domaines soit dans l'environnement industriel ou domestique, soit dans l'environnement urbain et architectural comme tel, soit dans l'environnement scolaire, hospitalier ou commercial. D'autres œuvrent dans l'enseignement du design et des arts.

Préalables du collégial
Détenir un DEC

Université offrant le programme spécialisé
UQAM

Université offrant des Faculty Programs
McGill – Campus Macdonald (bioressource engineering, ecological engineering)

Durée des études : 3 ans

Indice d'accès : 61 % sont admis

Design industriel

Définition et objectifs du programme
Ce programme vise à permettre l'acquisition de connaissances relatives au contexte socioculturel et technologique dans lequel intervient le designer, ainsi qu'aux besoins des usagers, aux objets produits (notamment en série) et à l'industrie.

Nature du travail
Le diplômé de ce programme conçoit des produits de consommation à la fois attrayants et fonctionnels en tenant compte des techniques de fabrication industrielle qui serviront à la production. En partant des besoins, ce spécialiste élabore le concept d'un produit et l'accompagne tout au long de son développement jusqu'à sa mise en production et sa commercialisation.

Préalables du collégial
Détenir un DEC en sciences de la nature,

OU détenir un DEC en sciences humaines,

OU détenir un DEC en sciences informatiques et mathématiques,

OU détenir un DEC en histoire et civilisation et avoir atteint l'objectif 022P (méthodes quantitatives),

OU détenir un DEC préuniversitaire et avoir atteint les objectifs 022W (mathématiques), ou 022X, 022Y (mathématiques), ou 022P (méthodes quantitatives),

OU, pour les détenteurs d'un DEC technique, vous référer à l'annuaire de l'université concernée ou à son site Web

Université offrant le programme spécialisé
Montréal

Voir aussi design de l'environnement p. 79

Durée des études : 4 ans

Indice d'accès : 58 % sont admis

Design d'intérieur

Définition et objectifs du programme
Ce programme vise à assurer à l'étudiant une maîtrise des fondements du design d'intérieur et à le familiariser avec les champs d'études complémentaires. Il permet aussi à l'étudiant d'obtenir un équilibre entre les cours théoriques de la formation et l'élaboration de projets en atelier impliquant l'utilisation d'outils techniques et professionnels. L'étudiant acquerra aussi des habiletés en matière de résolution de problèmes de même que le développement de la créativité et de l'innovation.

Le programme mettra en valeur les domaines d'intervention participant de la spécificité du Québec et, en même temps, favorisera une ouverture sur les grands courants internationaux, en particulier sur le plan des innovations technologiques.

Nature du travail
Le designer d'intérieur conçoit et réalise des plans d'aménagement intérieur en vue de créer des espaces de vie à la fois esthétiques, fonctionnels et adaptés aux besoins et exigences de la clientèle. Il supervise la réalisation des travaux pour s'assurer de leur conformité avec les plans et les demandes des clients. Il peut travailler dans des projets d'aménagement résidentiel, commercial, institutionnel ou industriel.

Préalables du collégial
Détenir un DEC en sciences de la nature,

OU détenir un DEC en sciences humaines,

OU détenir un DEC en sciences informatiques et mathématiques,

OU détenir un DEC en histoire et civilisation et avoir atteint l'objectif 022P (méthodes quantitatives),

OU détenir un DEC préuniversitaire et avoir atteint les objectifs 022W (mathématiques), ou 022X, 022Y (mathématiques), ou 022P (méthodes quantitatives),

OU, pour les détenteurs d'un DEC technique, vous référer à l'annuaire de l'université concernée ou à son site Web.

Université offrant le programme spécialisé
Montréal

Durée des études : 3 ans

Indice d'accès : 25 % sont admis

Double baccalauréat en « Food Science » et Nutrition

Définition et objectifs du programme
Ce double baccalauréat offre les deux grades en un, soit un B.Sc. en « food science » et un B.Sc. en nutrition.

La composante « food science » du programme vise l'étude de la chimie des aliments et les principes scientifiques sous-jacents à la préservation et aux processus d'emballage des aliments en vue de fournir des produits de qualité aux consommateurs. La partie de la composante en nutrition comporte l'étude de la science des aspects nutritionnels de l'alimentation et du métabolisme.

Nature du travail
Le diplômé de ce double baccalauréat aura accès aux mêmes perspectives d'emploi que les diplômés en sciences et technologies des aliments ainsi que ceux de diététique et nutrition. Ces deux champs d'études complémentaires offrent une multitude de possibilités de carrières dans les nombreuses industries concernées.

Préalables du collégial
Détenir un DEC en sciences de la nature

Université offrant le programme spécialisé
McGill – Campus Macdonald

Voir aussi Aliments, sciences et technologies des…, p. 62   et Nutrition (diététique), p. 40

Durée des études : 4 ans

Indice d'accès : non disponible

Double baccalauréat en génie chimique ou civil et *Liberal Arts*

Définition et objectifs du programme

Ce double baccalauréat offert conjointement par les universités Bishop's et de Sherbrooke, vise à former des ingénieurs en génie chimique et en génie civil qui soient enracinés culturellement et aptes à intégrer à leur pratique professionnelle une perspective historique et culturelle. Cette formule combine de façon intensive sur quatre ans un baccalauréat en génie chimique ou en génie civil (au choix) offert en français à l'Université de Sherbrooke et un baccalauréat en *Liberal Arts*, offert en anglais à l'Université Bishop's.

Ce double baccalauréat vise à former des ingénieurs à l'aise dans les deux langues, sensibles aux dimensions politiques et sociales de l'ingénierie.

Nature du travail

Le diplômé de ce double baccalauréat aura accès aux mêmes perspectives d'emploi que les diplômés en génie chimique et en génie civil. La dimension du programme de *Liberal Arts* ajoute une dimension culturelle, sociale et linguistique à la formation de l'ingénieur.

Préalables du collégial

Respecter les conditions particulières d'admission de l'Université de Sherbrooke au baccalauréat en génie chimique ou en génie civil (selon le choix). Il est à noter que seuls des dossiers d'excellence seront admis à ce double baccalauréat.

Université offrant le programme spécialisé

Sherbrooke en collaboration avec Bishop's

Durée des études : 4 ans

Indice d'accès : 55 % sont admis

Double baccalauréat en mathématiques et enseignement des mathématiques au secondaire

Définition et objectifs du programme
Le double cheminement intégré dans les programmes de baccalauréat en mathématiques et de baccalauréat en enseignement secondaire, permet de former, entre autres, des enseignants possédant les compétences requises pour l'enseignement des mathématiques au secondaire ou pour toute autre carrière scientifique ayant les mathématiques comme base. La formation psychopédagogique et les connaissances poussées en mathématiques rendront les étudiants également aptes à l'enseignement à l'ordre collégial.

Ce cheminement conduit à l'obtention de deux grades de bachelier, l'un en sciences (B.Sc.) et l'autre en éducation (B.Ed.). Le cheminement total comporte 150 crédits.

Nature du travail
Au terme de son cheminement, le diplômé connaîtra les principes de la discipline, ses méthodes et ses théories de base et sera capable de modéliser, d'analyser, d'induire, de déduire, d'abstraire et d'appliquer; donc en tant que mathématicien, ce diplômé pourra aussi combler les exigences du marché du travail en plus de pouvoir enseigner tant au niveau secondaire que collégial.

Préalables du collégial
Détenir un DEC préuniversitaire et avoir atteint les objectifs 00UN, 00UP, 00UQ (mathématiques)

ET avoir aussi réussi un test de connaissance du français

Université offrant le programme spécialisé
UQTR

Durée des études : 5 ans

Indice d'accès : 75 % sont admis

Double baccalauréat en mathématiques et en informatique

Définition et objectifs du programme
Le double baccalauréat en mathématiques et en informatique permet de développer des compétences avancées aussi bien en mathématiques qu'en informatique.

Par sa formation en informatique, l'étudiant est préparé au domaine des nouvelles technologies. Par sa formation en mathématiques, l'étudiant apprendra à développer ses capacités d'abstraction, de modélisation, d'analyse et d'application.

Ce cheminement conduit à l'obtention de deux grades de bachelier, l'un en mathématiques (B.Sc. en mathématiques) et l'autre en informatique (B.Sc. en informatique).

Nature du travail
Le diplômé pourra occuper des postes d'analyste en informatique, d'analyste en informatique de gestion, de conseiller en informatique ou d'autres fonctions connexes, d'assistant de recherche en statistique, d'analyste programmeur-statisticien, d'analyste en procédés administratifs, etc. Il sera à l'emploi de gouvernements, de grandes ou de moyennes entreprises, de sociétés de consultants , de fournisseurs de services informatiques.

Préalables du collégial
Détenir un DEC préuniversitaire et avoir atteint les objectifs 00UN, 00UP, 00UQ (mathématiques)

Université offrant le programme spécialisé
UQTR

Durée des études : 4 ans

Indice d'accès : 100 % sont admis

Double baccalauréat en physique et en informatique

Définition et objectifs du programme

Le double cheminement intégré dans les programmes de baccalauréat en physique et de baccalauréat en informatique permet de former des physiciens possédant des habiletés professionnelles en informatique et capables de combler les exigences du marché du travail dans le domaine des nouvelles technologies. Il est le résultat de l'évolution observée dans l'exercice de la profession en physique et se veut une réponse aux demandes pressantes issues du milieu des hautes technologies, un domaine scientifique en forte croissance.

Ce cheminement d'une durée normale de quatre (4) années conduit, par articulation des exigences propres aux deux professions, à l'obtention de deux grades de bachelier ès sciences (B.Sc. en physique et B.Sc. en informatique). Le cheminement total comporte 126 crédits.

Nature du travail

Ce double diplômé s'ouvre des possibilités d'emploi variées ou se prépare à des études supérieures en physique et en informatique ou dans des domaines connexes. Il peut travailler dans des laboratoires de recherche ainsi que dans plusieurs secteurs industriels où les conditions d'embauche exigent une formation basée sur les connaissances techniques alliées à la rigueur mathématique de l'analyse. Le physicien-informaticien pourra œuvrer dans différents secteurs tels que la simulation et l'analyse de systèmes en industrie, la météorologie, l'environnement, les communications et l'instrumentation médicale.

Préalables du collégial

Détenir un DEC en sciences de la nature,

OU détenir tout autre DEC et avoir atteint les objectifs 00UN, 00UP, 00UQ (mathématiques), 00UR, 00US, 00UT (physique), 00UL, 00UM (chimie), 00UK (biologie),

OU, pour les détenteurs d'un DEC technique, vous référer à l'annuaire de l'université concernée ou à son site Web.

Université offrant le programme spécialisé

UQTR

Durée des études : 4 ans

Indice d'accès : 83 % sont admis

Écologie

Définition et objectifs du programme
L'écologie est la partie de la biologie qui étudie les composantes, le fonctionnement, l'évolution et la conservation des écosystèmes. Cette discipline permet entre autres de mieux comprendre l'écologie terrestre autant du côté des sols et de ses nutriments que du côté des communautés végétales et animales. Elle s'intéresse également aux interactions entre les différentes composantes des écosystèmes.

Nature du travail
Ce diplômé pourra travailler dans les différents secteurs de l'écologie et dans plusieurs domaines liés à l'environnement, tant dans le secteur privé que gouvernemental. Les écologistes peuvent aussi travailler en laboratoire ou sur le terrain, au Québec comme à l'étranger.

Préalables du collégial
Détenir un DEC en sciences de la nature : (Concordia, Sherbrooke)

OU détenir un DEC préuniversitaire et avoir atteint les objectifs 00UN, 00UP (mathématiques), 00UR, 00US, 00UT (physique), 00UL, 00UM (chimie), 00UK (biologie) : (Concordia, Sherbrooke)

OU, pour les détenteurs d'un DEC technique, vous référer à l'annuaire de l'université concernée ou à son site Web : (Sherbrooke)

Universités offrant le programme spécialisé
Concordia (+ Honours), Sherbrooke

Université offrant un Faculty Program
McGill – Campus Macdonald (applied ecosystem sciences)

Voir aussi Biologie (sciences biologiques p. 69)

Durée des études : 3 ans

Indice d'accès : 87 % sont admis

Environnement

Définition et objectifs du programme
Ce programme interfacultaire et interdisciplinaire en environnement tend à établir les relations entre l'activité humaine et l'environnement permettant de résoudre les problèmes complexes de conservation de l'environnement et des ressources renouvelables.

Nature du travail
Ce diplômé sera en mesure de conjuguer la mise en valeur des ressources renouvelables et la conservation d'écosystèmes intègres et viables. Avec les changements climatiques, ce spécialiste en gestion durable des écosystèmes, en restauration et mise en valeur de la biodiversité ou en gestion des impacts environnementaux sera de plus en plus en demande.

Préalables du collégial
Détenir un DEC et avoir atteint les objectifs 00UN, 00UP (mathématiques), 00UR, 00US, 00UT (physique), 00UL, 00UM (chimie), 00UK (biologie) pour les programmes (B. Sc.) et (B.Sc. (Ag. Env.Sc.)) (McGill); Sherbrooke (B.Env.)

OU détenir un DEC et avoir atteint les objectifs 00UN, 00UP (mathématiques), et un minimum de 4 cours de sciences parmi les cours de physique, chimie et biologie pour le programme (B.A. & Sc.) (McGill)

OU détenir un DEC : aucun cours exigé, mais des cours de mathématiques, ou physique, ou chimie ou biologie sont suggérés pour le programme (B.A.) (McGill)

OU pour les détenteurs d'un DEC technique, vous référer à l'annuaire de l'université concernée ou à son site Web (Sherbrooke)

Universités offrant le programme spécialisé
McGill (B.Sc.), (B.Sc. (Ag.Env.Sc.));, (B.A. & Sc.) et (B.A.) en environnement; Sherbrooke (B.Env.)

Université offrant une majeure
McGill

Université offrant une mineure
McGill

Voir aussi Géographie, p. 207

Durée des études : 3 ans

Indice d'accès : 87 % sont admis

Génie aérospatial

Définition et objectifs du programme

Ce programme vise à former des professionnels du génie aérospatial compétents en développement de produits et systèmes aéronautiques complexes et en conception de systèmes d'ingénierie en utilisant les techniques et les outils les plus récents. On y retrouve une formation en gestion de projets d'ingénierie ainsi qu'en conception, réalisation et analyse des essais expérimentaux. Le génie aérospatial participe aux phases de conception, de développement, d'essai et de production d'aéronefs et de véhicules spatiaux ainsi que des pièces associées.

L'ingénieur travaillant spécifiquement avec les avions est appelé ingénieur aéronautique, l'ingénieur travaillant dans le domaine spatial est appelé **ingénieur astronautique**. Le programme de génie aérospatial est issu du programme de génie mécanique, concentration aéronautique, dont il reprend l'essentiel de la formation.

Nature du travail

Ce diplômé est appelé à travailler dans des agences civiles ou militaires, ou encore chez des fournisseurs et des organismes nationaux et internationaux : aéronefs complets, systèmes et composantes, propulsion, avionique, formation et simulation, entretien, réparation et révision et les technologies spatiales.

Il y a de nombreux débouchés au Québec, Montréal étant la troisième ville en importance au monde dans le secteur de l'aéronautique.

Préalables du collégial

Détenir un DEC en sciences de la nature

OU détenir un DEC en sciences informatiques et mathématiques

OU détenir tout autre DEC et avoir atteint les objectifs 00UN, 00UP, 00UQ (mathématiques), 00UR, 00US (physique), 00UL (chimie)

OU, pour les détenteurs d'un DEC technique, vous référer à l'annuaire de l'université concernée ou à son site Web

Université offrant le programme spécialisé

Polytechnique

Durée des études : 4 ans

Indice d'accès : 77 % sont admis

Génie agroenvironnemental

Définition et objectifs du programme

Ce programme veut former des ingénieurs capables d'appliquer les principes d'ingénierie à la production d'aliments pour les humains et les animaux. Les domaines de cette discipline sont : la gestion de l'environnement en milieu agricole, le drainage, l'irrigation, la conservation des sols, les constructions agricoles, la mécanisation agricole, la transformation primaire des produits agricoles et l'énergie en agroalimentaire.

Le programme a été fait pour donner à l'étudiant une éducation balancée contenant des éléments de plusieurs sciences et technologies avec une plus large part aux sciences de l'ingénierie, du design et de la synthèse.

Nature du travail

Ce diplômé pourra travailler dans les bureaux de génie conseil, pour les organismes gouvernementaux et municipaux, pour les firmes de construction, dans les industries de fabrication de matériel agricole et de produits, ainsi que dans les autres industries du secteur agroalimentaire.

Préalables du collégial

Détenir un DEC en sciences de la nature : (Laval)

OU détenir tout autre DEC et avoir atteint les objectifs 00UN, 00UP, 00UQ (mathématiques), 00UR, 00US, 00UT (physique), 00UL, 00UM (chimie), 00UK (biologie) : (Laval)

OU, pour les détenteurs d'un DEC technique, vous référer à l'annuaire de l'université concernée ou à son site Web : (Laval)

Université offrant le programme spécialisé

Laval

Université offrant une majeure

McGill (Bioresource Engineering au Macdonald Campus)

Université offrant une mineure

McGill (Environmental Engineering)

Durée des études : 4 ans

Indice d'accès : 76 % sont admis

Génie alimentaire

Définition et objectifs du programme
Ce programme comporte des activités permettant d'acquérir des connaissances menant à la manutention, la fabrication, le traitement, la transformation et la distribution des aliments.

On y forme donc des ingénieurs chez qui on approfondira les connaissances des procédures et des systèmes s'appliquant efficacement à la chaîne alimentaire, allant du producteur agricole au consommateur.

Nature du travail
Ces diplômés auront à travailler à la conception des procédés et des équipements alimentaires, à l'évaluation et l'installation de systèmes, ainsi qu'à la fabrication de produits alimentaires. Ils devront maîtriser les principes nécessaires à l'établissement d'un système de contrôle de la qualité.

Préalables du collégial
Détenir un DEC en sciences de la nature,

OU détenir tout autre DEC et avoir atteint les objectifs 00UN, 00UP, 00UQ (mathématiques), 00UR, 00US, 00UT (physique), 00UL, 00UM (chimie), 00UK (biologie)

OU, pour les détenteurs d'un DEC technique, vous référer à l'annuaire de l'université concernée ou à son site Web

Université offrant le programme spécialisé
Laval

Durée des études : 4 ans

Indice d'accès : 100 % sont admis

Génie du bâtiment (Building)

Définition et objectifs du programme

Ce programme permet de former des ingénieurs sur tous les aspects permettant une certaine facilité de construction comme la conception, la planification, le design, la construction elle-même et la mise en opération et en service de l'immeuble.

Ce programme permet d'acquérir, en plus des sciences de base du génie, certaines disciplines plus fondamentales de la construction d'édifices. Ainsi on apprend à faire les analyses et le design des structures, à développer les systèmes d'acoustique, de chauffage, d'éclairage et de climatisation.

Nature du travail

Ce diplômé veillera à résoudre les problèmes techniques d'un bâtiment tant au niveau des plans que de la mise en chantier. Il planifiera autant l'aspect économique du projet que la mise en place de l'ensemble des besoins pour la construction. Il devra rendre tout ce processus facile à comprendre et à visualiser pour son client.

Préalables du collégial

Détenir un DEC préuniversitaire et avoir atteint les objectifs 00UN, 00UP, 00UQ (mathématiques), 00UR, 00US (physique), 00UL (chimie)

Université offrant le programme spécialisé

Concordia (Building)

Durée des études : 4 ans

Indice d'accès : 83 % sont admis

Génie biomédical

Définition et objectifs du programme
Ce programme permet de former des ingénieurs dans l'application des principes du génie, à l'étude, la modification et le contrôle des systèmes biologiques, ainsi que dans la conception et la fabrication de produits pour la surveillance des fonctions physiologiques et pour l'assistance au diagnostic et au traitement des patients. La formation de l'ingénieur biomédical est donc multidisciplinaire et fait appel aux sciences de la santé, aux sciences du génie, aux sciences fondamentales et aux mathématiques.

Nature du travail
Ce diplômé détiendra les compétences pour œuvrer dans les entreprises industrielles, dans la conception de nouveaux systèmes de diagnostic, dans les hôpitaux, dans l'assistance au choix de l'équipement et l'entretien de celui-ci, en génie conseil pour la formation du personnel qualifié, dans les centres de recherche, les agences gouvernementales ainsi que les universités.

Préalables du collégial
Détenir un DEC en sciences de la nature

OU détenir un DEC en sciences informatiques et mathématiques

OU détenir tout autre DEC et avoir atteint les objectifs 00UN, 00UP, 00UQ (mathématiques), 00UR, 00US (physique), 00UL (chimie)

OU pour les détenteurs d'un DEC technique, vous référer à l'annuaire de l'université concernée ou à son site Web.

Université offrant le programme spécialisé
Polytechnique

Université offrant une mineure
McGill (biomedical engineering)

Durée des études : 4 ans

Indice d'accès : 77 % sont admis

Génie biotechnologique

Définition et objectifs du programme
Ce programme vise à faire acquérir aux étudiants une formation qui les rendra aptes à développer et à mettre en pratique des procédés bio-industriels en tenant compte des exigences reliées à la culture des organismes vivants et des produits qu'ils synthétisent.

Nature du travail
Ces diplômés pourront avoir accès à des emplois reliés aux domaines du génie des procédés biotechnologiques, pharmaceutiques et bio-industriels, tous des domaines qui sont en forte croissance sur le marché du travail.

Préalables du collégial
Détenir un DEC en sciences de la nature,

OU détenir tout autre DEC et avoir atteint les objectifs 00UN, 00UP, 00UQ (mathématiques), 00UR, 00US, 00UT (physique), 00UL, 00UM (chimie), 00UK (Biologie),

OU, pour les détenteurs d'un DEC technique, vous référer à l'annuaire de l'université concernée ou à son site Web

Université offrant le programme spécialisé
Sherbrooke

Durée des études : 4 ans

Indice d'accès : 81 % sont admis

Génie du bois

Définition et objectifs du programme

Ce programme permet l'acquisition d'un esprit scientifique par l'apprentissage de la méthode, des concepts de base et des principes fondamentaux propres aux sciences du bois, ainsi que la démarche scientifique dans l'acquisition des connaissances. Ces connaissances sont au niveau plus général des mathématiques, de la physique et de l'informatique comme au niveau plus spécifique des techniques propres aux sciences du bois comme l'anatomie et l'ultrastructure du bois, la chimie, la physique et la mécanique du bois, etc.

Nature du travail

Ce diplômé appliquera ses connaissances fondamentales et appliquées dans les champs de sciage, placage, séchage, préservation, usinage, charpente en bois et matériaux composites. Il sera sensible à l'éthique et aux conséquences sociales de son action : par exemple le souci de l'exactitude, un esprit de collaboration avec les différents intervenants de la société et l'aptitude au travail de groupe.

Préalables du collégial

Détenir un DEC en sciences de la nature,

OU détenir tout autre DEC et avoir atteint les objectifs 00UN, 00UP, 00UQ (mathématiques), 00UR, 00US, 00UT (physique), 00UL, 00UM (chimie), 00UK (biologie),

OU, pour les détenteurs d'un DEC technique, vous référer à l'annuaire de l'université concernée ou à son site Web.

Université offrant le programme spécialisé

Laval

Note : ce programme donne accès à l'Ordre des ingénieurs forestiers du Québec ainsi qu'à l'Ordre des ingénieurs du Québec.

Durée des études : 4 ans

Indice d'accès : 97 % sont admis

Génie chimique

Définition et objectifs du programme
Ce programme offre une formation très polyvalente. En ce sens, l'étudiant doit acquérir des connaissances orientées vers la gestion et l'optimisation des procédés de fabrication sur les plans économique et logistique. De plus, l'étudiant y reçoit des connaissances relatives au design, à la réalisation, au fonctionnement et à la supervision de l'opération des usines où sont utilisés les procédés de transformation propres au génie chimique. De plus, l'étudiant y reçoit une formation plus fondamentale en mathématiques et sciences appliquées.

Nature du travail
Contrairement à ce que l'on peut penser, de nos jours, ce diplômé travaillera moins en laboratoire qu'en milieu industriel. Cet ingénieur conçoit les équipements et les procédés utilisés dans les usines chimiques et veille à la bonne marche de celles-ci. Par sa formation polyvalente, on retrouvera aussi ce diplômé dans les petites et moyennes entreprises; il doit être capable de concevoir et gérer des projets de toute envergure.

Préalables du collégial
Détenir un DEC en sciences de la nature : (Laval, McGill, Polytechnique, Sherbrooke, UQTR)

OU détenir un DEC en sciences informatiques et mathématiques : (Polytechnique, UQTR)

OU détenir tout autre DEC et avoir atteint les objectifs 00UN, 00UP, 00UQ (mathématiques), 00UR, 00US, 00UT (physique), 00UL, 00UM (chimie) : (McGill), (Sherbrooke + 00UK (biologie)),

OU détenir tout autre DEC et avoir atteint les objectifs 00UN, 00UP, 00UQ (mathématiques), 00UR, 00US (physique), 00UL (chimie) : (Polytechnique, UQTR), (Laval + 00UM (chimie), 00UK (biologie)).

OU, pour les détenteurs d'un DEC technique, vous référer aux annuaires des universités concernées ou à leur site Web : (Laval, McGill, Polytechnique, Sherbrooke, UQTR)

Universités offrant le programme spécialisé
Laval, McGill, Polytechnique, Sherbrooke, UQTR.

Université offrant une mineure
McGill (chemical engineering for students in chemistry)

Durée des études : 4 ans ($3^1/_2$ ans à McGill)

Indice d'accès : 81 % sont admis

Génie civil

Définition et objectifs du programme
Ce programme vise à former des ingénieurs qui auront à maîtriser les sciences fondamentales pertinentes à l'ingénierie permettant de comprendre et d'appliquer les lois de la physique et de la chimie dans les domaines de l'équilibre et de la dynamique des systèmes, de l'énergie, de la mécanique des solides et des fluides, de l'électricité, de la structure de la matière, des sciences de la terre, de l'eau et de l'environnement. Le génie civil est la plus ancienne discipline de l'ingénierie. Aujourd'hui, ces ingénieurs font la conception et supervisent la construction des services essentiels à la vie moderne.

Nature du travail
Ce diplômé travaillera essentiellement dans la construction, l'entretien et la réparation d'ouvrages. Selon le type de construction, ses tâches varieront dans autant de domaines que la géotechnique, la structure, le transport, l'hydrologie, l'hydraulique, l'écologie, etc.

Donc, l'ingénieur civil se préoccupera du traitement des eaux usées et potables, de l'impact des projets sur l'environnement, de l'élimination des déchets, de la santé et de la sécurité au travail ainsi que de la sécurité routière. Travail très polyvalent.

Préalables du collégial
Détenir un DEC en sciences de la nature : (Laval, McGill, Polytechnique, Sherbrooke, UQAC)

OU détenir un DEC en sciences informatiques et mathématiques; (Laval, Polytechnique, Sherbrooke))

OU détenir tout autre DEC et avoir atteint les objectifs 00UN, 00UP, 00UQ (mathématiques), 00UR, 00US, 00UT (physique), 00UL, 00UM (chimie) : (McGill, UQAC), (Sherbrooke + 00UK (biologie), (Laval n'exige pas 00UM (chimie) mais exige 00UK (biologie)),

OU détenir tout autre DEC et avoir atteint les objectifs 00UN, 00UP, 00UQ (mathématiques), 00UR, 00US (physique), 00UL (chimie) : (Concordia, Polytechnique)

OU, pour les détenteurs d'un DEC technique, vous référer aux annuaires des universités concernées ou à leur site Web : (Concordia, Laval, McGill, Polytechnique, Sherbrooke, UQAC)

Universités offrant le programme spécialisé
Concordia (civil infrastructure, environmental, information technology), Laval, McGill, Polytechnique, Sherbrooke (environnement, ouvrages d'art et bâtiments), UQAC

Durée des études : 4 ans (3 $\frac{1}{2}$ ans à McGill)

Indice d'accès : 83 % sont admis

Génie de la construction

Définition et objectifs du programme

Le baccalauréat en génie de la construction est un programme à orientation appliquée qui vise à former des ingénieurs pouvant analyser, concevoir, planifier et contrôler les opérations des projets de construction, assurer la direction des travaux, faire la conception des solutions et des procédés techniques reliés à la réalisation des projets de construction ainsi que la gestion des travaux et ce, dans les contextes provincial, national et même international.

Nature du travail

Ce programme prépare l'étudiant à agir à titre d'ingénieur en construction et à travailler dans tous les domaines de la construction telles les structures, les matériaux de construction, les fondations, les routes et le transport, de même que le génie de l'environnement, le génie municipal et la gestion de la construction.

Préalables du collégial

Détenir un DEC technique en :

Assainissement de l'eau
Environnement, hygiène et sécurité au travail
Exploitation (Technologie minérale)
Géologie appliquée
Minéralurgie
Techniques d'aménagement et d'urbanisme
Techniques d'architecture navale
Technologie de l'architecture
Technologie de l'estimation et de l'évaluation en bâtiment
Technologie du génie agromécanique
Technologie du génie civil
Technologie de la géomatique
Technologie de la mécanique du bâtiment
Technologie de transformation des matériaux composites

OU, pour les détenteurs d'un DEC en sciences de la nature, vous référer à l'annuaire de l'université concernée ou à son site Web.

Université offrant le programme spécialisé

ÉTS

Durée des études : environ 3 $^1/_2$ ans

Indice d'accès : 83 % sont admis

Génie des eaux

Définition et objectifs du programme
Ce programme sert à former des ingénieurs qui participent activement à la gestion intégrée des ressources en eau dans une double perspective de protection de la santé, de la sécurité et du bien-être du public ainsi que de protection et de préservation de l'environnement.

Nature du travail
Ce diplômé travaillera à la protection, à la réhabilitation, à l'exploitation et à la gestion des ressources en eaux et du milieu aquatique, à court et à long terme ainsi qu'à différentes échelles temporelles et spatiales.

Préalables du collégial
Détenir un DEC en sciences de la nature

OU détenir tout autre DEC et avoir atteint les objectifs 00UN, 00UP, 00UQ (mathématiques), 00UR, 00US (physique), 00UL, 00UM (chimie), 00UK (biologie)

OU, pour les détenteurs d'un DEC technique, vous référer à l'annuaire de l'université concernée ou à son site Web.

Université offrant le programme spécialisé
Laval

Durée des études : 4 ans

Indice d'accès : 84 % sont admis

Génie électrique

Définition et objectifs du programme
Ce programme forme des ingénieurs qui auront les connaissances et les habiletés nécessaires pour étudier et exploiter les phénomènes électriques. En ce sens, le programme permet d'acquérir de bonnes connaissances technologiques et scientifiques avec une approche axée sur la résolution de problèmes et sur la rentabilité tout en étant conscients des incidences sociales, économiques et écologiques de leurs projets. De nos jours, l'ingénieur électricien, en plus de l'apprentissage des sciences fondamentales de l'ingénierie, pourra choisir aussi une formation plus spécifique en électronique, informatique, électrotechnique et communication.

Nature du travail
Ce diplômé travaillera à la production, au transport, à la distribution et à l'utilisation de l'électricité dans des secteurs aussi variés que l'industrie de la fabrication, l'électronique et ses applications multiples, les communications terrestres et spatiales et les contrôles automatiques.

Préalables du collégial
Détenir un DEC en sciences de la nature : (Laval, McGill, Polytechnique, Sherbrooke, UQAC, UQAR, UQTR); (ÉTS : vous référer à l'annuaire de l'université ou à son site Web)

OU détenir un DEC en sciences informatiques et mathématiques : (Laval, Polytechnique, Sherbrooke, UQTR)

OU détenir tout autre DEC et avoir atteint les objectifs 00UN, 00UP, 00UQ (mathématiques), 00UR, 00US, 00UT (physique), 00UL, 00UM (chimie) : (McGill, Sherbrooke, UQAC) + 00UK (biologie) : (Laval n'exige pas 00UM (chimie), mais exige 00UK (biologie)).

OU détenir tout autre DEC et avoir atteint les objectifs 00UN, 00UP, 00UQ (mathématiques), 00UR, 00US (physique), 00UL (chimie) : (Concordia, Polytechnique, UQTR)

OU, pour les détenteurs d'un DEC technique, vous référer aux annuaires des universités concernées ou à leur site Web : (Concordia, ÉTS, Laval, McGill, Polytechnique, Sherbrooke, UQAC, UQAR, UQTR)

Universités offrant le programme spécialisé
Concordia (Electronics/systems, Telecommunications), ÉTS, Laval, McGill, Polytechnique, Sherbrooke, UQAC, UQAR, UQTR (génie électrique, concentration en génie informatique)

Université offrant une mineure
McGill (electrical engineering for students in physics)

Durée des études : 4 ans (3 ¹/₂ ans à McGill et ÉTS)

Indice d'accès : 82 % sont admis

Génie électromécanique ou des systèmes électromécaniques

Définition et objectifs du programme

Ce programme vise à former des ingénieurs polyvalents aptes à concevoir, réaliser et analyser des éléments et des systèmes, selon une approche multidisciplinaire, et ce, en insistant sur la conception technique, l'intégration des systèmes et la prise en compte des aspects éthiques, sociaux et économiques de l'ingénierie. Entre autre objectif spécifique de ce programme, l'étudiant acquiert et applique des connaissances approfondies en génie électrique et en génie mécanique.

Nature du travail

Les diplômés de ce programme peuvent évidemment poursuivre des études supérieures en génie mécanique ou en génie électrique. Par le biais des stages longs et importants en industrie, le diplômé est déjà capable de concevoir, de réaliser et d'analyser des éléments et des systèmes du milieu industrio-économique selon une approche projet, notamment dans le développement ou la modification de méthodes ou de produits.

Préalables du collégial

Détenir un DEC en sciences de la nature : (UQAR, UQAT)

OU détenir tout autre DEC et avoir atteint les objectifs 00UN, 00UP, 00UQ (mathématiques), 00UR, 00US, 00UT (physique), 00UL et/ou 00UM (chimie), 00UK (biologie : facultatif) : (UQAT)

OU, pour les détenteurs d'un DEC technique, vous référer aux annuaires des universités concernées ou à leur site Web : (UQAR, UQAT)

Universités offrant le programme spécialisé

UQAR (génie des systèmes électromécaniques), UQAT (génie électromécanique)

Durée des études : 4 ans

Indice d'accès : 82 % sont admis

Génie géologique

Définition et objectifs du programme

Ce programme permet à l'étudiant d'acquérir un ensemble de connaissances sur l'histoire, l'évolution, la genèse et le comportement des matériaux terrestres. Il prévoit trois orientations principales : l'exploration géologique, la géologie des travaux publics ou la géophysique appliquée.

Cette formation facilite l'intégration de l'étudiant dans les domaines de l'exploration, de l'exploitation minérale ainsi que dans le domaine de la géotechnique.

Nature du travail

Dépendamment de son occupation ou sa spécialité, l'ingénieur géologue explore les régions dont le sol est susceptible de contenir du pétrole ou des minéraux. De plus, il rassemble et étudie des données relatives aux gisements de minerais afin de pouvoir conseiller le personnel qui œuvre à l'exploitation pétrolière ou minière sur les méthodes d'extraction les plus économiques et sur le choix des programmes d'exploration tout en cherchant à les optimiser. D'autre part, il fait une évaluation des problèmes techniques liés par exemple, à la construction de barrages, ponts, tunnels et grands bâtiments en se basant sur les résultats de l'analyse des sols et des roches.

Les principaux employeurs sont les grandes entreprises et les gouvernements.

Préalables du collégial

Détenir un DEC en sciences de la nature : (Laval, Polytechnique, UQAC, UQAT

OU détenir un DEC en sciences informatiques et mathématiques : (Polytechnique)

OU détenir tout autre DEC et avoir atteint les objectifs 00UN, 00UP, 00UQ (mathématiques), 00UR, 00US (physique), 00UL, 00UM (chimie), 00UK (biologie) : (Laval, UQAT); (UQAC + 00UT physique) : Polytechnique (00UN, 00UP, 00UQ (mathématiques), 00UR, 00US (physique), 00UL (chimie)

OU, pour les détenteurs d'un DEC technique, vous référer aux annuaires des universités concernées ou à leur site Web : (Laval, Polytechnique, UQAC, UQAT)

Universités offrant le programme spécialisé

Laval, Polytechnique, UQAC, UQAT (1re année, entente avec l'UQAC)

Durée des études : 4 ans

Indice d'accès : 91 % sont admis

Génie géomatique

Définition et objectifs du programme

Ce programme a pour but de former des spécialistes en géomatique, capables d'appliquer les principes et les concepts du génie au captage, à la transformation et à la distribution d'information sur le territoire.

La géomatique est un champ d'études qui fait appel aux sciences, aux technologies de mesure de la Terre ainsi qu'aux technologies de l'information pour faciliter l'acquisition, le traitement et la diffusion des données sur le territoire (aussi appelées données spatiales ou données géographiques).

Nature du travail

En plus de pouvoir continuer ses études au niveau supérieur, le diplômé de ce programme pourra conseiller les utilisateurs de systèmes géomatiques sur les aspects de planification, de conception et d'intégration des systèmes de mesure, de calcul, de traitement et de diffusion des données acquises en cours de formation par le biais des sciences fondamentales et de génie.

Des démarches sont en cours afin que ce programme puisse donner accès à l'Ordre des ingénieurs du Québec.

Préalables du collégial

Détenir un DEC en sciences de la nature,

OU détenir un DEC en sciences informatiques et mathématiques,

OU détenir tout autre DEC et avoir atteint les objectifs 00UN, 00UP, 00UQ (mathématiques), 00UR, 00US, 00UT (physique),

OU pour les détenteurs d'un DEC technique, vous référer à l'annuaire de l'université concernée ou à son site Web.

Université offrant le programme spécialisé

Laval

Durée des études : 4 ans

Indice d'accès : 89 % sont admis

Génie industriel

Définition et objectifs du programme

Par ce programme, l'étudiant acquiert les connaissances poussées pertinentes en sciences économiques et administratives, en ergonomie et en systèmes industriels qui lui permettront de coordonner efficacement la main-d'œuvre, les matériaux, les machines et les capitaux d'une entreprise afin d'atteindre un rendement optimum.

Ce programme vise également à faire prendre conscience à ses étudiants, des problèmes complexes de la société moderne comme ceux de la pollution et de la distribution équitable de la richesse nationale.

Nature du travail

Le diplômé de ce programme a pour tâche de planifier et de contrôler l'utilisation des moyens de production de façon à assurer l'emploi efficace, sûr et économique du personnel, des matériaux et de l'équipement de la petite, moyenne ou grande entreprise.

Préalables du collégial

Détenir un DEC en sciences de la nature : (Laval, Polytechnique, UQTR)

OU détenir un DEC en sciences informatiques et mathématiques : (Laval, Polytechnique, UQTR)

OU détenir tout autre DEC et avoir atteint les objectifs 00UN, 00UP, 00UQ (mathématiques), 00UR, 00US (physique), 00UL (chimie) : (Concordia, Polytechnique, UQTR)

OU, pour les détenteurs d'un DEC technique, vous référer aux annuaires des universités concernées ou à leur site Web : (Concordia, Laval, Polytechnique, UQTR)

Universités offrant le programme spécialisé

Concordia, Laval, Polytechnique, UQTR.

Durée des études : 4 ans

Indice d'accès : 85 % sont admis

Génie informatique

Définition et objectifs du programme
Ce programme vise à développer chez les candidats des aptitudes à travailler à la conception, à la fabrication et aux applications du matériel informatique (ordinateurs de toutes sortes et périphériques).

Cette spécialisation comporte des cours d'apprentissage dans les secteurs suivants : les systèmes logiciels, la structure des ordinateurs, la conception des microprocesseurs, la robotique et les commandes numériques.

Nature du travail
Les diplômés de ce programme conçoivent et modifient des appareils et des installations informatiques, élaborent des plans et font des estimations de coût de fabrication d'appareil. Ils supervisent le montage de prototypes et de circuits électroniques et surveillent la fabrication, la vérification et l'essai de nouveaux dispositifs.

Les principaux employeurs sont les entreprises et les gouvernements.

Préalables du collégial
Détenir un DEC en sciences de la nature : (Laval, McGill (n'exige pas l'objectif 00UK (biologie)), Polytechnique, Sherbrooke, UQAC, UQO, UQTR)

OU détenir un DEC en sciences informatiques et mathématiques : (Laval, Polytechnique, Sherbrooke, UQTR)

OU détenir tout autre DEC et avoir atteint les objectifs 00UN, 00UP, 00UQ (mathématiques), 00UR, 00US (physique), 00UL (chimie) : (Concordia, Polytechnique, UQTR)

OU détenir tout autre DEC et avoir atteint les objectifs 00UN, 00UP, 00UQ (mathématiques), 00UR, 00US, 00UT (physique), 00UL, 00UM (chimie) : (McGill, UQAC), (Sherbrooke, UQO + 00UK (biologie))

OU détenir tout autre DEC et avoir atteint les objectifs 00UN, 00UP, 00UQ (mathématiques), 00UR, 00US, 00UT (physique), 00UL (chimie), 00UK (biologie) : Laval

OU, pour les détenteurs d'un DEC technique, vous référer aux annuaires des universités concernées ou à leur site Web : (Concordia, Laval, McGill, Polytechnique, Sherbrooke, UQAC, UQO, UQTR)

Universités offrant le programme spécialisé
Concordia (System hardware, System software), Laval, McGill (Computer), Polytechnique, Sherbrooke (cheminement régulier ou concentration en génie logiciel), UQAC, UQO, UQTR (génie électrique avec concentration en génie informatique)

Durée des études : 4 ans (3¹/₂ ans à McGill)

Indice d'accès : 87 % sont admis

Génie logiciel (software engineering)

Définition et objectifs du programme
Ce programme a pour principal objet de former des professionnels dans le domaine du génie logiciel. Ces professionnels connaîtront bien les techniques actuelles d'élaboration de logiciels à grande échelle et seront en mesure d'appliquer ces techniques à des situations concrètes d'ingénierie.

Compte tenu de l'immense variété des exigences relatives à l'élaboration de logiciels à grande échelle, les objectifs précis du programme consistent à exposer les étudiants à un large éventail de paradigmes d'élaboration de logiciels, de façon à ce qu'ils puissent jouer un rôle utile dans la multiplicité et la diversité des contextes actuels d'élaboration de logiciels commerciaux.

Nature du travail
Le diplômé de ce programme conçoit et développe de nouveaux systèmes ou des nouveaux logiciels de façon critique avant d'en recommander le transfert sur les applications ou les organisations.

Ces diplômés accèdent au titre d'ingénieurs, élément essentiel au maintien du degré élevé de professionnalisme et du sens des responsabilités qu'exigera l'élaboration de logiciels à grande échelle dans les années à venir.

Préalables du collégial
Détenir un DEC en sciences de la nature : (Laval, McGill, Polytechnique, Sherbrooke); (ETS : vous référer à l'annuaire de l'université ou à son site Web)

OU détenir un DEC en sciences informatiques et mathématiques : (Laval, Polytechnique)

OU détenir tout autre DEC et avoir atteint les objectifs 00UN, 00UP, 00UQ (mathématiques), 00UR, 00US (physique), 00UL (chimie) : (Concordia, Polytechnique)

OU détenir tout autre DEC et avoir atteint les objectifs 00UN, 00UP, 00UQ (mathématiques), 00UR, 00US, 00UT (physique), 00UL, 00UM (chimie) : (McGill), (Laval n'exige pas 00UM (chimie) mais exige 00UK (biologie))

OU détenir un DEC technique en informatique ou en systèmes ordinés, ou technique d'intégration multimédia : (ETS)

OU, pour les détenteurs d'un DEC technique, vous référer aux annuaires des universités concernées ou à leur site Web : (Concordia, Laval, Polytechnique)

Génie logiciel (software engineering) (suite)

Universités offrant le programme spécialisé
Concordia, ÉTS (logiciels de systèmes, logiciels d'application), Laval, McGill (software engineering), Polytechnique, Sherbrooke (cheminement en génie informatique)

Université offrant une majeure
McGill

Voir aussi Informatique p. 122

Durée des études : 4 ans (environ 3 ½ ans à l'ÉTS)

Indice d'accès : 87 % sont admis

Génie des matériaux (et de la métallurgie)

Définition et objectifs du programme
Ce programme est une modification et une modernisation du programme de génie métallurgique offert auparavant. Ce nouveau programme forme des spécialistes du choix des matériaux en fonction de l'ensemble des contraintes auxquelles les matériaux seront soumis. Ce génie se définit comme étant l'étude des relations qui existent entre les propriétés et le comportement en service des matériaux, c'est-à-dire leur structure et les procédés de mise en œuvre.

La formation tourne autour des sciences fondamentales telles la chimie, la physique et le génie. De plus, l'étudiant peut choisir parmi deux orientations : les «matériaux» et les «procédés métallurgiques».

Nature du travail
Le spécialiste de l'orientation «matériaux» peut œuvrer dans le secteur industriel secondaire, c'est-à-dire en recherche et développement, production et contrôle de la qualité, tandis que le spécialiste de la concentration «procédés métallurgiques» peut, en plus, œuvrer dans les industries primaires.

Cette nouvelle orientation élargit les domaines d'emploi traditionnels et répond mieux à des besoins exprimés par les industries.

Préalables du collégial
Détenir un DEC en sciences de la nature : (Laval)

OU détenir tout autre DEC et avoir atteint les objectifs 00UN, 00UP, 00UQ (mathématiques), 00UR, 00US, 00UT (physique), 00UL. 00UM (chimie) : (Laval, McGill)

OU, pour les détenteurs d'un DEC technique, vous référer aux annuaires des universités concernées ou à leur site Web : (Laval, McGill)

Universités offrant le programme spécialisé
Laval (génie des matériaux et de la métallurgie), McGill (materials).

Durée des études : 4 ans

Indice d'accès : 77 % sont admis

Génie mécanique

Définition et objectifs du programme

Ce programme sert à former des spécialistes qui auront à concevoir ou améliorer des instruments mécaniques comme des moteurs, des transmissions et de l'outillage servant à fabriquer des machines et appareils de toutes sortes.

La formation comprend un éventail de cours à option permettant à l'étudiant d'élargir ses connaissances dans des domaines très variés tels la conversion d'énergie, l'analyse mécanique et l'aérodynamique, les matériaux composites, les machines-outils à commande numérique, la robotique et la conception et la fabrication assistées par ordinateur.

Nature du travail

Par sa formation de concepteur de machines et d'instruments, l'ingénieur mécanicien est responsable de l'aide technique à apporter à la production et à la qualité du produit fabriqué. Il surveille la confection des plans en indiquant les matériaux à utiliser et la méthode de fabrication, et dirige les travaux de construction, de modification et les derniers essais des prototypes. Il fait également une évaluation des installations terminées, des procédés mécaniques de fabrication et des produits afin de s'assurer qu'ils rencontrent les normes de sécurité et recommande des méthodes d'entretien.

Les principaux milieux de travail des ingénieurs mécaniciens sont l'industrie, la fonction publique, les organismes de recherche et de développement et les bureaux d'ingénieurs-conseils.

Préalables du collégial

Détenir un DEC en sciences de la nature : (Laval, McGill, Polytechnique, Sherbrooke, UQAC, UQAR, UQAT, UQTR); (ÉTS : vous référer à l'annuaire de l'université ou à son site Web)

OU détenir un DEC en sciences informatiques et mathématiques : (Laval, Polytechnique, Sherbrooke, UQTR)

OU détenir tout autre DEC et avoir atteint les objectifs 00UN, 00UP, 00UQ (mathématiques), 00UR, 00US (physique), 00UL (chimie) : (Concordia, Polytechnique, UQTR), (Laval + 00UT (physique) et 00UK (biologie))

OU détenir tout autre DEC et avoir atteint les objectifs 00UN, 00UP, 00UQ (mathématiques), 00UR, 00US, 00UT (physique), 00UL, 00UM (chimie) : (McGill, UQAC), (Sherbrooke + 00UK (biologie)),

OU, pour les détenteurs d'un DEC technique, vous référer aux annuaires des universités concernées ou à leur site Web : (Concordia, ÉTS, Laval, McGill, Polytechnique, Sherbrooke, UQAC, UQAR, UQAT, UQTR)

Génie mécanique (suite)

Universités offrant le programme spécialisé
Concordia (Aerospace & vehicle systems, Mechatronics and controls, Design & manufacturing, Thermo fluid & propulsion), ÉTS, Laval, McGill (mechanical), Polytechnique (génie aéronautique, mécanique) Sherbrooke (cheminement régulier ou avec concentration en bio-ingénierie ou génie aéronautique), UQAC, UQAR, UQAT, UQTR (génie mécanique, concentration génie mécatronique)

Durée des études : $3^1/_2$ à 4 ans

Indice d'accès : 85 % sont admis

Génie microélectronique

Définition et objectifs du programme
Le principal objectif de ce programme consiste en l'acquisition de connaissances et le développement des habiletés requises pour concevoir des composantes et des systèmes microélectroniques; réalisation d'outils logiciels d'aide à la conception de systèmes ou de composantes microélectroniques.

Ces compétences, qui prennent appui sur la formation de base de tout ingénieur, seront acquises par la réalisation d'objectifs spécifiques scientifiques en électronique et miniaturisation notamment.

Nature du travail
Ce diplômé aura à maîtriser les lois fondamentales qui entourent les propriétés des matériaux servant à la fabrication des composantes microélectroniques. Il aura à travailler aux diverses techniques de fabrication des dispositifs semi-conducteurs en général et des composantes fortement miniaturisées en particulier.

Préalables du collégial
Détenir un DEC en sciences de la nature

OU, pour les détenteurs d'un DEC technique, vous référer à l'annuaire de l'université concernée ou à son site Web

Université offrant le programme spécialisé
UQAM

Durée des études : 4 ans

Indice d'accès : 82 % sont admis

Génie minier (... des mines)

Définition et objectifs du programme
Ce programme forme l'étudiant de façon à le rendre capable de faire de l'exploration mais surtout à se spécialiser dans le traitement du minerai et dans l'exploitation des mines.

La formation donnée à l'étudiant tourne autour de cours très variés tels l'aménagement des mines et les méthodes d'extraction, le contrôle de la qualité, l'analyse des méthodes de production ainsi que la recherche et le développement de techniques nouvelles.

Nature du travail
Le diplômé de ce programme repère l'emplacement des mines, détermine à l'aide d'études et d'estimations la rentabilité de nouveaux gisements de minerais en vue de l'exploration. Enfin il coordonne et surveille l'aménagement et l'exploitation proprement dite.

Les principaux employeurs sont les grandes entreprises ou les gouvernements.

Préalables du collégial
Détenir un DEC en sciences de la nature : (Laval, McGill, Polytechnique, UQAT)

OU détenir un DEC en sciences informatiques et mathématiques : (Polytechnique)

OU détenir tout autre DEC et avoir atteint les objectifs 00UN, 00UP, 00UQ (mathématiques), 00UR, 00US (physique), 00UL (Chimie) : (Polytechnique, UQAT)

OU détenir tout autre DEC et avoir atteint les objectifs 00UN, 00UP, 00UQ (mathématiques), 00UR, 00US, 00UT (physique), 00UL, 00UM (chimie) : (Laval, McGill)

OU, pour les détenteurs d'un DEC technique, vous référer aux annuaires des universités concernées ou à leur site Web : (Laval, McGill, Polytechnique, UQAT)

Universités offrant le programme spécialisé
Laval (génie des mines et de la minéralurgie), McGill (mining engineering), Polytechnique (programme offert conjointement avec McGill), UQAT (1re année, entente avec Polytechnique)

Durée des études : 4 ans

Indice d'accès : 64 % sont admis

Génie des opérations et de la logistique

Définition et objectifs du programme
Ce programme a pour objectif principal de former des ingénieurs généralistes aptes à concevoir, organiser, coordonner, améliorer et contrôler des organisations de service, de logistique et manufacturières.

Nature du travail
Dans un climat de développement technologique rapide et de compétitivité internationale accrue, le diplômé de ce programme sera appelé à faire carrière dans une multitude d'entreprises actives dans le secteur des services, des institutions financières, dans le domaine de la santé et des réseaux manufacturiers.

Préalables du collégial
Détenir un DEC technique en production manufacturière, **ou** en génie industriel, **ou** en génie mécanique, **ou** en transformation des matériaux composites, **ou** en maintenance industrielle, **ou** en informatique de gestion, **ou** en informatique industrielle, **ou** en gestion des réseaux informatiques, **ou** en logistique du transport, **ou** en comptabilité et gestion, **ou** en conseil en assurances et en services financiers, **ou** en gestion de commerces, **ou** en ébénisterie et meuble, **ou** en construction aéronautique, **ou** en maintenance d'aéronefs.

OU, pour les détenteurs d'un DEC en sciences de la nature, vous référer à l'annuaire de l'université concernée ou à son site Web.

Université offrant le programme spécialisé
ÉTS

Durée des études : environ 3 ½ ans

Indice d'accès : 85 % sont admis

Génie physique

Définition et objectifs du programme
Ce programme prépare l'étudiant à adopter et appliquer des théories ou découvertes mises au point en physique par les chercheurs. Il apprend à appliquer la physique en industrie en confrontant sa spécialité à d'autres secteurs du génie.

La formation de ce programme est donc fondamentale et polyvalente : l'aérothermique, l'hydraulique, la physique expérimentale, la science des matériaux et les systèmes.

Nature du travail
Le diplômé de ce programme peut exécuter du travail de conception, de mise en plan et de dessin de projets, de production. Il peut aussi travailler au développement et à la recherche de nouvelles techniques et procédures de production ou de nouveaux produits.

Il peut œuvrer dans différents secteurs, comme par exemple, la métallurgie ou les mines, le magnétisme, la météorologie, les semiconducteurs, les transistors, l'informatique et l'énergie nucléaire.

Préalables du collégial
Détenir un DEC en sciences de la nature : (Laval, Polytechnique)

OU détenir un DEC en sciences informatiques et mathématiques : (Laval, Polytechnique)

OU détenir tout autre DEC et avoir atteint les objectifs 00UN, 00UP, 00UQ (mathématiques), 00UR, 00US, 00UT (physique), 00UL (chimie) : (Polytechnique), (Laval + 00UK (biologie))

OU, pour les détenteurs d'un DEC technique, vous référer aux annuaires des universités concernées ou à leur site Web : (Laval, Polytechnique)

Universités offrant le programme spécialisé
Laval, Polytechnique

Durée des études : 4 ans

Indice d'accès : 99 % sont admis

Génie de la production automatisée

Définition et objectifs du programme
Ce programme développe la capacité de concevoir, de fabriquer et de modifier les systèmes de production afin de les rendre partiellement ou totalement automatisés. Le diplômé en production automatisée pourra superviser et contrôler les opérations relatives à la production. Ses connaissances et ses habiletés lui permettront d'être efficient tant dans les domaines de la mécanique et du génie industriel que de l'électronique et de l'informatique.

Nature du travail
Dans un climat de progrès technologique rapide et de compétitivité internationale croissante, ce programme multidisciplinaire fera du futur ingénieur en production automatisée l'un des principaux intervenants dans l'entreprise, principalement dans la PME, en matière de transfert technologique et d'intégration de technologies.

Le diplômé pourra faire carrière dans des entreprises actives dans une grande diversité de domaines tels que le transport (automobile, aéronautique, chantier naval), l'automatisation et l'informatisation industrielles, la conception et la fabrication assistées par ordinateur, la robotique, les technologies de la santé, etc.

Les principaux employeurs sont les entreprises et les gouvernements.

Préalables du collégial
Détenir un des nombreux DEC techniques listés dans l'annuaire de l'université concernée ou son site Web,

OU, pour les détenteurs d'un DEC en sciences de la nature, vous référer à l'annuaire de l'université concernée ou à son site Web.

Université offrant le programme spécialisé
ÉTS

Durée des études : environ 3 $\frac{1}{2}$ ans

Indice d'accès : 90 % sont admis

Génie des technologies de l'information

Définition et objectifs du programme
Ce programme a pour objectif de former des ingénieurs généralistes actifs dans un environnement d'affaires transactionnel où les technologies de l'information, notamment Internet, sont omniprésentes. Il vise à former des ingénieurs qui posséderont des compétences à la fois spécifiques et transversales les rendant aptes à jouer un rôle d'intégrateurs de technologies et d'ingénieurs d'application.

Nature du travail
Dans un climat de développement technologique rapide et de compétitivité internationale accrue, le futur ingénieur sera appelé à faire carrière dans une multitude d'entreprises de technologie de pointe actives dans le secteur de l'industrie de l'information, de la culture et des services professionnels, scientifiques et techniques.

Préalables du collégial
Détenir un DEC technique dans un des domaines suivants :
Technologie des systèmes ordinés
Techniques de l'informatique
Techniques d'intégration multimédia,

OU, pour les détenteurs d'un DEC en sciences de la nature, vous référer à l'annuaire de l'université concernée ou à son site Web.

Université offrant le programme spécialisé
ÉTS

Durée des études : environ 3 $\frac{1}{2}$ ans

Indice d'accès : 87 % sont admis

Géographie physique
(Geography)

Définition et objectifs du programme
Ce programme vise à former des spécialistes qui auront à étudier les caractéristiques distinctives et dynamiques des diverses régions de la terre et de leurs habitants et à expliquer l'interdépendance des phénomènes physiques et humains.

La formation de l'étudiant se fait particulièrement par des cours tels que la géomorphologie, la géographie, la physique, la géologie de l'environnement, la climatologie et la biogéographie.

Nature du travail
Ce spécialiste travaille à observer, rasembler, mesurer, analyser des contrées et représenter sur des cartes les caractéristiques physiques des différentes régions. Il peut également conseiller sur des questions telles que la suppression de la pollution de l'environnement et l'évaluation de l'exploitation actuelle et future des terres.

Le principal employeur se situe au niveau des différents gouvernements.

Préalables du collégial
Détenir un DEC en sciences de la nature : (Concordia, McGill)

OU détenir tout autre DEC (UQAR), et avoir atteint les objectifs 00UN, 00UP (mathématiques), 00UR, 00US, 00UT (physique), 00UL, 00UM (chimie), 00UK (biologie) : (Concordia, McGill)

Universités offrant le programme spécialisé
Concordia (environmental geography + Honours en environmental science), McGill (geography), UQAR (gestion des milieux naturels et aménagés, géographie environnement marin, écogéographie, biogéochimie environnementale, aménagement du territoire et développement durable)

Universités offrant une majeure
Concordia (environmental geography), McGill (urban systems), UQAR

Universités offrant une mineure
Concordia (environmental geography), McGill (geography, urban systems), UQAM, UQAR

Voir aussi Géographie, p. 207
et Géomatique appliquée à l'environnement, p. 119

Durée des études : 3 ans

Indice d'accès : 88 % sont admis

Géologie

Définition et objectifs du programme
Ce programme procure à l'étudiant les connaissances adéquates sur l'histoire, l'évolution et la genèse des matériaux terrestres. Ces connaissances, qui sont constituées d'éléments propres à la géologie et d'éléments de sciences de base, l'amèneront à l'analyse de situations géologiques concrètes et à la formulation de modèles d'interprétation logique de ces situations.

La formation de ce programme, outre les cours de sciences fondamentales, permet l'étude entre autres de la géophysique, de la minéralogie, de la paléontologie et de la cartographie géologique.

Nature du travail
Le diplômé de ce programme cherche à découvrir et à exploiter les ressources énergétiques et minérales de l'eau et d'autres besoins de notre société. Il peut faire le lien entre ses observations concernant la composition et la structure des roches et les processus qui ont formé les gîtes minéraux. Il doit appliquer des techniques avancées pour découvrir les richesses de la terre et des océans.

Les principaux employeurs sont l'industrie et les gouvernements.

Préalables du collégial
Détenir un DEC en sciences de la nature : (Laval, McGill, UQAC, UQAM, UQAT)

OU détenir tout autre DEC et avoir atteint les objectifs 00UN, 00UP, 00UQ (mathématiques), 00UR, 00US, 00UT (physique), 00UL, 00UM (chimie), 00UK (biologie) : (UQAC, UQAT), (Laval n'exige pas 00UT (physique) ni 00UK (biologie)

OU, pour les détenteurs d'un DEC technique, vous référer aux annuaires des universités concernées ou à leur site Web : (Laval, UQAC, UQAM, UQAT)

Universités offrant le programme spécialisé
Laval, McGill (Earth and planetary sciences, Earth sciences, Planetary sciences), UQAC, UQAM (sciences de la Terre et de l'atmosphère : géologie des ressources et géologie de l'environnement), UQAT (1re année, entente avec l'UQAC)

Universités offrant une majeure
McGill (Physics and Geophysics), UQAM

Université offrant une mineure
McGill (geology)

Voir aussi Sciences de la Terre et de l'atmosphère p. 139

Durée des études : 3 ans
Indice d'accès : 81 % sont admis

Géomatique appliquée à l'environnement

Définition et objectifs du programme
La géomatique se dit de la science et des technologies de l'acquisition, du stockage, de l'analyse, de l'interprétation et de la diffusion de l'information géographique. La géomatique appliquée à l'environnement est une discipline qui est née de la combinaison de la télédétection, des systèmes d'information géographique, des systèmes de positionnement global et de la cartographie numérique en relation avec les concepts de l'écologie, de la géographie, des ressources naturelles, donc de l'environnement au sens large.

Ce programme vise donc à former des spécialistes aptes à analyser des problématiques environnementales et à proposer des solutions à la prise de décision.

Nature du travail
Ce diplômé se retrouvera principalement au niveau des ministères des Ressources naturelles du Canada et du Québec, à Géomatique Canada, Transports Québec, Environnement Québec, etc. Les firmes de consultants en géomatique ou de génie-conseils, les compagnies d'exploitation des ressources naturelles, le secteur du marketing et l'écotourisme sont aussi des voies privilégiées pour ce spécialiste. Les industries et organismes d'aide au développement en pays étrangers sont aussi au nombre des débouchés possibles.

Préalables du collégial
Détenir un DEC en sciences de la nature

OU détenir un DEC et avoir atteint l'objectif 00UN (mathématiques) et s'engager à suivre les activitées de mise à niveau

OU, pour les détenteurs d'un DEC technique, vous référer à l'annuaire de l'université concernée ou à son site Web.

Université offrant le programme spécialisé
Sherbrooke

Durée des études : 3 ans

Indice d'accès : 85 % sont admis

Imagerie et médias numériques (Computation arts)

Définition et objectifs du programme
Ce programme vise à développer chez l'étudiant une capacité à concevoir et à réaliser des logiciels fiables, généraux et lisibles liés notamment à l'infographie et à la synthèse d'images, au traitement d'images et de la vidéo, à la vision par ordinateur, aux interfaces, à la reconnaissance de la parole ou encore à la réalité virtuelle. Les aspects plus artistiques du programme sont l'imagerie, la découverte des sons et le modelage – animation tridimensionnels.

Nature du travail
Au terme de leur formation, les diplômés de ce programme auront la possibilité de se diriger sur le marché du travail où les domaines d'application, et par conséquent les débouchés sont nombreux : par exemple, les jeux vidéos, la santé (imagerie médicale, télé-opération), les arts et la culture (cinéma, création, architecture), les télécommunications, l'astronomie – astrophysique, la robotique, l'aéronautique – aérospatial, le multimédia, les affichages virtuels, l'imagerie cinétique et les sites Web interactifs.

Préalables du collégial
Détenir un DEC et avoir atteint les objectifs 00UN, 00UP, 00UQ (mathématiques) : (Sherbrooke, UQAT), (**et** fournir une lettre d'intention et un portfolio pour l'option Computer Application à Concordia)

OU détenir un DEC et fournir une lettre d'intention et un portfolio pour le BFA Computation Arts : (Concordia)

OU détenir un DEC en sciences informatiques et mathématiques (Sherbrooke)

Universités offrant le programme spécialisé
Concordia (computation arts), Sherbrooke (imagerie médicale, divertissements interactifs), UQAT (création numérique)

Universités offrant une majeure
Bishop's (en collaboration avec Sherbrooke), Concordia (computation arts), UQAC (conception de jeux vidéo), UQAT (création en 3D)

Université offrant une mineure
Concordia (computation arts), UQAT (création en 3D, design de jeux vidéos)

Voir aussi Animation 3D et design numérique p. 275

Durée des études : 3 ans

Indice d'accès : 62% sont admis

Immunology

Définition et objectifs du programme

L'immunologie est une science qui est naturellement jumelée à la microbiologie en ce sens qu'elle décrit une foule de résistance et d'immunité aux microbes. L'étudiant apprend donc à préparer des vaccins contre les maladies et chercher des anticorps pour attaquer les microbes et les cancers. Il s'agit donc là d'une science expérimentale active.

Tous les cours offerts sont profondément scientifiques tels l'anatomie, la biochimie, la biologie, la chimie et l'informatique.

Nature du travail

Ce programme doit mener les diplômés aux études supérieures afin d'œuvrer éventuellement soit dans l'industrie pharmaceutique et biotechnologique, soit dans les hôpitaux, soit dans les universités, soit pour les gouvernements.

Préalables du collégial

Détenir un DEC en sciences de la nature, et il est recommandé d'atteindre en plus les objectifs 00XV (chimie), 00XU (biologie)

Université offrant le programme spécialisé

McGill (Microbiology and Immunology)

Université offrant une majeure

McGill (Microbiology and Immunology)

Voir aussi Biologie (sciences biologiques) p. 69,
Biologie médicale p. 33, Environnement, p. 88
et Microbiologie, p. 132

Durée des études : 3 ans

Indice d'accès : 100 % sont admis

Informatique

Définition et objectifs du programme
Ce programme assure à l'étudiant une connaissance approfondie du fonctionnement d'un ordinateur et le rend apte à apprécier la nature, les caractéristiques et la structure de l'information à traiter dans les divers domaines d'applications de l'informatique. Il sert également à l'apprentissage de la mise en place des systèmes de classification et d'emmagasinage des informations et à développer des méthodes de traitement des données.

Ce programme vise à former des candidats qui soient capables de faire face aux problèmes découlant de l'évolution rapide de l'informatique et de ses répercussions dans leur milieu éventuel de travail. La formation donnée est nettement de sciences pures.

Nature du travail
Les professions dans le domaine de l'informatique se divisent en deux groupes principaux. Les opérateurs de matériel de traitement électronique des données constituent le premier groupe, tandis que les programmeurs et analystes fonctionnels constituent le second groupe. Le diplômé du premier groupe (opérateur) doit avoir une compréhension pratique des ordinateurs et des appareils de soutien, alors que le diplômé du second groupe (programmeur et analyste) doit comprendre le mécanisme d'un ordinateur mais aussi avoir une connaissance approfondie des principes du traitement électronique des données, des langages-machine et des fonctions internes de l'entreprise ou des établissements qui demandent de la programmation.

Les diplômés de ce programme peuvent œuvrer pour diverses compagnies, les banques, les manufactures et les gouvernements fédéral, provinciaux et municipaux.

Préalables du collégial
Détenir un DEC en sciences de la nature : (Laval, McGill (sciences), Montréal, Sherbrooke, UQAR)

OU détenir un DEC en sciences informatiques et mathématiques : (Laval, Montréal, UQTR)

OU détenir tout autre DEC (McGill (arts)) et avoir atteint les objectifs 00UN, 00UP (mathématiques), 00UR, 00US (physique) : (Bishop's)

OU détenir tout autre DEC et avoir atteint les objectifs 00UN, 00UP, 00UQ (mathématiques) : (Concordia, McGill, Sherbrooke, UQAC, UQAR, UQO, UQTR)

OU détenir tout autre DEC et avoir atteint les objectifs 022X, 022Y, 022Z **ou** 00UN, 00UP, 00UQ (mathématiques) : (Laval, Montréal)

OU, pour les détenteurs d'un DEC technique, vous référer aux annuaires des universités concernées ou à leur site Web : (Laval, Montréal, Sherbrooke, UQAC, UQAR, UQO, UQTR)

Informatique (suite)

Universités offrant le programme spécialisé
Bishop's (bioinformatics, computer science, imaging and digital media), Concordia (computer applications, computer applications with computation arts, computer games, computer systems, computer sciences + Honours, information systems, software systems, Web services & applications, computer applications with mathematics & statistics), Laval, McGill (computer science), Montréal (orientation générale, cheminement « Honor », cheminement intensif), Sherbrooke (cheminement régulier ou avec concentration génie logiciel, systèmes intelligents, systèmes et réseaux), UQAC, UQAR, UQO, UQTR

Universités offrant une majeure
Bishop's, McGill (Computer science, Mathematics - Physics and computer science), Montréal

Universités offrant une mineure
Bishop's, Concordia, McGill (Computer science), Montréal, UQAC

Voir aussi Physique et informatique p. 138

Durée des études : 3 ans

Indice d'accès : 76 % sont admis

Informatique et génie logiciel

Définition et objectifs du programme
Ce programme vise à former des analystes informaticiens spécialisés dans les applications de l'informatique à divers domaines. Le tronc commun, ensemble équilibré de cours théoriques, méthodologiques et techniques, conduit à de solides connaissances de base en génie logiciel et propose un ensemble de connaissances complémentaires en sciences de la gestion. Il s'appuie principalement sur des notions de base en génie logiciel, mathématiques, programmation, systèmes matériels et logiciels d'une part, et en économie et administration d'autre part. Cette formation peut être complétée au plan pratique par des stages coopératifs. Des cours au choix permettent aussi de compléter la formation de base dans différents champs, par exemple, le développement de logiciels ou l'informatique répartie.

Bien que ce programme conduise à l'obtention d'un grade de bachelier ès sciences appliquées, il ne donne pas le titre d'ingénieur professionnel.

Nature du travail
Ce diplômé sera en mesure de procéder à l'analyse, la modélisation et au développement de systèmes. Il sera aussi capable de s'adapter aux divers types de matériels, de logiciels et de progiciels en usage dans les entreprises. Il pourra aussi organiser et structurer un projet de développement de système, d'en estimer les coûts et les bénéfices et d'en coordonner la réalisation.

Préalables du collégial
Détenir un DEC et avoir atteint les objectifs 00UN, 00UP, 00UQ (mathématiques)

Université offrant le programme spécialisé
UQAM

Durée des études : 3 ans

Indice d'accès : 87% sont admis

Informatique de gestion

Définition et objectifs du programme
Ce programme vise à donner à l'étudiant une bonne connaissance des systèmes informatiques ainsi que du traitement, des structures et des langages de programmation. Il rend l'étudiant apte à bâtir des programmes efficaces et faciles à utiliser pour le gestionnaire ou l'administrateur. Il lui permet enfin d'acquérir des connaissances sur les différents types d'organisation, sur les processus organisationnels et de prise de décision dans l'entreprise.

La formation de l'étudiant en informatique de gestion se compose principalement de cours de conception des systèmes d'analyse et de programmation, de gestion et de finance.

Nature du travail
Le bachelier de cette spécialisation a à définir les besoins des organisations et à proposer et mettre en œuvre un système informatique répondant à ces besoins.

Le détenteur de ce baccalauréat peut travailler pour les gouvernements fédéral, provinciaux et municipaux, l'entreprise, les institutions bancaires et tous les services publics.

Préalables du collégial
Détenir un DEC et avoir atteint les objectifs 00UN, 00UQ (mathématiques) : UQAC

OU détenir un DEC en sciences informatiques et mathématiques : Sherbrooke

OU détenir un DEC et avoir atteint les objectifs 00UN, 00UP, 00UQ (mathématiques) : Sherbrooke

OU, pour les détenteurs d'un DEC technique, vous référer à l'annuaire de l'université concernée ou à son site Web : Sherbrooke, UQAC

Universités offrant le programme spécialisé
Sherbrooke (commerce électronique, génie logiciel, intelligence d'affaires), UQAC

Universités offrant une majeure
Bishop's (information technology), Concordia (Information Systems), McGill (Information Systems)

Universités offrant une mineure
Concordia, UQAC

Durée des études : 3 ans

Indice d'accès : 100 % sont admis

Mathématiques

Définition et objectifs du programme

Ce programme offre à l'étudiant une formation de base en mathématiques. Aussi, au terme de ses études, l'étudiant connaît les principes de sa discipline, ses méthodes et ses théories de base et possède les capacités intellectuelles du mathématicien, c'est-à-dire celles de modéliser, d'analyser, d'induire, de déduire, d'abstraire et d'appliquer.

La formation offerte est principalement en mathématiques, mais des cours des autres sciences fondamentales la complètent.

Nature du travail

Le diplômé de ce programme fait des recherches en mathématiques de base et applique les principes et techniques mathématiques pour résoudre les problèmes qui se posent dans des domaines tels que la recherche scientifique, le génie civil et l'organisation industrielle. Il effectue des expériences pour découvrir de nouvelles applications des principes et des techniques mathématiques qui serviront à des enquêtes scientifiques, des projets technologiques, la prise de décisions administratives et au traitement électronique des données. Il fait des calculs et applique les méthodes de l'analyse numérique. Il se sert d'équipement de computation mécanique et électronique et d'autres instruments ou en dirige l'utilisation.

Les principaux employeurs sont les centres de recherche, les entreprises et les gouvernements.

Préalables du collégial

Détenir un DEC en sciences de la nature : (Concordia (B.Sc.), Laval, McGill (sciences), Montréal, Sherbrooke)

OU détenir un DEC en sciences informatiques et mathématiques : (Laval, Montréal, Sherbrooke)

OU détenir tout autre DEC (McGill (arts)), et avoir atteint les objectifs 00UN, 00UP, 00UQ (mathématiques), 00UR, 00US, 00UT (physique), 00UL, 00UM (chimie), 00UK (biologie) : Concordia (B.Sc.); et avoir atteint les objectifs 00UN, 00UP (mathématiques), 00UR, 00US (physique) : (Bishop's)

OU détenir tout autre DEC et avoir atteint les objectifs 00UN, 00UP, 00UQ (mathématiques) : (Concordia (BA), Montréal, Sherbrooke, UQAM, UQTR)

OU détenir tout autre DEC et avoir atteint les objectifs 00UN, 00UP, 00UQ (mathématiques), 00UR (physique *recommandée*) ainsi que l'ancien cours de math. 303 (recommandé) : (Laval)

OU, pour les détenteurs d'un DEC technique, vous référer aux annuaires des universités concernées ou à leur site Web : (Laval, UQAM)

Mathématiques (suite)

Universités offrant le programme spécialisé

Bishop's (mathematics), Concordia (actuarial, actuarial/finance, pure & applied, statistics + honours), Laval, McGill (mathematics, probability and statistics), Montréal (orientations actuariat, sciences mathématiques, statistiques, mathématiques pures et appliquées, mathématiques financières, cheminement intensif), Sherbrooke, UQAM (mathématiques, statistiques, informatique, météorologie et autres cheminements), UQTR (statistiques, informatique ou enseignement)

Universités offrant une majeure

Bishop's, Concordia (B.A ou B.Sc. : mathematics & statistics, mathematics & statistics & computer applications), McGill (mathematics, mathematics and physiology, mathematics and computer science), Montréal, UQAC

Universités offrant une mineure

Bishop's, Concordia (mathematics & statistics), McGill (mathematics, statistics), Montréal, UQAC

Voir aussi Actuariat, p. 59, mathématiques et économie, p. 129, mathématiques et informatique p. 130, mathématiques et physique, p. 131

Durée des études : 3 ans

Indice d'accès : 88 % sont admis

Mathématiques appliquées

Définition et objectifs du programme
Dans ce programme, l'étudiant est mis en contact avec un éventail de méthodes mathématiques utilisées dans la pratique. On lui présente de plus des problèmes réels, issus d'autres disciplines, dans le langage propre à ces disciplines. Une solution doit alors suivre et faire appel aux divers outils de calculs disponibles au mathématicien appliqué d'aujourd'hui.

Ce programme vise à procurer à l'étudiant un réel savoir-faire, sans toutefois négliger les fondements théoriques et leur pertinence. Les cours, quoique à fort contenu mathématique, touchent aux autres sciences fondamentales et font que cette spécialité est multi-disciplinaire.

Nature du travail
Le diplômé de ce programme peut œuvrer comme mathématicien, c'est-à-dire qu'il applique les principes et techniques mathématiques pour résoudre les problèmes qui se posent dans des domaines tels que la recherche scientifique, le génie civil ou l'organisation industrielle.

Les principaux employeurs sont les entreprises et les gouvernements. Les centres de recherche ont également recours à ce spécialiste.

Préalables du collégial
Détenir un DEC en sciences de la nature : (Concordia (B.Sc.), McGill)

OU détenir tout autre DEC et avoir atteint les objectifs 00UN, 00UP, 00UQ (mathématiques) : (Condordia B.A.) + 00UR, 00US, 00UT (physique), 00UL, 00UM (chimie), 00UK (biologie) : (Concordia B.Sc.)

Universités offrant le programme spécialisé
Concordia, McGill

Voir aussi Statistiques, p. 142

Durée des études : 3 ans
Indice d'accès : 91 % sont admis

Mathématiques et économie

Définition et objectifs du programme
La combinaison des cours dans ces deux domaines fournit à l'étudiant un bagage important d'outils techniques qui lui serviront dans des sphères d'application telles que la finance, la fiscalité ou l'économétrie.

Nature du travail
Le diplômé sera apte à résoudre des problèmes mathématiques complexes dans ces domaines. On le retrouve dans les entreprises privées, les centres de recherche et les gouvernements provinciaux et fédéral.

Préalables du collégial
Détenir un DEC en sciences de la nature : (Bishop's, Montréal)

OU détenir un DEC en sciences informatiques et mathématiques : (Montréal)

OU détenir tout autre DEC et avoir atteint les objectifs 00UN, 00UP, 00UQ (mathématiques) : (Bishop's, Montréal)

Universités offrant le programme spécialisé
Bishop's, Montréal

Durée des études : 3 ans

Indice d'accès : 75 % sont admis

Mathématiques et informatique

Définition et objectifs du programme
Ce programme consiste à former des mathématiciens qui soient capables de travailler comme analystes et de participer au développement de la haute technologie de notre société.

Son but est de fournir à l'étudiant une formation de base en mathématiques et en informatique et à lui permettre, par l'entremise de ces deux orientations, soit de se diriger vers des spécialités plus appliquées et interdisciplinaires, soit d'élaborer sa formation en informatique pour devenir analyste.

Nature du travail
Le diplômé de ce programme utilise des méthodes et des techniques mathématiques et informatiques pour apporter une solution à des problèmes relevant de divers secteurs d'application des mathématiques tels l'ingénierie, la physique, la chimie, la biologie et les sciences sociales.

Les principaux employeurs sont les entreprises et les gouvernements par le biais des services publics et para-publics.

Préalables du collégial
Détenir un DEC en sciences de la nature : (Laval, McGill, Montréal, UQAM)

OU détenir un DEC en sciences informatiques et mathématiques : (Laval, Montréal, UQTR)

OU détenir tout autre DEC et avoir atteint les objectifs 00UN, 00UP, 00UQ (mathématiques), 00UR, 00US, 00UT (physique), 00UL (chimie), 00UK (biologie) : (Laval)

OU détenir tout autre DEC et avoir atteint les objectifs 00UN, 00UP, 00UQ (mathématiques) : (Montréal, UQTR)

OU, pour les détenteurs d'un DEC technique, vous référer à l'annuaire de l'université concernée ou à son site Web : (Laval)

Universités offrant le programme spécialisé
Laval (mathématiques et informatique), McGill (computer science & mathematics), Montréal (mathématiques-informatique), UQAM (mathématiques avec concentration informatique), UQTR (mathématiques-informatique)

Durée des études : 3 ans

Indice d'accès : 60 % sont admis

Mathématiques et physique

Définition et objectifs du programme
Il s'agit d'études bidisciplinaires en physique et en mathématiques. Le physicien mathématicien cherche dans et à l'aide des mathématiques une description des phénomènes naturels. La formation, exigeante et rigoureuse, le prépare pour des études supérieures dans l'une ou l'autre des deux disciplines.

Nature du travail
Le diplômé se dirigera vers des emplois dans des secteurs de haute technologie où des problèmes mathématiques complexes doivent être résolus : gestion et optimisation de réseaux, programmation scientifique, etc.

Préalables du collégial
Détenir un DEC en sciences de la nature : (McGill, Montréal)

OU détenir tout autre DEC et avoir atteint les objectifs 00UN, 00UP, 00UQ (mathématiques), ainsi que 2 objectifs en physique, 1 en chimie et 1 en biologie : (Montréal)

Universités offrant le programme spécialisé
McGill, Montréal

Durée des études : 3 ans

Indice d'accès : 85 % sont admis

Microbiologie

Définition et objectifs du programme
Ce programme permet l'étude du monde complexe des organismes trop petits pour être étudiés à l'œil nu (micro-organismes). La microbiologie est donc une science très étendue et qui peut toucher les aspects physiques, biochimiques et physiologiques de micro-organismes variés comme les algues, les bactéries, les levures, les champignons, les protozoaires et les virus.

La formation offerte touche bien sûr à la physique, la biologie et la biochimie mais aussi aux mathématiques, à la chimie et à l'informatique.

Nature du travail
Le diplômé de ce programme fait des recherches ayant rapport aux micro-organismes en vue d'en tirer des applications pratiques d'ordre médical ou autre. Il observe l'action des micro-organismes et analyse les substances alors produites. Il étudie aussi les conditions favorables à leur reproduction, à leur dissociation ou à leur destruction. Il participe en outre à la mise au point de différents vaccins qui servent à immuniser contre les maladies.

Les principaux employeurs sont les industries pharmaceutiques, les hôpitaux, les universités et les gouvernements.

Préalables du collégial
Détenir un DEC en sciences de la nature : (Laval, McGill (les objectifs 00XV (chimie) et 00XU (biologie) sont recommandés))

OU détenir tout autre DEC et avoir atteint les objectifs 00UN, 00UP (mathématiques), 00UR, 00US, 00UT (physique), 00UL, 00UM (chimie), 00UK (biologie) : (Laval (n'exige pas 00UT (physique), Sherbrooke)

OU, pour les détenteurs d'un DEC technique, vous référer aux annuaires des universités concernées ou à leur site Web : (Laval, Sherbrooke)

Universités offrant le programme spécialisé
Laval, McGill (Microbiology and Immunology), Montréal (Sciences biologiques, orientation microbiologie et immunologie), Sherbrooke

Universités offrant une majeure
McGill (microbiology and immunology)

Voir aussi Biologie p. 69, Biologie médicale p. 33, et Immunology, p. 121

Durée des études : 3 ans

Indice d'accès : 83 % sont admis

Microélectronique

Définition et objectifs du programme
Ce programme vise à doter l'étudiant d'une solide compréhension des phénomènes physiques en général, de la microélectronique en particulier et de ses applications dans les domaines des ordinateurs et des télécommunications.

Nature du travail
Le diplômé de ce programme aura accès aux études de cycles supérieurs en sciences appliquées. Il est préparé au travail dans des centres de recherche, les entreprises de haute technologie, les services publics et privés, les bureaux d'étude...

Préalables du collégial
Détenir un DEC en sciences de la nature

OU, pour les détenteurs d'un DEC technique, vous référer à l'annuaire de l'université concernée ou à son site Web

De plus, le candidat doit présenter un bon dossier (R=24 ou +), sinon, dans certains cas, il pourrait faire l'objet d'une recommandation d'admission après étude du dossier par la direction du programme.

Université offrant le programme spécialisé
UQAM

NOTE : ce programme ne donne pas accès à la pratique du génie tel que régi par l'Ordre des ingénieurs du Québec.

Voir aussi Génie microélectronique p. 111

Durée des études : 3 ans

Indice d'accès : 82 % sont admis

Opérations forestières

Définition et objectifs du programme

Ce programme vise à l'étude des techniques modernes d'exploitation de la forêt. Il permet à ce spécialiste qui aspire à une plus grande autonomie, d'agrandir son champ d'activités. Il permet également la formation d'entrepreneurs forestiers qui sont plus sûrs de leurs moyens.

La formation donnée tourne autour de cours de foresterie, d'écologie, d'économique et de techniques d'exploitation.

Nature du travail

Le travail consiste surtout dans la planification de la récolte forestière, dans les travaux relatifs à l'exploitation et à l'utilisation économique du bois.

Les diplômés de ce programme œuvrent dans l'industrie forestière (grandes et moyennes entreprises), mais surtout pour les gouvernements fédéral et provinciaux.

Préalables du collégial

Détenir un DEC en sciences de la nature

OU détenir tout autre DEC et avoir atteint les objectifs 00UN, 00UP, 00UQ (mathématiques), 00UR, 00US, 00UT (physique), 00UL, 00UM (chimie), 00UK (biologie)

OU, pour les détenteurs d'un DEC technique, vous référer à l'annuaire de l'université concernée ou à son site Web

Université offrant le programme spécialisé

Laval

Note : ce programme donne accès à l'Ordre des ingénieurs forestiers du Québec.

Durée des études : 4 ans

Indice d'accès : 97 % sont admis

Physiology

Définition et objectifs du programme
Ce programme vise à former des spécialistes en sciences médicales cliniques par des connaissances scientifiques de base. L'étude de la physiologie peut aller des molécules et des cellules jusqu'aux systèmes entiers dans une grande variété de vertébrés, incluant l'homme.

Les programmes offerts en physiologie peuvent différer dans leur orientation mais ils ont tous en commun la physiologie cardiovasculaire, respiratoire et rénale, ainsi que la neurophysiologie, l'endocrinologie et l'immunologie. Les sciences de base telles la biologie, la chimie, les mathématiques et la physique sont les racines de la physiologie.

Nature du travail
Le travail de ce spécialiste est surtout au niveau de la recherche pure dans les secteurs médicaux et para-médicaux, ou encore dans l'enseignement.

Les employeurs sont les industries pharmaceutiques, les hôpitaux, les universités et les gouvernements.

Préalables du collégial
Détenir un DEC en sciences de la nature : l'atteinte des objectifs 00XV (chimie) et 00XU (biologie) est recommandée.

Université offrant le programme spécialisé
McGill

Université offrant une majeure
McGill (Physiology, Physiology and Physics, Physiology and Mathematics)

Voir aussi Biologie (sciences biologiques) p. 69
et Biologie médicale p. 33

Durée des études : 3 ans

Indice d'accès : 100 % sont admis

Physique

Définition et objectifs du programme
Ce programme offre à l'étudiant les connaissances de base lui permettant d'accéder à l'étude approfondie de l'une ou l'autre des spécialités de la physique. Pour ce faire, l'étudiant doit développer ses facultés d'imagination, de créativité et d'adaptation et bien connaître les outils dont il dispose pour atteindre une certaine indépendance dans son apprentissage.

Ce programme assure à l'étudiant une formation théorique et expérimentale dans les principaux domaines de la physique tels l'acoustique, l'optique, l'électromagnétisme et autres.

Nature du travail
Le diplômé de ce programme est en mesure d'apporter une aide très appréciée à l'industrie, aux firmes d'ingénieurs-conseils, aux milieux paramédicaux et médico-légaux, donc dans plusieurs domaines qui demandent une formation axée d'abord et avant tout sur l'analyse détaillée et raisonnée des problèmes.

Préalables du collégial
Détenir un DEC en sciences de la nature : (Concordia, Laval, McGill, Montréal, Sherbrooke, UQTR)

OU détenir un DEC en sciences informatiques et mathématiques : (Laval, UQTR)

OU détenir tout autre DEC et avoir atteint les objectifs 00UN, 00UP, 00UQ (mathématiques), 2 objectifs en physique, 1 en chimie et 1 autre en biologie : (Montréal)

OU détenir tout autre DEC et avoir atteint les objectifs 00UN, 00UP, 00UQ (mathématiques), 00UR, 00US, 00UT (physique), 00UL (chimie), 00UK (biologie) : (Laval, Sherbrooke, UQTR (+ 00UM (chimie))

OU détenir tout autre DEC et avoir atteint les objectifs 00UN, 00UP (mathématiques), 00UR, 00US, 00UT (physique), 00UL, 00UM (chimie), 00UK (biologie) : (Concordia) et (Bishop's) + 00UQ (mathématiques) et – 00UT (physique) et - 00UK (biologie)

OU, pour les détenteurs d'un DEC technique, vous référer aux annuaires des universités concernées ou à leur site Web : (Laval, Sherbrooke, UQTR)

Universités offrant le programme spécialisé
Bishop's (physics), Concordia (physics, pure/computational physics and biophysics), Laval, McGill (physics, physics and mathematics, physics and chemistry), Montréal (générale, astronomie et astrophysique, physique des matériaux, physique du vivant, physique subatomique) Sherbrooke (cheminement avec ou sans module en calcul scientifique, physique médicale, ou nanotechnologie et nanosciences), UQTR

Physique (suite)

Universités offrant une majeure
Bishop's, Concordia (physics), McGill (physics, physiology and physics, physics and computer science, physics and atmospheric sciences, physics and geophysics), Montréal

Universités offrant une mineure
Bishop's, McGill, Montréal

Voir aussi Biophysique, p. 72, Mathématiques et physique, p. 131, Physique et informatique, p. 138

Durée des études : 3 ans

Indice d'accès : 77 % sont admis

Physique et informatique

Définition et objectifs du programme
Ce programme vise à assurer à l'étudiant un apprentissage adéquat, à la fois en physique et en informatique, en faisant le pont entre ces deux disciplines afin de lui permettre d'attaquer et de résoudre des problèmes complexes - à l'aide de méthodes quantitatives - dans un vaste domaine d'applications. Une fois acquise la formation de base en mathématiques, en physique et en informatique, trois voies sont offertes à l'étudiant. Il peut décider de mettre l'emphase sur la physique ou, à l'inverse, il peut maximiser sa formation en informatique. Il lui est aussi possible de maintenir un équilibre entre les deux disciplines. Dans ce programme qui présente une grande flexibilité, le choix repose largement sur l'étudiant qui y exprime ses intérêts et ses objectifs de carrière.

Nature du travail
Ce programme peut mener le diplômé à des études supérieures dans l'une ou l'autre des deux disciplines, par exemple en modélisation numérique, ou encore il peut conduire à une formation «terminale» peut-être plus adaptée à un éventuel emploi convoité, en informatique de projets ou en programmation scientifique, entre autres.

Préalables du collégial
Détenir un DEC en sciences de la nature : (Montréal)

OU détenir tout autre DEC et avoir atteint les objectifs 00UN, 00UP, 00UQ (mathématiques), 2 objectifs en physique, 1 en chimie et 1 autre en biologie : (Montréal)

OU détenir tout autre DEC et avoir atteint les objectifs 00UN, 00UP (mathématiques), 00UR, 00US, 00UT (physique), 00UL, 00UM (chimie), 00UK (biologie) : (McGill)

Université offrant le programme spécialisé
Montréal

Université offrant une majeure
McGill (Physics and Computer Science)

Durée des études : 3 ans

Indice d'accès : 26 % sont admis

Sciences de la Terre et de l'atmosphère

Définition et objectifs du programme
Ce programme offre une formation générale en sciences de la Terre et de l'atmosphère, suivie d'une spécialisation dans l'une ou l'autre des 2 concentrations suivantes : la **géologie** ou la **météorologie.** La formation générale permet à l'étudiant de développer la démarche scientifique et les habiletés requises dans le domaine des géosciences. Un accent particulier y est mis sur une approche quantitative en laboratoire et sur une approche appliquée sur le terrain. En fin de parcours, les étudiants peuvent choisir entre trois axes : géologie des ressources, géologie de l'environnement, ou météo et climat.

Nature du travail
Ce diplômé acquerra les qualifications pour travailler au sein d'organismes privés et publics oeuvrant dans le domaine des géosciences. Dans la concentration en **géologie**, le diplômé pourra faire l'évaluation de tous les types de terrains géologiques afin d'en établir l'âge, la structure et la genèse. Dans la concentration en **météorologie**, le diplômé acquerra une base solide en mathématique appliquée et en physique. Ceci pourra le mener, à titre d'exemple, à des domaines tels l'exploration des ressources minières et hydriques ou à la météorologie prédictive.

Préalables du collégial
Détenir un DEC en sciences de la nature

OU détenir tout autre DEC et avoir atteint les objectifs 00UN, 00UP, 00UQ (mathématiques), 00UR, 00US, 00UT (physique), 00UL, 00UM (chimie) et 00UK (biologie)

OU pour les détenteurs d'un DEC technique, vous référer à l'annuaire de l'université concernée ou à son site Web.

Université offrant le programme spécialisé
UQAM

Université offrant une majeure
UQAM (géologie)

Durée des études : 3 ans

Indice d'accès : 85% sont admis

Sciences et technologie

Définition et objectifs du programme

Ce programme propose une formation fondamentale avec un cheminement individuel pluridisciplinaire en sciences et technologie. Il sert aussi à développer des capacités d'analyse, de synthèse et de résolution de problèmes, et permet l'acquisition de connaissances, d'habiletés et d'attitudes générales par la fréquentation de plusieurs disciplines (biologie et santé, environnement, informatique, sciences de la matière et de la terre, études sur la science).

Nature du travail

Ce diplômé aura acquis des connaissances et des habiletés utiles pour intervenir efficacement dans un milieu à caractère scientifique et technologique, et pour intervenir avec divers spécialistes.

Préalables du collégial

Détenir un DEC ou l'équivalent

Université offrant le programme spécialisé

TÉLUQ

Durée des études : 3 ans

Indice d'accès : non disponible

Sciences géomatiques

Définition et objectifs du programme
Ce programme vise à informer des arpenteurs-géomètres ayant les connaissances légales, scientifiques et techniques nécessaires afin de pouvoir exécuter tous les travaux de mesure indispensables à l'établissement du droit de propriété et à l'aménagement des territoires urbains, ruraux, forestiers et miniers. Ce nouveau programme est en fait un réaménagement du programme de géodésie tenant compte tant du développement de la science et de la technologie que des transformations sociales.

La formation comprendra dorénavant un tronc commun de cours et une orientation soit en gestion géomatique (arpentage foncier, gestion foncière), soit en génie géomatique (cartographie, photogrammétrie, géodésie, télédétection).

Nature du travail
Ce diplômé est chargé par la loi d'exécuter en exclusivité tous les arpentages de terrains et les mesurages aux fins de bornes, bornages et levés de plans. Il est le spécialiste de la fabrication des certificats de localisation, des relevés des lacs, rivières, fleuves et autres eaux du Québec ainsi que de la représentation cartographique du territoire.

Il œuvre habituellement en cabinet privé ou pour les gouvernements.

Préalables du collégial
Détenir un DEC en sciences de la nature,

OU détenir un DEC en sciences informatiques et mathématiques,

OU détenir tout autre DEC et avoir atteint les objectifs 00UN, 00UP, 00UQ (mathématiques), 00UR, 00US, 00UT (physique),

OU pour les détenteurs d'un DEC technique, vous référer à l'annuaire de l'université concernée ou à son site Web.

Université offrant le programme spécialisé
Laval

Note : ce programme est le seul au Québec donnant accès à l'Ordre des arpenteurs-géomètres du Québec.

Durée des études : 4 ans

Indice d'accès : 89 % sont admis

Statistiques

Définition et objectifs du programme
Ce programme permet à l'étudiant d'acquérir les connaissances fondamentales en statistique et lui apprend à utiliser cette discipline dans différents domaines. Par ce programme, l'étudiant se familiarise avec les principales méthodes statistiques tant au niveau du recueil des données qu'au niveau de l'analyse statistique de ces données.

Nature du travail
Le diplômé de ce programme fait des recherches ou applique des méthodes statistiques afin de recueillir, d'analyser et d'interpréter des données numériques. Les statisticiens se divisent en deux groupes : ceux qui font de la recherche (statisticien-mathématicien) et ceux qui en font l'application (statisticien spécialiste de la statistique appliquée).

Préalables du collégial
Détenir un DEC en sciences de la nature : (Concordia (B.Sc.), Laval, McGill, Montréal)

OU détenir un DEC en sciences informatiques et mathématiques : (Laval, Montréal)

OU détenir tout autre DEC et avoir atteint les objectifs 00UN, 00UP, 00UQ (mathématiques) : (Concordia (B.A.), Laval, McGill, Montréal, UQAM) + 00UR, 00US, 00UT (physique), 00UL, 00UM (chimie) 00UK (biologie) : (Concordia B.Sc.)

OU, pour les détenteurs d'un DEC technique, vous référer aux annuaires des universités concernées ou à leur site Web : (Concordia, Laval, Montréal)

Universités offrant le programme spécialisé
Concordia (statistics), Laval, McGill (probability and statistics), Montréal (mathématiques avec orientation en statistiques), UQAM (mathématiques avec concentration en statistiques)

Universités offrant une majeure
Concordia (B.A. ou B.Sc. : mathematics & statistics, mathematics & statistics & computer applications), McGill (statistics & computer science)

Universités offrant une mineure
Concordia (mathematics & statistics), McGill

Université offrant un diplôme de 1er cycle
Laval (statistique)

Voir aussi Mathématiques appliquées p. 128 , Mathématiques p. 126 et Démographie et statistique p. 175

Durée des études : 3 ans

Indice d'accès : 77 % sont admis

Urbanisme

Définition et objectifs du programme
Ce programme consiste en l'étude des structures économiques, sociales, politiques et culturelles des villes, ainsi qu'en l'étude des problèmes d'aménagement et de développement urbain et régional.

Le programme est formé de deux grands ensembles d'enseignement : les cours et les ateliers. Les cours fournissent l'information nécessaire à la compréhension et à l'analyse des problèmes urbains en vue de développer la capacité d'intervention, et les ateliers développent des attitudes à la communication, au design, à l'élaboration d'objectifs, de moyens et de plans d'action; on y apprend les techniques nécessaires à l'exercice de la profession.

Nature du travail
Le diplômé de ce programme étudie et applique des méthodes et techniques dans le but d'adapter l'habitat urbain aux besoins des gens. Il réunit les renseignements et dresse les plans d'aménagement en vue de l'utilisation rationnelle du terrain et des dispositions géographiques des zones rurales et urbaines. Il prévoit également la répartition des terrains de services publics et communautaires.

Les principaux employeurs sont les organismes publics.

Préalables du collégial
Détenir un DEC (Concordia, Montréal, UQAM)

Universités offrant le programme spécialisé
Concordia (urban planning + Honours), Montréal, UQAM (programme intégré à l'École des sciences de la gestion) (programme multidisciplinaire))

Universités offrant une majeure
Concordia (urban studies), McGill (geography - urban systems), UQAM (études urbaines)

Universités offrant une mineure
Concordia (urban studies), McGill (geography - urban systems), Montréal, UQAM (urbanisme opérationnel, études urbaines, patrimoine urbain)

Durée des études : 3 ans

Indice d'accès : 73 % sont admis

Certificats du secteur des sciences pures et appliquées ouverts aux sortants du niveau collégial

Admissibilité à partir d'un DEC préuniversitaire
Bâtiment durable à Polytechnique
Biologie à Sherbooke
Chimie à Sherbrooke
Commerce électronique à l'UQAR
Computer science à Bishop's
Cyberenquêtes à Polytechnique
Cyberfraude à Polytechnique
Écologie à l'UQAM
Géologie appliquée à l'UQAM
Gestion de l'information numérique à Montréal
Horticulture et gestion d'espaces verts à Laval
Informatique à Laval, l'UQAC et l'UQTR
Informatique appliquée à Montréal, TÉLUQ et l'UQAC
Informatique et développement de logiciel à l'UQAM
Informatique de gestion à l'UQAC et l'UQO
Mathématiques à Sherbrooke et à l'UQAC
Méthodes quantitatives à l'UQAM
Physique à Sherbrooke
Plasturgie : transformation et conception à Polytechnique
Productions animales à Laval
Réseaux et systèmes de télécommunications à l'UQAM
Ressources énergétiques durables à l'UQAM
Sciences de l'environnement à la TÉLUQ, l'UQAC, l'UQAM et l'UQTR
Sciences et technologies des aliments à Laval
Software technology à Bishop's
Statistique à Laval
Studies in the discoveries of science à Bishop's
Technologies des arts de la scène à Polytechnique
Technologies biomédicales – Instrumentation électronique à Polytechnique
Technologies de l'information à Sherbrooke et l'UQO
Technologie de l'informatique à l'UQO

Admissibilité à partir d'un DEC technique
Aéronautique à Polytechnique
Analyse chimique à l'UQAM
Bâtiment durable à Polytechnique
Biotechnologie à Laval
Commande de procédés industriels à Polytechnique
Commerce électronique à l'UQAR
Computer software technology à McGill
Cyberenquêtes à Polytechnique
Cyberfraude à Polytechnique
Design et fabrication à Polytechnique
Écologie à l'UQAM

Électricité du bâtiment à Polytechnique
Génie de la plasturgie à Laval
Géologie appliquée à l'UQAM
Gestion de la construction à l'ÉTS
Gestion et assurance de la qualité à l'ÉTS
Gestion des opérations d'urgence en sécurité incendie à Polytechnique
Horticulture et gestion d'espaces verts à Laval
Informatique à Laval, l'UQAC et l'UQTR
Informatique appliquée à l'organisation à la TÉLUQ
Informatique appliquée à la TÉLUQ, l'UQAC, l'UQAT et Montréal
Informatique de gestion à l'UQAC, l'UQO et HEC Montréal
Informatique et multimédia à l'UQAT
Mécanique du bâtiment à Polytechnique
Méthodes quantitatives à l'UQAM
Plasturgie : transformation et conception à Polytechnique
Productions animales à Laval
Production industrielle à l'ÉTS
Sciences de l'environnement à l'UQAC, l'UQAM et l'UQTR
Sciences et technologies des aliments à Laval
Sciences et technologie à la TÉLUQ
Statistique à Laval
Technologies des arts de la scène à Polytechnique
Technologie avancée en prévention des incendies à Polytechnique
Technologies biomédicales : instrumentation électronique à Polytechnique
Technologies de l'information à l'UQO
Technologie de l'informatique à l'UQO
Technologie Web à l'UQAT
Télécommunications à l'ÉTS

Autres majeures offertes dans ce secteur :

Animal biology and wildlife biology à McGill
Animal science à McGill (Macdonald Campus)
Athletic therapy (spécialisation) à Concordia
Atmospheric and Oceanic sciences à McGill
Botanical sciences à McGill (Macdonald Campus)
Clinical exercise physiology (spécialisation) à Concordia
Cognitive science à McGill
Earth, Atmosphere and Ocean sciences à McGill
Earth and Planetary sciences à McGill
Earth system science à McGill
Enseignement des mathématiques et des sciences à McGill
Environment à McGill
Environmental biology à McGill (Macdonald Campus)
Environmental science à Bishop's
Exercise science à Concordia
Géologie à l'UQAM
Mathematics and Physiology à McGill
Neuroscience à McGill
Plant science à McGill (Macdonald Campus)
Resource conservation à McGill (Macdonald Campus)
Sciences naturelles à Bishop's

Autres mineures offertes dans ce secteur :

Atmospheric and Oceanic sciences à McGill
Biotechnology à McGill
Computational molecular biology à McGill
Design des jardins à Montréal
Environment à McGill
Études environnementales à Bishop's
Géomatique à l'UQTR
History and philosophy of science à McGill
Informatique à l'UQAC
Informatique appliquée à l'UQAC
Informatique de gestion à l'UQAC
Mathématiques à l'UQAC
Multidisciplinary studies in science à Concordia
Neuroscience à McGill
Programmation multimédia à l'UQAT
Sciences de l'environnement à l'UQAC
Technologie Web à l'UQAT

Autres diplômes de 1er cycle offerts dans ce secteur

Administration des systèmes informatiques à Montréal
Agriculture à McGill (Campus Macdonald)
Bureautique à Montréal
Écologie pratique à Sherbrooke
Environnement minier à l'UQAT
Géomatique appliquée à Sherbrooke
Gestion des technologies de l'information à l'UQO
Informatique appliquée à l'UQAT
Initiation au multimédia à Montréal
Initiation à la programmation à Montréal
Multimédia à Montréal
Programmation à Montréal
Programmation internet à Montréal
Programmation de microcontrôleur à l'UQAT
Technologies de l'information et de la communication (TIC) à l'UQAT

Sciences humaines / Humanities and social sciences

Secteur des sciences humaines
Tableau de correspondance
des codes d'objectifs
utilisés comme préalables

Disciplines	Sujets	Objectifs du programme 300.A0* (utilisés comme préalables dans ce secteur)	Code de cours communs[1] pour le programme 300.A0*	Objectifs équivalents du programme 200.B0*	Code de cours des anciens Programmes
Biologie	Biologie humaine (pour certaines universités)	022V	101-901-RE	00XU	101-901-77 101-902-86 101-911-93 101-921-96
Économie	Introduction à l'économie globale	022M	383-920-RE 383-921-RE		383-920-90 383-921-91
Mathématiques	Calcul différentiel	022X	201-103-RE	00UN	201-103-77 201-103-95
	Calcul intégral	022Y	201-203-RE	00UP	201-203-77 201-203-95
	Algèbre linéaire et géométrie vectorielle	022Z	201-105-RE	00UQ	201-105-77 201-105-94
	Statistiques	022W	201-301-RE 201-302-RE 360-301-RE		201-307-77 201-337-77 201-300-94
	Méthodes quantitatives	022P	201-300-RE 360-300-RE		360-300-91
Sciences humaines	Méthode de recherche	022Q	300-300-RE		300-300-91
Psychologie	Psychologie générale	022K	350-102-RE 350-103-RE		350-102-91

[1] Des collèges peuvent utiliser leurs propres codes de cours

* 200.B0 DEC en Sciences de la nature
  300.A0 DEC en Sciences humaines

Secteur des sciences humaines
Tableau de correspondance
des codes d'objectifs
utilisés comme préalables
(suite)

Disciplines	Sujets	Objectifs du programme 300.A0* (utilisés comme préalables dans ce secteur)	Code de cours communs[1] pour le programme 300.A0*	Objectifs équivalents du programme 700.A0*	Code de cours des anciens programmes
Biologie	Biologie humaine (pour certaines universités)	022V	101-901-RE	01Y5 01YJ	101-901-77 101-902-86 101-911-93 101-921-96
Économie	Introduction à l'économie globale	022M	383-920-RE 383-921-RE	01YB	383-920-90 383-921-91
Mathématiques	Calcul différentiel	022X	201-103-RE	01Y1	201-103-77 201-103-95
	Calcul intégral	022Y	201-203-RE	01Y2	201-203-77 201-203-95
	Algèbre linéaire et géométrie vectorielle	022Z	201-105-RE	01Y4	201-105-77 201-105-94
	Statistiques	022W	201-301-RE 201-302-RE 360-301-RE	01Y3	201-307-77 201-337-77 201-300-94
	Méthodes quantitatives	022P	201-300-RE 360-300-RE		360-300-91
Sciences humaines	Méthode de recherche	022Q	300-300-RE	01Y8 01Y9 01YA	300-300-91
				032A[2]	
Psychologie	Psychologie générale	022K	350-102-RE 350-103-RE	01Y9	350-102-91

[1] Des collèges peuvent utiliser leurs propres codes de cours
[2] Objectif du programme 700.B0 DEC en Histoire et civilisation

* 300.A0 DEC en Sciences humaines
  700.A0 DEC en Sciences, lettres et arts

Secteur des sciences humaines

Ce grand secteur regroupe soixante-huit (68) programmes de type baccalauréat spécialisé et vingt-quatre (24) programmes supplémentaires qui sont référés à d'autres, très semblables, ou contenus à l'intérieur d'autres programmes en tant qu'orientation ou option. Il faut particulièrement remarquer ici quelques programmes de sciences religieuses qui ont des appellations différentes.

Normalement, le DEC en sciences humaines est celui qui mène aux études universitaires de ce grand secteur. Il arrive aussi que pour certaines études l'option administration soit exigée : objectifs 022X, 022Y, 022Z (mathématiques). De plus, le DEC en sciences, lettres et arts donne accès à tous ces programmes, et le DEC en histoire et civilisation à plusieurs programmes.

Le pourcentage attribué à l'indice d'accès aux programmes est calculé à partir du nombre d'offres d'admission par rapport au nombre de demandes d'admission **des sortants des collèges**. Ces données sont fournies majoritairement par la CRÉPUQ.

Quant au placement du secteur des sciences humaines, de nouvelles avenues s'ouvrent aux étudiants qui obtiendront éventuellement des diplômes en enseignement, notamment en enseignement au primaire d'abord et avant tout et également en enseignement secondaire. Ce sont là les retombées des nombreuses mises à la retraite des dernières années dans ce domaine.

Enseignement : *en raison de mesures législatives adoptées par le Gouvernement du Québec, le finissant d'un programme de baccalauréat en enseignement doit présenter au ministère de l'Éducation, du Loisir et du Sport (MELS) une déclaration relative aux antécédents judiciaires. Cette déclaration sera faite en même temps que sa demande d'autorisation d'enseigner, c'est-à-dire au terme de son baccalauréat en enseignement. Pour de plus amples renseignements, consulter le site du MELS : www.mels.gouv.qc.ca/dftps*

Activité ou Éducation physique (Éducation physique et à la santé)

Définition et objectifs du programme
Les professionnels de l'activité physique voient leur spécialité s'étendre de plus en plus à tous les secteurs de la population. Ceci est dû à la préoccupation plus présente des gens face à leur bien-être physique, que ce soit dans le sport ou au travail. Dans l'encadrement de l'adepte de l'activité physique ou sportive, le professionnel intervient donc à divers niveaux et à divers titres, comme entraîneur, animateur ou administrateur, tant au sein d'organismes fédérés ou d'entreprises privées que de milieux institutionnels ou gouvernementaux.

Après une série de cours de tronc commun ralliant à la fois des connaissances en biologie humaine et en sciences de l'homme, l'étudiant pourra soit opter pour l'enseignement de l'activité physique ou encore se spécialiser dans le domaine.

Nature du travail
Les secteurs les plus présents dans la société d'aujourd'hui pour ces spécialistes sont : l'administration, l'aménagement et la planification, l'enseignement à l'élémentaire, au secondaire et au collégial, le conditionnement physique, l'activité physique pour populations spéciales (rééducation, réhabilitation, inadaptation), la préparation à la performance sportive, la recherche et l'éducation plein-air.

Préalables du collégial
Détenir tout autre DEC : Laval (enseignement de l'éducation physique et à la santé), (McGill, Montréal (enseignement de l'éducation physique et santé), Sherbrooke, UQAC (enseignement de l'éducation physique et à la santé), UQAM, UQTR (enseignement de l'éducation physique et à la santé)

OU détenir un DEC en sciences humaines et avoir atteint l'objectif 022V (biologie) (Montréal)

OU détenir un DEC et avoir réussi un cours de biologie humaine et avoir atteint l'objectif 022X ou 022P (mathématiques) (Montréal)

OU détenir un DEC en sciences de la nature (Montréal)

Activité ou Éducation physique (Éducation physique et à la santé) (suite)

De plus, il y a possibilité de tests d'admission (UQAM), d'entrevue (Montréal : enseignement), d'un test d'habiletés motrices et un test diagnostique de français (UQTR (enseignement) et passer des épreuves démontrant une aptitude motrice générale et une expérience minimale de la pratique de quelques activités sportives (UQAM). Les candidats doivent passer le TFLM (Test de Français) (Laval). Réussir un test d'aptitudes (Sherbrooke). Obligation de se soumettre à une épreuve diagnostique en français (Montréal).

Universités offrant le programme spécialisé

Laval (enseignement de l'éducation physique et à la santé), McGill (physical and health education), Montréal, (enseignement de l'éducation physique et à la santé), Sherbrooke (enseignement en éducation physique et à la santé), UQAC (enseignement de l'éducation physique et à la santé), UQAM (intervention en activité physique : profil enseignement, profil kinésiologie), UQTR (enseignement de l'éducation physique et à la santé)

Voir aussi Kinésiologie, p. 36

Durée des études : 3 ans au spécialisé et 4 ans en enseignement
Indice d'accès : 69 % sont admis

Adaptation scolaire et sociale / Enseignement en

Définition et objectifs du programme

Ce programme a pour but de former un enseignant préparé à intervenir auprès d'enfants et d'adolescents déficients intellectuels ou physiques légers et moyens, mésadaptés socio-affectifs ou en difficultés d'apprentissage. Il vise à faire acquérir des connaissances et à développer des habiletés qui rendent l'enseignant apte à observer, à analyser diverses composantes des problèmes psycho-pédagogiques et à utiliser diverses interventions éducatives ou rééducatives auprès de clientèles en difficultés d'adaptation ou d'apprentissage.

Nature du travail

L'étudiant en adaptation scolaire pourra avoir comme tâche d'enseigner à l'intérieur de programmes scolaires réguliers mais avec des stratégies adaptées aux groupes d'enfants auprès desquels il intervient. Il peut également œuvrer auprès d'enfants qui connaissent des problèmes d'adaptation beaucoup plus spécifiques, et faire des interventions correctives individualisées en fonction de programmes spéciaux.

Le milieu scolaire est le principal champ d'action quoique certains établissements tels que les centres d'accueil, les centres de jour peuvent également retenir ses services.

Préalables du collégial

Détenir un DEC en sciences humaines : (UQAR)

OU détenir un DEC : (Sherbrooke, UQAC, UQO)

OU détenir un DEC en sciences humaines et avoir atteint l'objectif 022W (mathématiques) pour le profil en intervention secondaire, ou 1 objectif en mathématiques pour le profil en intervention préscolaire-primaire : (UQAM)

OU détenir un DEC en sciences de la nature pour le profil en intervention secondaire : (UQAM)

OU détenir tout autre DEC (Montréal, UQAR, UQO, UQTR), et avoir atteint un objectif en mathématiques pour le profil en intervention secondaire : (UQAM)

OU, pour les détenteurs d'un DEC technique, vous référer aux annuaires des universités concernées ou à leur site Web : (UQAC, UQAM, UQAR, UQO)

Les candidats devront passer un test de français (Montréal, UQAC, UQO, UQTR). Il est aussi possible que les candidats doivent compléter un questionnaire d'admission (UQO).

Adaptation scolaire et sociale/ Enseignement en (suite)

Universités offrant le programme spécialisé

Montréal (enseignement en adaptation scolaire), Sherbrooke (adaptation scolaire et sociale profil primaire et profil secondaire), UQAC (enseignement en adaptation scolaire et sociale), UQAM (enseignement en adaptation scolaire et sociale : profil intervention préscolaire-primaire et profil intervention secondaire), UQAR (+ Campus de Lévis) (enseignement en adaptation scolaire et sociale), UQO (enseignement en adaptation scolaire, profil primaire), UQTR (enseignement en adaptation scolaire et sociale : primaire; enseignement en adaptation scolaire et sociale : secondaire)

Durée des études : 4 ans

Indice d'accès : 72 % sont admis

Animation et recherche culturelles

Définition et objectifs du programme

Ce programme vise à former des professionnels capables de penser l'action culturelle et d'intervenir méthodiquement dans ce champ, en vue du développement culturel et local. Quatre domaines structurent ce champ d'intervention : domaine théorique des rapports reliant l'art et la culture à la société; le domaine politique des rapports existant entre l'État ou le marché et la culture; le domaine sociologique des contextes et des enjeux de l'action culturelle; le domaine historique et pratique de l'action culturelle tournée vers le développement culturel et local.

Nature du travail

Ce diplômé sera capable d'animer des groupes, de diffuser la culture, de promouvoir l'initiative culturelle dans le sens de la démocratisation de la culture artistique et de la reconnaissance des cultures minoritaires. Il sera également capable de travailler au développement culturel au niveau national, régional ou local dans le sens du changement, de la relance sociale et de l'amélioration de la qualité de la vie.

Préalable du collégial
Détenir un DEC

Université offrant le programme spécialisé
UQAM

Durée des études : 3 ans

Indice d'accès : 92 % sont admis

Anthropologie et ethnologie

Définition et objectifs du programme
Ce programme vise l'étude et la recherche relatives à l'anthropologie, c'est-à-dire autant ce qui concerne l'homme biologique et la génétique des populations (anthropologie physique), que l'étude des restes matériels de civilisations disparues ou l'évolution de l'homme (archéologie). Il peut aussi couvrir l'étude du patrimoine social et culturel de l'ensemble des sociétés actuelles (ethnologie) ainsi que l'étude des langues des différentes populations et leur évolution et transformation (l'ethno-linguistique).

Nature du travail
L'anthropologue effectue des études comparatives des sociétés et des cultures humaines et leur évolution. Il reconstitue l'histoire en étudiant les vestiges. Il étudie les causes des différences physiques de l'homme et leur signification. L'anthropologue peut aussi enseigner l'anthropologie à des niveaux avancés.

Préalables du collégial
Détenir un DEC en sciences humaines : (Concordia, McGill, Montréal)

OU détenir tout autre DEC : (Concordia, Laval, McGill, Montréal)

Universités offrant le programme spécialisé
Concordia (anthropology + Honours, anthropology / sociology), Laval (anthropologie), McGill, Montréal (ethnologie, archéologie, bioanthropologie, anthropologie linguistique)

Universités offrant une majeure
Concordia (anthropology), McGill, Montréal

Universités offrant une mineure
Concordia (anthropology), McGill (anthropology), Montréal, UQAC

Durée des études : 3 ans

Indice d'accès : 89 % sont admis

Archéologie

Définition et objectifs du programme
Ce programme est orienté vers une formation de base en archéologie. Par formation de base, on entend l'acquisition d'habiletés conceptuelles et méthodologiques utiles à la compréhension des objets de ce champ d'études et à la pratique sociale de la profession d'archéologue.

Nature du travail
Le diplômé acquiert une vision d'ensemble de la discipline pour être en mesure d'appliquer ses connaissances à la protection du patrimoine, un enjeu important dans nos sociétés. Il accomplira donc des tâches entourant la mise au jour, l'interprétation, la conservation, la gestion, la diffusion et la mise en valeur du patrimoine archéologique.

Préalables du collégial
Détenir un DEC

Université offrant le programme spécialisé
Laval

Université offrant une mineure
UQAC (archéologie)

Durée des études : 3 ans

Indice d'accès : 83 % sont admis

Communication
(Sciences de la)

Définition et objectifs du programme
Ce programme sert à former des spécialistes en communication pour le fonctionnement et le rayonnement des entreprises de même que pour la pratique des médias comme la presse, la radio, la télévision ou le cinéma. Il sert à former également des individus capables d'organiser une communication véritable, d'en contrôler la portée et d'en mesurer l'efficacité et aussi capables de susciter une réelle prise de conscience des individus. Le "communicateur" joue parfois le rôle d'un animateur qui est en mesure d'amener des individus ou des groupes sociaux à engager eux-mêmes le processus actif de la communication.

La formation du "communicateur" fait appel aux différentes approches utilisées en sciences humaines : sociologie, psychologie, philosophie, sémiologie, etc.

Nature du travail
La nature du travail d'un étudiant en communication peut être très variée. Il peut agir comme planificateur et gestionnaire des réseaux de communication d'une entreprise ou comme conseiller auprès de la direction. Il peut aussi occuper des emplois dans les médias tels que journaliste, chroniqueur, éditorialiste, chef de service des nouvelles, commentateur de nouvelles à la radio et à la télévision, sélectionneur de scénarios et de textes, scénariste-dialoguiste, agent d'information. L'étude scientifique de la communication peut aussi constituer une excellente introduction à la théorie et à la pratique des relations humaines et de ce fait procurer une formation de base préparant à un éventail assez large d'emplois pour lesquels on exige une formation universitaire sans exiger de connaissances approfondies dans un domaine en particulier.

N.B. : "Communication" est l'équivalent francophone de "Broadcast Journalism" et de "Communication and Journalism" donnés à Concordia.

Préalables du collégial
Détenir un DEC : UQO

OU détenir un DEC en sciences humaines ou un DEC en sciences de la nature : (Laval)

OU détenir tout autre DEC (Bishop's, Concordia, Montréal, Sherbrooke, TÉLUQ) et avoir atteint les objectifs 022P ou 022W (mathématiques) : (Laval)

En plus de détenir un DEC, les candidats de **Laval** et **TÉLUQ** devront réussir un test de français, s'il y a lieu. À **Concordia,** le candidat devra passer une entrevue, présenter 2 lettres de référence, soumettre un portfolio d'un travail représentatif, écrire une lettre d'intention et un essai.

Communication
(Sciences de la) (suite)

Universités offrant le programme spécialisé
Bishop's (cultural and media studies, media, technology and contemporary studies), Concordia (communication studies), Laval (communication publique), Montréal (médias et culture, communication organisationnelle, communication et technologie, communication générale, cheminement intensif), Sherbrooke (communication, rédaction et multimédia, communication marketing), UQO, TÉLUQ (gestion des communications, relations publiques, analyse des médias)

Universités offrant une majeure
Bishop's (cultural & media studies), Concordia (communication studies, communication and cultural studies), Montréal (sciences de la communication), UQAM, UQO

Universités offrant une mineure
Bishop's (creative writing and journalism), Montréal (sciences de la communication), UQO (communication publique, médias de l'information et des communications)

Universités offrant un diplôme de 1er cycle
TELUQ (analyse des médias, communication organisationnelle), UQO (communication publique)

Voir aussi Communication and journalism p. 170 et Communication et politique p. 168.

Durée des études : 3 ans

Indice d'accès : 58 % sont admis

Communication (cinéma)

Définition et objectifs du programme

Ce programme a pour objectif de former des intervenants compétents dans le domaine des communications médiatiques. Plus spécifiquement, ce programme formera des spécialistes dans le champ de la réalisation, de la direction de la photographie et de la postproduction au cinéma.

Nature du travail

Les diplômés de ce programme se dirigeront vers les maisons de production de films notamment. Les grands studios de cinéma sont de plus en plus en croissance au Québec, que ce soit pour des films québécois ou étrangers. Ils pourront se voir confier des tâches de réalisation, de photographie ainsi que d'autres tâches connexes importantes.

Préalables du collégial

Détenir un DEC

ET soumettre une production médiatique numérique et passer une entrevue.

Université offrant le programme spécialisé

UQAM

Université offrant une mineure

UQAT

ir aussi Études cinématographiques p. 287

Durée des études : 3 ans

Indice d'accès : 12 % sont admis

Communication (médias interactifs)

Définition et objectifs du programme

Ce programme a pour objectif de former des intervenants compétents dans le domaine des communications médiatiques. Plus spécifiquement, il formera des spécialistes en interactivité et des concepteurs en nouveaux médias. On recherche des individus créatifs, débrouillards et articulés, prêts à s'inscrire dans les exigences d'innovation continuelle du média et à participer à son évolution.

Nature du travail

Les diplômés de ce programme se verront confier des tâches en technologie des médias, en conception visuelle, en architecture de l'information et des réseaux. On leur demandera d'être des créateurs dans leur domaine.

Préalables du collégial

Détenir un DEC

ET soumettre une production médiatique numérique et passer une entrevue.

Universités offrant le programme spécialisé

UQAM, UQAT (création numérique)

Université offrant une mineure

UQAT (multimédia)

Durée des études : 3 ans

Indice d'accès : 56 % sont admis

Communication (relations humaines)

Définition et objectifs du programme

Ce programme vise à fournir à l'étudiant une formation générale de base en relations humaines. Il permet également l'apprentissage d'instruments méthodologiques et d'habiletés techniques. Il vise finalement à former des personnes qui pourront élaborer des stratégies d'intervention tant au niveau des groupes restreints, des organisations que des groupements communautaires.

Le programme est axé sur l'acquisition d'un savoir interdisciplinaire appuyé principalement sur la psychologie sociale, la psychologie et la sociologie.

Nature du travail

L'approche du diplômé de cette spécialité est dirigée particulièrement vers des problèmes de personnel, de fonctionnement de groupe, de communication et d'organisation communautaire. Son intervention vise à favoriser le développement des relations humaines. L'importance croissante de la gestion des ressources humaines et du perfectionnement du personnel, ainsi que le développement rapide d'organismes de services et d'actions communautaires posent des problèmes complexes qui favorisent l'arrivée de ce nouveau type de professionnels.

Les champs d'action peuvent être des bureaux de personnel, des services de recherche, des services aux étudiants, des centres de formation, des organismes d'actions communautaires, des centres d'accueil, des centres de recherche et de développement.

Préalable du collégial

Détenir un DEC (Concordia, UQAM, UQAR) + écrire une lettre d'intention (Concordia)

Universités offrant le programme spécialisé

Concordia, UQAM (intervention internationale/coopération), UQAR

Université offrant une majeure

Concordia (human relations)

Université offrant une mineure

Concordia (human relations)

Durée des études : 3 ans

Indice d'accès : 72 % sont admis

Communication (relations publiques)

Définition et objectifs du programme

Ce programme vise à former des professionnels capables d'assumer les tâches de relations publiques dans les organisations, d'identifier les enjeux sociaux auxquels les organisations sont confrontées, d'influencer les décisions concernant les politiques et les stratégies organisationnelles, de définir les responsabilités sociales des organisations envers leurs parties prenantes, d'élaborer les politiques et les programmes correspondants, de concevoir et de gérer les communications internes et externes selon les multiples composantes de l'environnement organisationnel.

Le programme opte pour une approche des relations publiques qui met l'accent autant sur la compréhension des enjeux, l'information, l'interprétation, l'analyse des situations, l'intervention que sur la communication ascendante et descendante.

Nature du travail

Le diplômé se voit offrir des débouchés dans tous les types d'organisations : multinationales, grandes entreprises, PME, ministères, organisations sans but lucratif, organismes non gouvernementaux nationaux ou internationaux. Il est également possible de travailler dans les cabinets de relations publiques, les agences, les firmes de communication ou à son propre compte. Cette profession étant en plein essor, le taux de placement est excellent.

Préalable du collégial
Détenir un DEC

Université offrant le programme spécialisé
UQAM

Durée des études : 3 ans

Indice d'accès : 38 % sont admis

Communication (stratégies de production culturelle et médiatique)

Définition et objectifs du programme

Ce programme vise à former des personnes aptes à œuvrer à la conception, au développement et à la gestion de projets dans les domaines de la production médiatique et culturelle.

L'étudiant sera en mesure, à la fin de ses études, d'identifier les différentes étapes du processus de la production médiatique et culturelle, d'en mesurer les déterminants majeurs, de collaborer à la mise en place, le développement, la gestion et l'évaluation de ces projets tout en élaborant une réflexion critique sur leur pratique.

Nature du travail

Le diplômé de ce programme a un champ d'intervention qui relève du secteur privé ou des institutions publiques notamment dans les sphères d'activité suivantes : le cinéma, la télévision, le multimédia, l'enregistrement sonore, la radio, le spectacle, etc.

Préalable du collégial

Détenir un DEC

Université offrant le programme spécialisé

UQAM

Durée des études : 3 ans

Indice d'accès : 30 % sont admis

Communication (télévision)

Définition et objectifs du programme
Ce programme a pour objectif de former des intervenants compétents dans le domaine des communications médiatiques, et plus spécifiquement former des spécialistes en conception, en réalisation et en animation télévisuelle.

Nature du travail
Le diplômé de ce programme a un champ d'intervention qui relève du secteur privé ou des institutions publiques notamment dans la sphère de la télévision. Le cinéma, le multimédia, l'enregistrement sonore, la radio, le spectacle, peuvent aussi faire partie de ses préoccupations.

Préalables du collégial
Détenir un DEC

ET soumettre une production médiatique numérique et passer une entrevue.

Université offrant le programme spécialisé
UQAM

Durée des études : 3 ans

Indice d'accès : 15 % sont admis

Communication marketing

Définition et objectifs du programme
Ce programme a pour objectif de former des professionnels aptes à travailler dans la nouvelle réalité du monde des communications. Il intègre les divers aspects des communications au sein des entreprises, soit la publicité, les commandites, les relations publiques et le marketing direct. Il offre une solide formation théorique, plusieurs activités d'intégration des connaissances, ainsi que des activités de formation pratique dans le cadre d'un stage en entreprise.

Nature du travail
Ce diplômé aura accès aux postes d'agent d'information, d'agent aux affaires publiques, d'agent de communication, de conseiller en publicité et promotion, de gestionnaire ou chargé de compte dans des agences, de gestionnaire des communications et des services à la clientèle, de gestionnaire des communications et des relations avec les investisseurs, de gestionnaire de service de communication, de relations publiques, d'affaires publiques ou de développement international.

Préalables du collégial
Détenir un DEC

Universités offrant le programme spécialisé
Sherbrooke (cheminement intégré Bac.-Maîtrise), UQAM

Durée des études : 3 ans, 4 avec le cheminement intégré

Indice d'accès : 32 % sont admis

Communication et politique (Communication, politique et société)

Définition et objectifs du programme

Ce programme bidisciplinaire s'adresse aux étudiants intéressés par la planification stratégique de la communication politique. La formation proposée, à la fois théorique et pratique, fournira aux étudiants l'arrière-plan conceptuel et les habiletés pratiques recherchés par les employeurs dans les domaines d'activités tels que les relations internationales, les stratégies de communication des gouvernements, des groupes de pression et l'intervention dans le champ de la médiation entre le pouvoir et les citoyens.

Nature du travail

Ce diplômé travaille à l'élaboration des plans de communication, l'organisation de campagnes électorales, l'implantation des réformes dans les services publics, la formulation de politique de télécommunications, les communications publiques, la législation des mass-médias et le journalisme. Il peut œuvrer dans les secteurs public et parapublic, les organismes communautaires, les syndicats, les médias ou les partis politiques. La maîtrise élevée de la langue anglaise, à l'écrit et à l'oral, ainsi que la connaissance d'une troisième langue est un atout.

Préalable du collégial

Détenir un DEC (Montréal, UQAM)

Universités offrant le programme spécialisé

Montréal (Communication et politique), UQAM (Communication, politique et société)

Durée des études : 3 ans

Indice d'accès : 69 % sont admis

Communication sociale

Définition et objectifs du programme
Ce programme vise l'acquisition d'une formation de type professionnel dans le champ de la communication sociale. Cette formation
se réalise à travers une approche dynamique, à la fois théorique et
appliquée, centrée sur la compréhension des processus de
l'interaction sociale.

La capacité d'analyse et de synthèse, l'esprit critique et la maîtrise
des outils de travail et de la démarche des sciences sociales et de
la communication, prépareront les étudiants à exercer leurs compétences au sein de divers organismes ayant un impact social ou
une utilité publique ou d'entreprises privées œuvrant dans le
domaine de la communication.

Les compétences à développer chez les étudiants sont regroupées
sous quatre rubriques :

A) la capacité de documenter un diagnostic social;
B) la capacité d'établir un projet d'intervention auprès de groupes,
   d'organisations et de communautés;
C) la capacité d'intervenir auprès d'acteurs sociaux;
D) la capacité d'acquérir et de développer des compétences lan-
   gagières.

Nature du travail
Le diplômé de ce programme travaillera tout autant dans des
milieux gouvernementaux ou para-gouvernementaux que privés ou
communautaires. Au sein de ces organisations, il occupera des
postes d'agent de communication, agent d'information, relationniste
ou agent de développement. Il peut également œuvrer dans le
domaine des médias (journaliste, recherchiste, assistant à la réalisation, etc..) ou en publicité (agent de projet, créateur-idéateur,
représentant, etc.).

Préalable du collégial
Détenir un DEC

Université offrant le programme spécialisé
UQTR

Durée des études : 3 ans

Indice d'accès : 92 % sont admis

Communication et journalisme

Définition et objectifs du programme
Ce programme prépare l'étudiant aux médias. Le candidat est formé à une approche globale des médias et des communications dans la société d'aujourd'hui.

Le choix des cours en communication et / ou en journalisme peut donner une certaine spécialisation à l'intérieur de ce programme. Trente crédits sont choisis librement dans d'autres départements ou facultés. Un travail écrit en anglais peut être exigé pour les cours de journalisme.

Nature du travail
La nature du travail de l'étudiant en communication et journalisme est sensiblement la même que celle décrite à "Broadcast Journalism", de même que les carrières demandant une telle formation.

Préalables du collégial
Détenir un DEC (**Concordia, UQAM**); de plus, les candidats devront passer une entrevue et se soumettre à un questionnaire. (**UQAM**) À **Concordia,** les candidats devront présenter une lettre d'intention et passer un test de connaissance d'anglais oral et écrit.

Universités offrant le programme spécialisé
Concordia (journalism), UQAM (communication (journalisme))

Université offrant une majeure
Concordia (journalism)

Université offrant une mineure
UQAT (journalisme)

Durée des études : 3 ans

Indice d'accès : 58 % sont admis

Consommation, Sciences de la

Définition et objectifs du programme

Ce programme a pour but de former des individus capables d'occuper une place importante dans le monde de la consommation et contribuer au développement des organisations et des entreprises commerciales de biens et services. Le diplômé a acquis les compétences nécessaires pour analyser le comportement du consommateur (attitudes, besoins et attentes) de même que différents phénomènes de consommation. De plus, il est en mesure d'évaluer la relation consommateur-entreprise ainsi que la satisfaction de la clientèle. Il peut également élaborer et mettre en œuvre des plans d'intervention visant à évaluer ou à améliorer la prestation de service offerte par les organisations à leurs clients ou à leurs usagers.

Nature du travail

Le principal rôle du conseiller en consommation peut autant être de guider le consommateur que de guider les entreprises à mieux satisfaire ceux-ci. Selon les préférences du diplômé, il peut choisir de travailler pour n'importe quelle entreprise ou organisation ayant des clients, autant institutionnels que les consommateurs finaux.

Préalables du collégial

Détenir un DEC en sciences humaines,

OU détenir un DEC en histoire et civilisation et avoir atteint l'objectif 022P (méthodes quantitatives),

OU détenir un DEC en sciences de la nature et avoir réussi le cours Initiation pratique à la méthodologie des sciences humaines,

OU détenir tout autre DEC et avoir atteint les objectifs 022P (méthodes quantitatives) et 022Q (méthodologie)

Université offrant le programme spécialisé

Laval

Durée des études : 3 ans

Indice d'accès : 98 % sont admis

Criminologie

Définition et objectifs du programme
Le programme en criminologie sert à fournir à l'étudiant une compréhension adéquate du phénomène criminel et de son contrôle par la société. Ainsi il peut être en mesure soit d'intervenir auprès des individus ou de travailler à l'élaboration de politiques et de programmes ou encore de faire de la recherche dans ce domaine.

Un des objectifs de ce programme est de rendre l'étudiant apte à accomplir des tâches d'administration, de détection et de prévention du crime en lui donnant la formation nécessaire pour occuper des postes de grandes responsabilités dans divers organismes publics ou communautaires.

Nature du travail
Le criminologue œuvre au niveau des systèmes de correction et de réadaptation des délinquants ainsi qu'au niveau des causes sociales, familiales et personnelles de la conduite délinquante. Il aide aussi le criminel et le délinquant à se resocialiser. Il peut aussi occuper des postes où il pourra assumer diverses tâches administratives comme voir au classement des prévenus et à la sélection et la direction du personnel spécialisé dans différents secteurs tels que police, justice, correction, prévention, enseignement et recherche.

Préalables du collégial
Détenir un DEC en sciences humaines,

OU détenir un DEC en sciences de la nature,

OU détenir un DEC en histoire et civilisation et avoir atteint l'objectif 022P (méthodes quantitatives),

OU détenir tout autre DEC et avoir atteint 1 objectif en statistiques

Universités offrant le programme spécialisé
Laval (en attente d'approbation), Montréal (Clinique, Analyse et recherche clinique)

Université offrant une majeure
Bishop's (criminology, law and social policy)

Universités offrant une mineure
Bishop's (criminology), Montréal

Durée des études : 3 ans

Indice d'accès : 60 % sont admis

Démographie et anthropologie

Définition et objectifs du programme

Ce programme en est un bidisciplinaire dont les disciplines se complètent tant au niveau des méthodes que des approches pour permettre de mieux répondre aux grands enjeux de nos sociétés. La méthodologie du programme permet d'établir des rapports étroits entre la vision anthropologique et la perspective démographique des populations humaines.

Nature du travail

Le diplômé se retrouve dans les ministères provinciaux ou fédéraux (éducation, immigration, affaires indiennes et du Nord, développement des ressources humaines), dans les organismes gouvernementaux (statistique Canada, institut de la statistique du Québec, ACDI) ainsi que dans les équipes de recherche du réseau de la santé, des commissions scolaires, des municipalités et des organismes internationaux.

Préalable du collégial
Détenir un DEC

Université offrant le programme spécialisé
Montréal

Université offrant une mineure
Montréal

Durée des études : 3 ans

Indice d'accès : 82 % sont admis

Démographie et géographie

Définition et objectifs du programme
Ce programme bidisciplinaire permet d'établir des rapports étroits entre la vision géographique et la perspective démographique dans le cadre de la formation et de la recherche sur les populations humaines.

Nature du travail
Les diplômés de ce programme peuvent s'inscrire à la maîtrise en démographie ou en géographie. De plus, ils peuvent œuvrer dans de nombreux domaines du marché du travail : collecte et analyse de données, planification urbaine, statistiques, aménagement territorial. Les grands employeurs possibles : ministères fédéraux et provinciaux, grandes entreprises, maisons de sondage, municipalités, commissions scolaires et organismes internationaux.

Préalables du collégial
Détenir un DEC

Université offrant le programme spécialisé
Montréal

Université offrant une mineure
Montréal

Durée des études : 3 ans

Indice d'accès : 84 % sont admis

Démographie et statistique

Définition et objectifs du programme
Ce programme bidisciplinaire permet d'établir des rapports étroits entre l'étude démographique et la statistique afin de former des spécialistes qui pourront fournir des données démographiques basées sur les statistiques. On imagine mal de nos jours qu'il soit possible de préparer des études de planification démographique sans les appuyer de chiffres et de moyennes statistiques.

Nature du travail
Ce diplômé ira travailler dans les ministères provinciaux ou fédéraux, dans les organismes gouvernementaux, dans les équipes de recherche du réseau de la santé, des commissions scolaires, des municipalités, dans les organismes internationaux et, de plus en plus, dans les grandes entreprises publiques et privées.

Préalables du collégial
Détenir un DEC en sciences de la nature,

OU détenir un DEC en sciences informatiques et mathématiques,

OU détenir tout autre DEC et avoir atteint les objectifs 00UN, 00UP, 00UQ (mathématiques)

Université offrant le programme spécialisé
Montréal

Université offrant une mineure
Montréal

Durée des études : 3 ans

Indice d'accès : 82 % sont admis

Développement de carrière

Définition et objectifs du programme
Le programme tend à former des spécialistes qui interviennent auprès des gens engagés dans un processus d'orientation, en leur fournissant des outils de travail et surtout en leur donnant des informations qui facilitent une prise de décision réaliste et adéquate dans leurs choix scolaires et professionnels : c'est de l'information scolaire et professionnelle.

La maîtrise est offerte en continuité du programme de baccalauréat et permet un accès automatique à l'Ordre professionnel des conseillers d'orientation et des psychoéducateurs du Québec.

Nature du travail
Le diplômé en développement de carrière se consacre à mettre en valeur les compétences humaines et à établir des relations dynamiques entre la formation, la profession et le travail. Plus précisément, il sera en mesure d'aider les personnes qui en éprouvent le besoin à préparer, à entreprendre, à poursuivre ou à reconsidérer un projet d'études et de carrière. Il pourra concevoir ou implanter, entre autres, des programmes de formation en emploi et en insertion socioprofessionnelle. Pour son travail, il doit recourir à diverses techniques telles que, entrevues, conférences, exposés au moyen de techniques audio-visuelles, etc.

Préalables du collégial
Détenir un DEC en sciences humaines,

OU détenir tout autre DEC et avoir atteint l'objectif 022P (mathématiques)

Université offrant le programme spécialisé
UQAM

Les étudiants doivent compléter la maîtrise pour devenir membre de l'Ordre professionnel.

Durée des études : 3 ans

Indice d'accès : 93 % sont admis

Développement social

Définition et objectifs du programme

Ce programme propose une formation multidisciplinaire en sciences humaines axée sur le développement social. De plus, cette formation offre une ouverture vers d'autres approches comme les sciences politiques, la gestion, la géographie ainsi que l'histoire.

Il forme des spécialistes aptes à faciliter la résolution de problèmes sociaux actuels, tant en milieux urbains que ruraux : planification et gestion de programmes, évaluation de politiques, études d'impact, analyse de besoins, diagnostic de collectivités et interventions sociales.

Le programme favorise les contacts avec les demandeurs de recherche sociale, par des stages sur le terrain et en laboratoire.

Nature du travail

Les analystes et les agents de développement social utilisent leurs compétences professionnelles pour planifier, gérer et intervenir dans les champs du social et du communautaire, autant dans des organismes communautaires de base que dans des organismes de l'État.

Préalable du collégial

Détenir un DEC

Université offrant le programme spécialisé

UQAR

Durée des études : 3 ans

Indice d'accès : 80 % sont admis

Droit

Définition et objectifs du programme

Ce programme procure une formation générale de base en droit ainsi que des apprentissages préparatoires à des études supérieures, à des études spécialisées et à des pratiques professionnelles diversifiées : droit, notariat, etc. Ainsi, le juriste formé dans ce programme aura acquis une discipline de l'esprit par l'apprentissage de la méthode, des concepts de base, des principes fondamentaux et des techniques de recherche propres au droit. Il saura aussi développer une approche intégrée des problèmes juridiques et de leurs solutions. Il saura être autonome et apte à s'adapter aux changements et à devenir agent de sa propre formation juridique permanente. Finalement, il sera capable d'identifier les rapports entre le droit et la société et de les intégrer au processus de résolution juridique des conflits.

Pour pratiquer la profession d'avocat, il faut se référer au Barreau du Québec pour les détails s'y rapportant. Pour la pratique du notariat, il faut s'en référer à la Chambre des notaires.

Nature du travail

La majorité des diplômés en droit se dirige encore vers l'exercice de la profession d'avocat ou de notaire. Mais, de nos jours, la mondialisation des rapports commerciaux, les énormes développements en technologies de l'information et de la biotechnologie font en sorte que la pratique du droit s'élargit de plus en plus et une solide formation juridique est considérée comme un atout majeur en raison non seulement des connaissances acquises lors de cette formation, mais aussi des habiletés intellectuelles et de la sensibilité sociale qu'elle développe chez l'individu. Parmi les carrières répondant à ces critères, mentionnons la gestion dans l'entreprise, le journalisme, le syndicalisme et la politique.

Préalables du collégial

Détenir un DEC : (Laval, McGill, Montréal, Sherbrooke, UQAM)

Universités offrant le programme spécialisé

Laval, McGill (civil law, common law intégrés avec possibilité de jumelage avec programmes de maîtrise en administration des affaires (M.B.A.) ou maîtrise en service social (M.S.S.), Montréal (+ cheminement Honor, cheminement Bacc.-MBA), Sherbrooke (droit cheminement Droit-MBA, droit sciences de la vie (Bac-Maîtrise), droit spécialisé), UQAM

Durée des études : 3 ans

Indice d'accès : 58 % sont admis

Économie et mathématiques

Définition et objectifs du programme
L'objectif principal de ce programme est de fournir à l'étudiant une formation plus solide en mathématiques et en statistique que celle que procure le baccalauréat en économique. Ce programme permettra l'amorce de l'étude, selon une approche beaucoup plus formelle, des fondements de la théorie économique, des méthodes économétriques et de la recherche opérationnelle. Comme on y trouve plusieurs cours donnés dans le cadre du programme de baccalauréat en mathématiques, il intéressera surtout le candidat ayant reçu une préparation antérieure adéquate.

Nature du travail
Ce diplômé en économie pourra travailler de façon plus formelle dans les secteurs plus pointus des méthodes et théories économétriques et informatiques par son apport de connaissances supplémentaires dans les sciences mathématiques. Il sera un économiste pouvant œuvrer dans les plus hauts niveaux de la recherche privée ou publique.

Préalables du collégial
Détenir un DEC et avoir atteint les objectifs 00UN, 00UP, 00UQ (mathématiques)

OU détenir un DEC en sciences de la nature

OU détenir un DEC en sciences informatiques et mathématiques

OU pour les détenteurs d'un DEC technique, vous référer à l'annuaire de l'université concernée ou à son site Web

Université offrant le programme spécialisé
Laval

Durée des études : 3 ans

Indice d'accès : 100 % sont admis

Économie et politique

Définition et objectifs du programme
Ce programme bidisciplinaire vise à doter les étudiants qui y seront inscrits d'une perspective vraiment globale de l'économie et de la politique, qui mettra moins l'accent sur l'acquisition des connaissances pointues au plan des techniques d'analyse et à celui des mécanismes politiques et administratifs propres à des pays spécifiques. Par contre, le programme est conçu de telle façon qu'à son terme une personne puisse, si elle a suivi le cheminement approprié, être admissible au programme de maîtrise de l'une ou l'autre discipline.

Nature du travail
Ces diplômés seront appelés à œuvrer, par exemple, en administration publique et privée, en diplomatie, en développement international, en journalisme, en analyse socio-politique, en relations publiques et en animation communautaire.

Préalable du collégial
Détenir un DEC (Bishop's, Montréal)

OU détenir un DEC en sciences de la nature : (Laval)

OU détenir un DEC en sciences humaines : (Laval)

OU détenir tout autre DEC et avoir atteint l'objectif 022P (mathématiques) ou 00UN, 00UP, 00UQ (mathématiques) : (Laval)

Universités offrant le programme spécialisé
Bishop's, Laval, Montréal

Université offrant une majeure
Bishop's

Durée des études : 3 ans

Indice d'accès : 95 % sont admis

Économique (sciences économiques)

Définition et objectifs du programme

Il s'agit de former des gens qui auront une bonne connaissance des rouages économiques et une maîtrise suffisante des méthodes d'analyse et d'observation dans cette spécialité. Le programme développe chez l'étudiant une plus grande ouverture à l'ensemble des grands courants économiques d'aujourd'hui, tant par une description de leurs pendants actuels et futurs que par une vue de leur évolution historique.

Les matières de base de ce programme sont les fondements en théorie économique, les mathématiques et les statistiques. À partir de ces fondements, l'étudiant choisit ensuite ses options parmi des cours très variés.

Nature du travail

Le rôle principal de l'économiste consiste à analyser une situation donnée, à en dégager des informations pertinentes et à suggérer des politiques à suivre. À cet effet, il fait des recherches, des lectures et des enquêtes. Il doit ensuite compiler et interpréter ses données économiques et statistiques et rédiger un rapport incluant ses suggestions et constatations. L'économiste s'intéresse à tout ce qui implique une affectation de ressources rares et des choix pouvant affecter le bien-être des hommes pris individuellement ou collectivement (pollution, contrôle des prix, tarification des services publics, chômage, inflation, balance des paiements ou des problèmes posés par la gestion efficace des entreprises industrielles).

L'économiste peut travailler dans la recherche ou dans des fonctions économiques d'organismes privés ou publics.

Préalables du collégial

Détenir un DEC : (Bishop's, Concordia, McGill)

OU détenir un DEC en sciences de la nature : (Montréal)

OU détenir un DEC en sciences informatiques et mathématiques : (Laval)

OU détenir tout autre DEC et avoir atteint l'objectif 022X (mathématiques) : (Sherbrooke ou 00UN), UQAM)

OU détenir tout autre DEC et avoir atteint les objectifs 022X, 022Y, 022Z (mathématiques) **ou** 022X et (022P ou 022W) (mathématiques) : (Montréal)

OU détenir tout autre DEC et avoir atteint les objectifs 022X, 022Y, 022Z (mathématiques) ou 00UN, 00UP, 00UQ (mathématiques) : (Laval)

OU, pour les détenteurs d'un DEC technique, vous référer aux annuaires des universités concernées ou à leur site Web : (Laval, UQAM)

Économique (sciences économiques) (suite)

Universités offrant le programme spécialisé
Bishop's (economics), Concordia (economics + Honours), Laval, (économique, économie mathématique), McGill (economics, economics and accounting, economics and finance) Montréal (sciences économiques, + cheminement Honor), Sherbrooke, UQAM (économie appliquée, économie et finance, économie et gestion, économie internationale, économie et politiques publiques)

Universités offrant une majeure
Bishop's (business economics, public policy, global economy), Concordia, McGill (economics, agricultural economics), Montréal (sciences économiques)

Universités offrant une mineure
Bishop's, Concordia (economics, analytical economics), McGill (economics, political economy), Montréal (sciences économiques), Sherbrooke

Voir aussi Économique, p. 254, Économie et Politique p. 180 et Mathématiques-économie, p. 129

Durée des études : 3 ans

Indice d'accès : 74 % sont admis

Éducation au préscolaire et enseignement au primaire

Définition et objectifs du programme
Ce programme a pour but de former des maîtres aptes à prendre charge de classes régulières d'enfants au préscolaire et au primaire. Il vise aussi à donner une initiative à la psychologie appliquée à l'enseignement et à assurer la maîtrise des disciplines qui font l'objet d'enseignement au primaire et au préscolaire et des moyens d'enseigner ces disciplines. Il entend aider l'enseignant à établir et à développer des relations positives avec l'enfant. Il prépare des individus aptes à faciliter le développement de l'enfant sous les aspects d'apprentissage, d'affectivité, de psychomotricité et de sociabilité.

La formation est axée sur la pédagogie, la psychologie, l'étude de moyens d'expression (arts plastiques, musique, expression dramatique), les méthodes de recherche en éducation et techniques audio-visuelles.

Nature du travail
Au primaire, le professeur enseigne des matières élémentaires et les principes du comportement en société à des élèves d'écoles primaires. Il peut également assumer des tâches parascolaires. À la maternelle, il enseigne les rudiments de la musique, du dessin, de la peinture et de la littérature enfantine dans des écoles maternelles et veille au développement physique, mental et social des enfants, puis les prépare à entrer à l'école. À la garderie, il organise et dirige l'activité des enfants.

Préalables du collégial
Détenir un DEC : (Bishop's, Concordia, Laval, McGill, Montréal, Sherbrooke, UQAC, UQAM, UQAR, UQAT, UQO, UQTR)

OU, pour les détenteurs d'un DEC technique, vous référer à l'annuaire de l'université concernée ou à son site Web : (UQO)

Plus, réussite d'un test de français (Laval, UQAC, UQAM, UQAR, UQAT, UQO, UQTR), et se soumettre à un test diagnostique de français (Montréal). Entrevue et 2 lettres de référence (Concordia). Possibilité de devoir compléter un questionnaire d'admission (Concordia, UQO). Écrire une lettre de motivation et soumettre un curriculum vitae (Bishop's).

Universités offrant le programme spécialisé
Bishop's, Concordia (early childhood and elementary education), Laval, McGill (kindergarten and elementary), Montréal, Sherbrooke (enseignement au préscolaire et au primaire), UQAC, UQAM (éducation préscolaire et enseignement primaire (formation initiale), UQAR (+ campus de Lévis), UQAT, UQO (+ UQO à Saint-Jérôme), UQTR

Durée des études : 4 ans

Indice d'accès : 71 % sont admis

Enseignement d'une langue seconde

Définition et objectifs du programme
Il s'agit de former des enseignants spécialisés en français ou en anglais comme langue seconde. Ce programme peut s'adresser également à des enseignants en exercice désireux de se perfectionner dans leur enseignement. Il vise de plus l'apprentissage requis dans le domaine de l'enseignement des langues secondes, la formation psychopédagogique pour l'enseignement aux niveaux primaire et secondaire et le développement d'aptitudes nécessaires pour qu'ils puissent vivre l'expérience de l'éducation permanente.

Nature du travail
L'étudiant peut enseigner l'anglais ou le français, comme langue seconde, dans diverses institutions de niveaux primaire et / ou secondaire, ainsi qu'aux adultes.

Préalables du collégial
Détenir un DEC : (toutes les universités), (UQAC, UQAT, posséder une compétence de niveau intermédiaire avancé en anglais)

À l'**UQAM**, il y a un test d'admission obligatoire. **Toutes les universités** exigent un test de classement à l'exception de Laval, Montréal et UQAM. **Laval, McGill, Montréal, UQAC, UQAM, UQTR** demandent un test obligatoire de français et/ou d'anglais et/ou d'espagnol selon les cas. **Concordia** demande de passer une entrevue, fournir 2 lettres de recommandation, écrire une lettre d'intention, compléter un questionnaire d'admission et de passer un test de français et anglais oral et écrit. Pour le programme en collaboration entre **Montréal et McGill**, le candidat doit subir un test diagnostique de français.

Universités offrant le programme spécialisé
Bishop's (anglais langue seconde), Concordia (teaching of english as a second language), Laval (enseignement de l'anglais langue seconde, enseignement du français langue seconde), McGill (teaching english as a second language, enseignement du français langue seconde en collaboration avec Montréal), Montréal (enseignement du français langue seconde en collaboration avec McGill), Sherbrooke (enseignement de l'anglais langue seconde), UQAC (enseignement des langues secondes, anglais et espagnol), UQAM (enseignement de l'anglais langue seconde, enseignement du français langue seconde),UQAT (enseignement de l'anglais, langue seconde), UQTR (enseignement des langues secondes : anglais ou anglais et espagnol)

Voir aussi Anglais, Ens. de l', p. 301 et Français langue seconde, p. 309

Durée des études : 4 ans

Indice d'accès : 80 % sont admis

Enseignement en formation professionnelle

Définition et objectifs du programme
Ce programme sert à l'acquisition des habiletés et des connaissances nécessaires au métier d'enseignant, à sa technique ou à sa profession. De plus, le contenu du programme augmentera les connaissances du métier, de sa technique ou de sa profession et cela, tant dans l'objet du produit ou du service que des systèmes de production ou de prestation. Ce programme comporte des cours visant à aider l'étudiant à planifier, évaluer et intégrer l'ensemble de sa formation.

Nature du travail
Au terme de ce programme, le finissant saura faire apprendre un métier, une technique ou une profession, soit à un élève du secondaire public ou privé, soit à un étudiant du cégep public ou privé, soit à un adulte en formation dans une institution scolaire, dans un milieu de travail ou dans tout autre milieu de formation.

Préalables du collégial
Détenir un DEC technique dans une discipline pertinente ; (Laval, UQAC, UQAM, UQAR, UQAT)

OU être à l'emploi d'un collège ou d'une école secondaire en formation professionnelle : (Sherbrooke, UQAR); détenir une autorisation provisoire d'enseigner ou cumuler un total de 800 heures d'enseignement à la leçon dans un établissement reconnu par le MELS : (Laval)

OU détenir une qualification à l'exercice d'un métier, d'une technique, d'une profession avec preuve à l'appui comme la présentation d'une carte de compétence : (UQAM).

De plus, les candidats doivent passer le TFLM (Test de Français Laval-Montréal) : Laval

Universités offrant le programme spécialisé
Laval (enseignement professionnel et technique), Sherbrooke (enseignement professionnel), UQAC (enseignement professionnel), UQAM (formation professionnelle au secondaire; formation technique au collégial), UQAR (+Campus de Lévis) (formation professionnelle), UQAT (enseignement professionnel)

Durée des études : 3 ans, sauf Laval 4 ans

Indice d'accès : 85 % sont admis

Enseignement au secondaire

Définition et objectifs du programme
Ces programmes visent à former des enseignants pour certaines disciplines offertes au niveau secondaire. Nous apportons aussi la nuance entre les enseignements au secondaire et au collégial.

Enseignement au secondaire :
La formation que le candidat doit suivre pour l'enseignement au niveau secondaire est passée d'une durée de trois (3) ans antérieurement, à une durée de quatre (4) ans actuellement. Le Ministère de l'éducation veut ainsi mettre l'accent sur les stages dans le milieu : il y a donc dorénavant environ l'équivalent d'une (1) année complète de stages répartis pendant pratiquement toute la durée des études universitaires.

L'insistance est mise également sur une formation bidisciplinaire afin de rendre les futurs enseignants plus polyvalents en classe. Évidemment, avec l'augmentation des heures de stage, les universités sont obligées de contingenter les programmes offerts afin que les Commissions Scolaires puissent répondre à cette demande accrue. Chaque université se voit donc attribuer un certain nombre de places qu'elle doit respecter si elle veut pouvoir placer ses étudiants dans les classes de la région qu'elle couvre.

Enseignement collégial :
Pour les candidats qui visent l'enseignement au niveau collégial, ils doivent demander une admission dans un baccalauréat spécialisé de 1er cycle universitaire (90 crédits ou plus) dans une discipline offerte dans les Collèges et les CEGEPs et qu'ils sont désireux de vouloir enseigner à ce niveau. Il est même préférable de songer déjà à obtenir une maîtrise par la suite.

Pour les préalables, veuillez consulter le baccalauréat de 1er cycle qui vous intéresse.

Nature du travail
Ces diplômés sont des enseignants soit pour le niveau secondaire, soit pour le niveau collégial.

Préalables du collégial
À voir plus bas, par université et cheminement.

Universités offrant le programme spécialisé
Bishop's, Laval, McGill, Montréal, Sherbrooke, UQAC, UQAM, UQAR, UQAT, UQO, UQTR

Enseignement au secondaire (suite)

Université Laval (cinq voies de formation) : toutes exigent une preuve de connaissance du français.

- **Enseignement du français au secondaire**
  Enseignement du français, langue première

- **Enseignement de l'histoire et de la géographie pour Enseignement secondaire,** univers social (histoire et géographie)

- **Enseignement de l'histoire, éthique et culture religieuse** pour Enseignement secondaire, univers social et développement personnel (histoire – éthique et culture religieuse.

  Préalables du collégial pour ces 3 voies de formation
  Détenir un DEC
- **Enseignement des mathématiques au secondaire**
  Trois concentrations : **1-** Approfondissement des mathématiques; **2-** Informatique; **3-** Relation entre les mathématiques et les sciences

  Préalables du collégial pour cette voie de formation
  Pour les concentrations 1 et 2 :

  Détenir un DEC en sciences de la nature **OU** en sciences informatiques et mathématiques

  OU détenir tout autre DEC et avoir atteint les objectifs 00UN, 00UP, 00UQ ou 022X, 022Y, 022Z (mathématiques)

  Pour la concentration 3 :

  Détenir un DEC en sciences de la nature **OU** en sciences informatiques et mathématiques

  OU détenir tout autre DEC et avoir atteint les objectifs 00UN, 00UP, 00UQ ou 022X, 022Y, 022Z (mathématiques), 00UR, 00US, 00UT (physique), 00UL, 00UM (chimie), 00UK (biologie)

- **Enseignement des sciences et des technologies pour Enseignement secondaire,** sciences et technologie
  Préalables du collégial pour cette voie de formation
  Détenir un DEC en sciences de la nature

  OU détenir tout autre DEC et avoir atteint les objectifs 00UN, 00UP, 00UQ ou 022X, 022Y (mathématiques), 00UR, 00US, 00UT (physique), 00UL, 00UM (chimie), 00UK (biologie)

Enseignement au secondaire (suite)

Université de Montréal :

- **Enseignement du français au secondaire**
  Le diplômé peut enseigner le français au secondaire

- **Enseignement de l'univers social au secondaire**
  Le diplômé peut enseigner l'histoire, la géographie et l'éducation à la citoyenneté au secondaire

- **Enseignement de l'éducation physique et à la santé**
  Le diplômé peut enseigner l'éducation physique et la santé au primaire et au secondaire

- **Enseignement de l'éthique et de la culture religieuse au secondaire**
  Le diplômé peut enseigner l'éthique et la culture religieuse au secondaire

  Préalables du collégial pour ces quatre programmes
  Détenir un DEC

- **Enseignement des mathématiques au secondaire**
  Le diplômé peut enseigner les mathématiques au secondaire

  Préalables du collégial pour ce programme
  Détenir un DEC en sciences de la nature,

  OU détenir un DEC en sciences informatiques et mathématiques,

  OU détenir tout autre DEC et avoir atteint les objectifs 00UN, 00UP, 00UQ (mathématiques)

- **Enseignement des sciences et des technologies au secondaire**
  Le diplômé peut enseigner les sciences et les technologies au secondaire

  Préalables du collégial pour ce programme
  Détenir un DEC en sciences de la nature et avoir atteint les objectifs 00XV (chimie) et 00XU (biologie)

  OU détenir tout autre DEC et avoir atteint les objectifs 00UN, 00UP, 00UQ (mathématiques), 00UR, 00US, 00UT (physique), 00UL, 00UM, 00XV (chimie), 00UK, 00XU (biologie)

  Les entrevues sont possibles dans tous les programmes d'enseignement au secondaire. Pour tous les programmes, le candidat doit se soumettre à l'épreuve diagnostique en français.

Enseignement au secondaire (suite)

Université de Sherbrooke
(4 profils) :

- **Profil français langue d'enseignement**

- **Profil mathématiques**

- **Profil sciences et technologies**

- **Profil univers social**

  Préalables du collégial pour ces profils

  Profil français langue d'enseignement : détenir un DEC

  Profil mathématiques : détenir un DEC et avoir atteint les objectifs 00UN, 00UP, 00UQ (mathématiques)

  Profil sciences et technologies : pour **l'option physique** et **l'option biologie et chimie** : détenir un DEC et avoir atteint les objectifs 00UN, 00UP (mathématiques), 00UR, 00US, 00UT (physique), 00UL, 00UM (chimie), 00UK (biologie) + l'objectif 00UQ (mathématiques) pour l'option physique

  Profil univers social : détenir un DEC

Enseignement au secondaire (suite)

Université du Québec à Chicoutimi (UQAC)
(5 profils) :

- **Profil français**
- **Profil mathématiques**
- **Profil science et technologie**
- **Profil univers social**
- **Profil univers social et développement personnel**

> **Préalables du collégial pour ces profils**
>
> **Profil français :** détenir un DEC
>
> **Profil mathématiques :** détenir un DEC et avoir atteint les objectifs 00UN, 00UP et 00UQ (mathématiques)
>
> **Profil science et technologie :** détenir un DEC en sciences de la nature ou tout autre DEC et avoir atteint les objectifs 00UN (mathématiques), 00UR (physique), 00UL, 00UM (chimie), 00UK (biologie)
>
> **Profil univers social :** détenir un DEC
>
> **Profil univers social et développement personnel :** détenir un DEC
>
> **Tous les profils exigent une preuve de connaissance du français.**

Enseignement au secondaire (suite)

Université du Québec à Montréal (UQAM)
(5 concentrations) :

- **Concentration formation éthique et culture religieuse**

- **Concentration français langue première**

- **Concentration sciences humaines/univers social**

    Préalables du collégial
    Être titulaire d'un DEC, sans préalable particulier

- **Concentration mathématiques**

    Préalables du collégial
    Détenir un DEC en sciences ou en sciences humaines et avoir atteint les objectifs 00UN, 00UP, 00UQ (mathématiques)

    OU, pour les détenteurs d'un DEC technique, vous référer à l'annuaire de l'université concernée ou à son site Web

- **Concentration science et technologie**

    Préalables du collégial
    Détenir un DEC en sciences de la nature

    OU, détenir un DEC préuniversitaire et avoir atteint les objectifs 00UN, 00UP (mathématiques), 00UR, 00US, 00UT (physique), 00UL, 00UM (chimie), 00UK (biologie)

    OU, pour les détenteurs d'un DEC technique, vous référer à l'annuaire de l'université concernée ou à son site Web

Enseignement au secondaire (suite)

Université du Québec à Rimouski (UQAR)
(6 profils) :

- **Profil français**

- **Profil mathématique**

- **Profil musique**

- **Profil univers social**

    histoire
    éducation à la citoyenneté
    géographie
    connaissance du monde contemporain

- **Profil développement personnel**

    histoire
    éducation à la citoyenneté
    enseignement moral
    éthique

- **Profil sciences et technologies**

    Préalable du collégial
    Détenir un DEC avec des objectifs en mathématiques et en sciences le cas échéant, selon les choix du profil par l'étudiant.

Enseignement au secondaire (suite)

Université du Québec à Trois-Rivières (UQTR)
(4 profils) :

- **Profil français**

- **Profil développement personnel et univers social**

- **Profil univers social**

- **Profil mathématiques**

- **Profil science et technologie**

   Préalables du collégial
   Détenir un DEC pour les profils **en français** et en **univers social**,

   OU détenir un DEC et avoir atteint les objectifs 00UN, 00UP, 00UQ (mathématiques) pour le profil **en mathématiques**

   OU détenir un DEC et avoir atteint les objectifs 00UN, 00UP, 00UQ (mathématiques), 00UR, 00US, 00UT (physique), 00UL, 00UM (chimie), 00UK (biologie) pour le profil **science et technologie.**

Enseignement au secondaire (suite)

Université du Québec en Outaouais (UQO) :

- **Cheminement français (langue d'enseignement)**

    Préalables du collégial :
    Détenir un DEC

- **Cheminement en mathématiques**

    Préalables du collégial :
    Détenir un DEC et avoir atteint les objectifs 00UN, 00UP, 00UQ (mathématiques)

- **Cheminement univers social (histoire et géographie)**

    Préalables du collégial :
    Détenir un DEC

    Il est aussi possible que les candidats doivent compléter un questionnaire d'admission.

Université du Québec en Abitibi-Témiscamingue (UQAT) (quatre cheminements) :

- **Cheminement arts plastiques**

- **Cheminement français**

- **Cheminement mathématiques**

    Préalables du collégial
    Détenir un DEC avec des objectifs en mathématiques et en sciences le cas échéant, selon le cheminement choisi.

- **Cheminement univers social**

Enseignement au secondaire (suite)

Université McGill :

- **Quatre profils :**

  > English
  >
  > Mathematics
  >
  > Science & Technology
  >
  > Social Sciences

- **Formation en double baccalauréat : (B.Ed.)/(B.Sc.)**

  > Biology, with chemistry
  >
  > Biology, with physics
  >
  > Chemistry, with biology
  >
  > Chemistry, with physics
  >
  > Physics, with biology
  >
  > Physics, with chemistry
  >
  > Mathematics
  >
  > (B.Ed.)/(B.Mus.)

Université Bishop's

La 1re étape est un programme de 3 ans (93 cr.) et comprend une double majeure en pédagogie et une matière enseignable, pour l'obtention d'un B.A. ou d'un B.Sc.

11 profils sont disponibles : 8 B.A. et 3 B.Sc.

- Les 8 B.A. : les doubles majeures en : anglais et éducation secondaire ; mathématiques et éducation secondaire ; sciences sociales et éducation secondaire ; français et éducation secondaire ; français/espagnol et éducation secondaire ; beaux-arts et éducation secondaire ; théâtre et éducation secondaire ; musique et éducation secondaire.

- Les 3 B.Sc. : les doubles majeures en : enseignement des sciences – concentration en chimie et éducation secondaire ; enseignement des sciences – concentration en biologie et éducation secondaire ; enseignement des sciences – concentration en physique et éducation secondaire.

La 2e étape est un programme de 1 an (36 cr.), pour l'obtention d'un Bachelor of Education (B.Ed.)

> **Préalables du collégial**
> Détenir un DEC et déposer une lettre de motivation et un curriculum vitae.

Enseignement au secondaire (suite)

Avertissement

Il est recommandé au lecteur du Guide de ne pas hésiter à contacter l'université de son choix pour compléter l'information dont il a besoin pour faire un choix éclairé. Il faut également savoir que toutes les universités sont tenues de contingenter assez sévèrement ces programmes d'enseignement afin de permettre aux Commissions Scolaires d'être en mesure de répondre à la demande de places de stage.

Durée des études : 4 ans

Indice d'accès : 66 % sont admis

Ethnologie et patrimoine

Définition et objectifs du programme
Ce programme offre une formation à la fois théorique et pratique : cours magistraux, ateliers et laboratoires, cours à distance, études de cas et travail sur le terrain. Approfondissement de la culture québécoise traditionnelle et contemporaine. On y trouve 4 concentrations : francophonie nord-américaine, langue et littérature, migrations et relations interculturelles, muséologie et communication culturelle.

Nature du travail
L'étudiant possédant un baccalauréat en ethnologie et patrimoine est préparé pour différentes fonctions dans les organismes publics, parapublics ou privés. L'ethnologie étant au carrefour de plusieurs disciplines, elle se combine bien, entre autres, avec les sciences historiques et sociales, les lettres, la communication, la muséologie et l'archivistique.

Préalables du collégial
Détenir un DEC

Université offrant le programme spécialisé
Laval

Durée des études : 3 ans

Indice d'accès : 89 % sont admis

Études allemandes

Définition et objectifs du programme
Ce programme donne à l'étudiant une bonne connaissance de la langue, de la littérature et de la culture allemandes. Il lui permet également d'acquérir ou d'approfondir sa formation de l'allemand dans les domaines de la philosophie, de la musique et des études anciennes.

La formation de l'étudiant comporte principalement des cours de langue, d'histoire et de littérature allemandes.

Nature du travail
L'étudiant possédant un baccalauréat en études allemandes peut occuper différents postes où sa formation lui permettra de rédiger ou de traduire certains textes et de remplir des fonctions nécessitant cette formation telles les carrières diplomatiques, le commerce international.

Ses principaux champs d'activité sont les gouvernements, la publicité, les médias d'information, la traduction, l'interprétation, les organismes internationaux et l'enseignement.

Préalables du collégial
Détenir un DEC : (McGill)

OU détenir un DEC et avoir atteint deux objectifs de base en allemand : (Montréal)

Universités offrant le programme spécialisé
McGill (german studies), Montréal

Universités offrant une majeure
Bishop's (international Major in German studies), McGill (german language, literature and culture, contemporary german studies), Montréal

Universités offrant une mineure
Bishop's, McGill (german language, literature, culture in translation), Montréal

Voir aussi Allemand, p. 298

Durée des études : 3 ans

Indice d'accès : 85 % sont admis

Études allemandes et histoire

Définition et objectifs du programme
Ce programme bidisciplinaire cherche à fournir à l'étudiant une connaissance approfondie de la langue et de la culture allemandes ainsi qu'un grand tour historique de l'Europe d'hier et d'aujourd'hui. Les sciences humaines y sont omniprésentes.

Nature du travail
Ce programme de haut niveau prépare aux carrières de la recherche en sciences humaines, de la diplomatie et des grands organismes internationaux, du journalisme et de la communication, de l'édition, des grands organismes publics, gouvernementaux ou privés, ainsi qu'au métier d'archiviste et de documentaliste.

Préalables du collégial
Détenir un DEC et avoir atteint deux objectifs de base en allemand

Université offrant le programme spécialisé
Montréal

Durée des études : 3 ans

Indice d'accès : 94 % sont admis

Études classiques et anthropologie

Définition et objectifs du programme
Ce programme offre à l'étudiant une formation bidisciplinaire en études classiques et en anthropologie. Il vise à doter l'étudiant d'une formation théorique et pratique dans ces deux domaines.

Nature du travail
Ce diplômé a accès à la maîtrise de l'une ou l'autre discipline en plus d'acquérir un atout majeur pour entrer sur le marché du travail dans les secteurs littéraire, muséologique, archéologique ou artistique.

Préalables du collégial
Détenir un DEC

Université offrant le programme spécialisé
Montréal

Université offrant une majeure
Bishop's (classical studies)

Durée des études : 3 ans

Indice d'accès : 90 % sont admis

Études est-asiatiques et anthropologie

Définition et objectifs du programme

Ce programme permet à l'étudiant de comprendre l'humain à partir des caractéristiques biologiques, culturelles, sociales et économiques des sociétés. L'intégration de l'anthropologie physique, de l'archéologie, de l'anthropologie sociale et de l'ethnolinguistique appliquée à l'Asie de l'Est permettra aux étudiants d'évaluer l'impact des constances culturelles, dans le contexte des communautés asiatiques à Montréal, au Québec et au Canada.

Nature du travail

Ce baccalauréat spécialisé prépare les diplômés à la poursuite d'études supérieures dans l'une ou l'autre des deux disciplines principales. Au niveau du marché du travail, les diplômés se dirigeront vers des emplois sur la recherche et le développement de l'être humain dans son ensemble et plus particulièrement dans la culture est-asiatique.

Préalable du collégial

Détenir un DEC

Université offrant le programme spécialisé

Montréal (Chine, Japon)

Durée des études : 3 ans

Indice d'accès : 86 % sont admis

Études est-asiatiques et géographie

Définition et objectifs du programme

Ce programme permet à l'étudiant d'acquérir des connaissances théoriques et techniques des géosystèmes naturels et des activités humaines qui s'y insèrent ainsi qu'une maîtrise des langues et cultures de la Chine, du Japon, de la Corée et du Vietnam.

Nature du travail

Les diplômés de ce baccalauréat deviendront des professionnels capables de concevoir les problèmes de gestion des grands ensembles territoriaux, d'effectuer des analyses spatiales, d'élaborer des stratégies d'intervention et de diriger des équipes. Les études supérieures de ces deux disciplines leur sont ouvertes.

Préalable du collégial

Détenir un DEC

Université offrant le programme spécialisé

Montréal (Chine, Japon)

Durée des études : 3 ans

Indice d'accès : 94 % sont admis

Études est-asiatiques et histoire

Définition et objectifs du programme
Ce programme consiste à former des étudiants capables d'identifier des expériences acquises lors de l'élaboration de scénarios. En définissant des orientations en fonction d'une aire spatio-temporelle (Asie de l'Est) et de recoupements thématiques (institutions, relations internationales et religion), les étudiants seront en mesure d'intégrer les conditions matérielles, politiques et spirituelles qui déterminent l'évolution de l'Asie de l'Est en ayant la capacité de tenir compte de spécificités culturelles qu'ils auront acquises.

Nature du travail
Ces diplômés se verront ouvrir les portes des études supérieures dans l'une ou l'autre discipline concernée. Le marché du travail tourne autour des relations de type international en terme de politique, religion et culture.

Préalable du collégial
Détenir un DEC

Université offrant le programme spécialisé
Montréal (Chine, Japon)

Durée des études : 3 ans

Indice d'accès : 91 % sont admis

Études hispaniques

Définition et objectifs du programme
Ce programme vise à donner à l'étudiant une bonne formation tant au niveau de l'étude de la langue que de la littérature et de la civilisation espagnoles. Il lui permet aussi de posséder une bonne connaissance de l'histoire de l'Espagne et de l'Amérique latine.

La formation de l'étudiant consiste en l'étude et la critique de la langue, la connaissance et l'analyse de la littérature espagnole et l'étude de l'histoire et de la culture hispanique.

Nature du travail
Le travail du détenteur d'un baccalauréat en études hispaniques peut être un travail de traduction ou de rédaction. Il peut également occuper toute fonction où ses connaissances particulières peuvent être utilisées principalement dans le commerce et les services internationaux. Son champ d'activité peut se trouver dans le domaine de l'édition, du tourisme, de la publicité, du commerce international, des médias d'information et de l'enseignement.

Préalables du collégial
Détenir un DEC et avoir atteint 2 objectifs de base en espagnol : (Montréal). Si cette formation n'a pu être assurée dans le collège fréquenté, l'université peut y suppléer : (Concordia, Laval, McGill, Montréal)

De plus, les étudiants admis devront subir un test de classement (McGill) et faire preuve de compétence de niveau intermédiaire II (Laval)

Universités offrant le programme spécialisé
Concordia, Laval, McGill (hispanic studies), Montréal

Universités offrant une majeure
Bishop's, Concordia, McGill (hispanic literature and culture, hispanic languages), Montréal

Universités offrant une mineure
Bishop's, Concordia (spanish translation), McGill (hispanic languages, hispanic literature and culture), Montréal

Voir aussi Espagnol, p. 302

Durée des études : 3 ans

Indice d'accès : 85 % sont admis

Études internationales

Définition et objectifs du programme
Mettant en commun les ressources pertinentes de quatre disciplines de base (droit, histoire, science politique, sciences économiques-gestion), ce programme permet à l'étudiant d'acquérir certaines habiletés transférables particulièrement en demande dans la conduite des affaires internationales. Ces habiletés incluent notamment les capacités d'analyse, de synthèse et ce communication, l'autonomie, l'aptitude au travail d'équipe et la connaissance de plusieurs langues.

Nature du travail
Ce programme s'adresse aux étudiants qui souhaitent faire carrière dans des domaines comme la diplomatie, la gestion et la finance internationale, la coopération en développement et les communications internationales. Il donne aussi un accès direct aux études supérieures en science politique.

Préalable du collégial
Détenir un DEC : (Laval, McGill, Montréal)

Test d'équivalence obligatoire : connaissance de la langue à étudier de niveau intermédiaire ou avancé pour le programme d'études internationales et langues modernes et non pour le programme affaires publiques et relations internationales (Laval)

Universités offrant le programme spécialisé
Laval (études internationales et langues modernes, affaires publiques et relations internationales), McGill (international development studies), Montréal (développement international, droit, économie-administration, histoire, science politique)

Université offrant une majeure
McGill (international development studies)

Universités offrant une mineure
Bishop's, McGill (international development studies)

Voir aussi Relations internationales et droit international p. 226

Durée des études : 3 ans
Indice d'accès : 77 % sont admis

Études politiques appliquées

Définition et objectifs du programme
Ce programme possède deux composantes principales : un **tronc commun** qui regroupe l'ensemble des cours obligatoires, des cours à option en sciences politiques et finalement des activités d'application, et **quatre cheminements distinctifs** qui sont les relations internationales, la communication, le droit et l'administration.

Cette formation fournira aux étudiants la complémentarité des disciplines qui leur ouvrira de nouvelles possibilités d'emploi et l'expérimentation qui augmentera leur employabilité dès la fin de leurs études.

Nature du travail
Les diplômés de ce programme seront préparés à œuvrer dans des domaines où les capacités d'analyse critique, de recherche et de synthèse sont requises, tels que les services diplomatiques, les services gouvernementaux, les organismes non-gouvernementaux, les groupes de pression, les médias, les partis politiques et les entreprises privées.

Préalable du collégial
Détenir un DEC et avoir atteint les objectifs 00UN, 00UP, 00UQ (mathématiques)

Université offrant le programme spécialisé
Sherbrooke

Université offrant une mineure
Sherbrooke

Voir aussi Science politique p. 228

Durée des études : 3 ans
Indice d'accès : 86 % sont admis

Géographie

Définition et objectifs du programme

Ce programme vise à donner à l'étudiant une connaissance solide des bases de la science géographique (organisation et analyse de l'espace). Il vise aussi à le rendre capable de résoudre les problèmes d'aménagement de cet espace. Il fournit donc à l'étudiant des bases théoriques et pratiques propres à développer des habiletés à utiliser les outils et le langage de cette discipline.

La formation consiste en l'étude de la géomorphologie, de la climatologie, de la cartographie et de la géographie quantitative.

Nature du travail

Le géographe étudie les caractéristiques distinctes des diverses régions de la terre et leurs habitants, la répartition des populations et explique l'interdépendance des phénomènes physiques et humains. Il fait des observations, rassemble, mesure et analyse des données et représente sur des cartes les caractéristiques socio-économiques, politiques, culturelles, historiques et physiques des différentes régions. Il peut jouer un rôle de conseiller ou d'expert-conseil auprès des gouvernements ou de divers organismes. Le géographe peut aussi enseigner la géographie ou se consacrer à la recherche.

Les principaux employeurs de l'étudiant possédant une formation en géographie sont les gouvernements, les entreprises privées, les organismes internationaux, les universités, le commerce et l'industrie.

Préalables du collégial

Détenir un DEC : (Bishop's, Concordia, McGill, Montréal, UQAC, UQAM, UQAR, UQTR)

OU détenir un DEC en sciences humaines : (Concordia, Laval, McGill, UQAR, UQTR)

OU détenir un DEC en sciences de la nature : (Laval, McGill)

OU détenir un DEC en sciences informatiques et mathématiques : (Laval, UQTR)

OU détenir tout autre DEC et avoir atteint l'objectif 022P (méthodes quantitatives) : (Laval)

Universités offrant le programme spécialisé

Bishop's (environmental studies and geography), Concordia (human environment + Honours), Laval, McGill (geography), Montréal (géographie environnementale avec orientations en environnements physique et humain, + cheminement Honor), UQAC (géographie et aménagement durable), UQAM (analyse et planification territoriale, développement international), UQAR, (aménagement du territoire et développement durable, écogéographie et biogéochimie environnementale, gestion des milieux naturels et aménagés, environnement marin), UQTR

Géographie (suite)

Universités offrant une majeure
Bishop's (environmental studies and geography), Concordia (human environment), McGill (geography, geography-urban studies), Montréal, UQAM, UQAR

Universités offrant une mineure
Bishop's, Concordia (human environment), McGill (geography, geographical information systems, geography urban systems), Montréal, UQAC, UQAM (géographie internationale), UQO, UQAR

Voir aussi Géographie physique, p. 117

Durée des études : 3 ans

Indice d'accès : 88 % sont admis

Histoire

Définition et objectifs du programme
Ce programme vise à donner à l'étudiant une formation qui lui procure les connaissances de base propres à un chercheur en sciences humaines. Il permet à l'étudiant d'atteindre une certaine rigueur dans la critique et la méthode d'analyse de l'histoire et d'en arriver à une ouverture d'esprit sur l'ensemble des problèmes humains. Il rend enfin l'étudiant capable d'exposer correctement une matière oralement ou par écrit.

La formation comporte naturellement plusieurs cours d'histoire mais également des cours portant sur l'initiation au travail philosophique, l'économie, les mouvements sociaux, etc.

Nature du travail
L'historien effectue des recherches portant sur une ou plusieurs périodes ou un ou plusieurs aspects de l'activité humaine dans le passé et présente le résultat de ses recherches dans des comptes rendus ou des rapports. Il organise les informations qu'il a recueillies, en apprécie l'authenticité et la valeur, et présente le résumé de ses recherches et ses conclusions par écrit ou sous une autre forme.

Cette formation conduit à l'enseignement secondaire ou collégial, à la recherche et à des professions directement reliées à l'histoire telles le journalisme, la fonction publique, l'administration, etc. En suivant quelques cours spécialisés, le diplômé peut remplir les fonctions d'archiviste ou de bibliothécaire.

Préalables du collégial
Détenir un DEC : (Bishop's, Concordia, Laval, McGill, Montréal, Sherbrooke, UQAC, UQAM, UQAR, UQO, UQTR)

Universités offrant le programme spécialisé
Bishop's (history), Concordia (history + Honours, public history + Honours, english & history), Laval, McGill (history), Montréal, Sherbrooke, UQAC (profil Général et profil Autochtonie, régions et histoire publique), UQAM (histoire, histoire, culture et société), UQAR (histoire, pratiques et interventions culturelles), UQO, UQTR

Universités offrant une majeure
Bishop's (public history, history), Concordia, McGill, Montréal, Sherbrooke, UQAM (histoire, histoire et culture et société), UQAR, UQO

Universités offrant une mineure
Bishop's (history, indigenious studies), Concordia (history, law & society), McGill (history, history and philosophy of science), Montréal, Sherbrooke, UQAC, UQAR (histoire, pratiques et interventions culturelles), UQO

Voir aussi Études allemandes et histoire p. 199 et Histoire et études classiques p. 210

Durée des études : 3 ans

Indice d'accès : 91 % sont admis

Histoire et études classiques

Définition et objectifs du programme
Ce programme procure aux étudiants une vaste connaissance historique aussi bien thématique que chronologique et une exploration de la société gréco-romaine dans toute sa richesse. Ces regards croisés entre l'histoire et les études classiques, combinés à une méthode critique très serrée, permettent de mieux comprendre les racines de notre civilisation. Deux disciplines qui se conjuguent donc parfaitement au passé, au présent et au futur.

Nature du travail
Les diplômés de ce programme pourront intégrer une équipe où ils assisteront, par exemple, l'archéologue dans des tâches simples ou encore travailleront comme recherchistes dans les médias ou les musées.

Les principaux employeurs sont les gouvernements, les grandes entreprises, les établissements d'enseignement, les musées et les firmes d'archéologues.

Préalables du collégial
Détenir un DEC

Universités offrant le programme spécialisé
McGill (classics), Montréal

Universités offrant une mineure
McGill (classics), UQAM (études classiques)

Voir aussi Sciences historiques et études patrimoniales p. 227

Durée des études : 3 ans

Indice d'accès : 90 % sont admis

Humanities

Définition et objectifs du programme
Ce programme vise à prodiguer à l'étudiant une solide formation de base, à développer chez lui une capacité à agir dans l'environnement humain. Ce programme s'adresse à ceux qu'intéresse l'engagement dans les choses humaines.

La formation est variée et interdisciplinaire; elle touche à la sociologie, la psychologie, la philosophie, la science politique, la linguistique, l'anthropologie, l'histoire, la littérature, etc. Un accent spécial est mis sur la critique du savoir (épistémologie).

Nature du travail
Cette formation conduit à des postes où l'action et l'engagement humain sont importants et où une grande compréhension du phénomène humain est requise. Elle prépare au travail dans des domaines comme la formation, l'intervention sociale, l'aide sociale, l'administration ou l'information.

Préalables du collégial
Détenir un DEC : (Bishop's, Concordia).

De plus, **Concordia** demande aux candidats de fournir une lettre d'intention.

Universités offrant le programme spécialisé
Bishop's (humanities), Concordia (human relations)

Universités offrant une majeure
Bishop's, Concordia (human relations)

Université offrant une mineure
Concordia (human relations)

Durée des études : 3 ans

Indice d'accès : 100 % sont admis

Intervention plein air

Définition et objectifs du programme
Ce programme vise à former des intervenants habilités à élaborer, diriger et superviser des activités de plein air sécuritaires et adaptées aux réalités des principaux domaines d'intervention suivante : tourisme d'aventure et écotourisme; leadership d'expédition; logistique de mission industrielle et scientifique en région isolée; gestion de projet et d'événement en plein air; intervention éducative et thérapeutique par la nature et l'aventure; gestion des risques et sécurité en plein air.

Nature du travail
Ce diplômé sera appelé à contribuer activement à l'essor et à la structuration des nombreux secteurs associés au domaine du plein air à titre de formateur, de guide d'expédition en région isolée, de responsable de projet ou d'événement en plein air, de chef de camp, de conseiller en tourisme d'aventure et en gestion des risques. Les études supérieures lui sont ouvertes dans des domaines connexes.

Préalables du collégial
Détenir un DEC et présenter un dossier comprenant une attestation médicale assurant de son excellente condition physique, un curriculum vitae complet incluant les expériences de plein air, une lettre d'intention faisant état de l'intérêt à poursuivre des études dans ce domaine et deux lettres de recommandation, Il y a aussi la possibilité de passer une entrevue, au besoin.

Université offrant le programme spécialisé
UQAC

Durée des études : 3 ans

Indice d'accès : 85 % sont admis

Intervention sportive

Définition et objectifs du programme
Ce programme veut former un intervenant compétent en sport, pouvant répondre aux besoins du système sportif québécois et canadien. La pratique sportive s'étend habituellement sur un continuum qui va du sport récréatif (ou communautaire) au sport d'élite et touche une clientèle de tous âges.

Nature du travail
Ce diplômé se verra confier l'entraînement d'athlètes d'élite, la formation et la supervision d'entraîneurs, la conception et la coordination de programmes de pratique sportive, la coordination de ligues sportives, la mise en place et la coordination d'événements sportifs, la gestion des clubs sportifs et la gestion d'organisations sportives unisport et multisport.

Préalables du collégial
Détenir un DEC

Université offrant le programme spécialisé
Laval

Durée des études : 3 ans

Indice d'accès : 66 % sont admis

Jewish Studies (Judaic)

Définition et objectifs du programme
Ce programme offre une approche interdisciplinaire à l'étude du judaïsme. Il vise à donner à l'étudiant une bonne connaissance de l'histoire et de la culture juives. Il comporte également des cours des langues juives telles le hébreu et le yiddish ce qui donne à l'étudiant une connaissance linguistique intéressante.

Nature du travail
Cette formation permet à l'étudiant d'aspirer à des postes où une telle connaissance de la langue et de la culture juives peut être utile, tels des organismes à caractères internationaux, des organismes gouvernementaux. La traduction peut également être un domaine où l'étudiant profite de cette formation.

Préalable du collégial
Détenir un DEC : (Concordia, McGill)

Universités offrant le programme spécialisé
Concordia (honours judaic studies), McGill (jewish studies, kindergarten and elementary education jewish studies)

Universités offrant une majeure
Concordia (judaic studies), McGill

Universités offrant une mineure
Concordia (judaic studies), McGill (jewish law, jewish studies)

Durée des études : 3 ans

Indice d'accès : 77 % sont admis

Loisir, culture et tourisme (récréologie)

Définition et objectifs du programme
Ce programme vise à former des intervenants qui seront aptes à s'adapter facilement aux nombreux changements du milieu du loisir et aux améliorations constantes en tourisme, et à en faire profiter les individus, les groupes et les collectivités qui feront appel à leurs compétences.

La formation reçue tiendra compte notamment des cinq champs de concentration suivants : développement touristique; éducation, art et culture; communautés locales et vie associative; santé et services sociaux; milieux industriel et commercial.

Nature du travail
Le marché de ces finissants s'est modifié, amplifié, élargi. Les diplômés de ce programme travaillent dans des domaines variés tels que l'écotourisme, la santé, les secteurs socioculturels, etc.

Les principaux demandeurs de ces spécialistes sont les municipalités, les gouvernements et les industries œuvrant dans le domaine touristique. Certains diplômés se consacrent par contre principalement à la recherche et la planification des programmes nouveaux en vue de l'évolution du loisir, de la culture, du tourisme et de la récréologie.

Préalables du collégial
Détenir un DEC : (UQTR)

OU détenir un DEC et présenter un lettre d'intention pour le programme « leisure science » : (Concordia)

OU détenir un DEC, présenter une lettre d'intention et avoir atteint l'objectif 022V (biologie) pour le programme « therapeutic recreation » : (Concordia)

Universités offrant le programme spécialisé
Concordia (leisure science and therapeutic recreation), UQTR (loisir, culture et tourisme)

Université offrant une majeure
Concordia (leisure science)

Durée des études : 3 ans

Indice d'accès : 83 % sont admis

Middle East Studies, East, Southern Asian Studies (Moyen Orient, Études est-asiatiques et Asie du Sud)

Définition et objectifs du programme
Le programme en études du Moyen-Orient consiste en un ensemble de cours interdisciplinaires comprenant l'étude de la langue, de la littérature, de l'histoire, de la religion, des sciences politiques et de l'anthropologie relative au Moyen-Orient, depuis le début de l'Islam. Le second programme traite l'Asie de l'Est.

Nature du travail
Ce programme peut former des personnes aptes à occuper différentes fonctions où une connaissance approfondie du Moyen-Orient et de l'Asie de l'Est peut être nécessaire. Les champs d'action sur lesquels ouvrent ces études peuvent être des postes stratégiques au sein des gouvernements ou dans des organismes internationaux.

Préalable du collégial
Détenir un DEC

Université offrant le programme spécialisé
McGill (Middle East studies-honours, East Asian studies-honours)

Universités offrant une majeure
Concordia (Southern Asian studies), McGill (Middle East studies and East Asian studies), Montréal (études est-asiatiques)

Universités offrant une mineure
Concordia (Southern Asian studies), McGill (Middle East studies, languages, advanced East Asian studies, East Asian language and literature, East Asian cultural studies, South Asia), Montréal (études est-asiatiques, études arabes)

Voir aussi Études est-asiatiques et anthropologie p. 201, Études est-asiatiques et géographie p. 202 et Études est-asiatiques et histoire p. 203

Durée des études : 3 ans

Indice d'accès : 77 % sont admis

Orientation, Sciences de l'

Définition et objectifs du programme

Ce programme a pour but de permettre à l'étudiant d'acquérir une formation adéquate l'habilitant à décrire les forces et les influences déterminant l'orientation d'un individu. Il apprend à dégager la contribution des facteurs d'ordre personnel et social du client. Le programme vise également à favoriser chez l'étudiant une stratégie d'aide directe ou indirecte auprès des personnes de façon à les influencer adéquatement en vue de leur développement personnel et professionnel. Il veut aussi rendre l'étudiant apte à offrir des services de consultation. L'étudiant doit en arriver à évaluer les caractéristiques individuelles et établir des liens entre celles-ci.

Nature du travail

Le conseiller d'orientation aide l'individu qui le consulte à faire des choix autonomes à partir d'une information sur soi et sur les facteurs extérieurs pertinents. Pour aider une personne à se connaître, le conseiller utilise la technique de relation d'aide pour l'emmener à se questionner et à tirer des conclusions. Il peut aussi utiliser des techniques d'évaluation telles les tests d'aptitudes, d'intérêts et de personnalité. Il aide la personne qui le consulte à recueillir les informations pertinentes à son projet, à en saisir la signification et à en évaluer l'influence.

Préalables du collégial

Détenir un DEC en sciences humaines : (Sherbrooke)

OU détenir un DEC en sciences de la nature et avoir attein l'objectif 022K (psychologie) (Laval)

OU détenir un DEC en sciences humaines et avoir atteint les objectifs 022W **ou** 022P (mathématiques) : (Laval)

OU détenir tout autre DEC et avoir atteint l'objectif 022P (mathématiques) : (Sherbrooke)

OU détenir un DEC en histoire et civilisation et avoir atteint les objectifs 022P, 022W, 022X (mathématiques), 022K (psychologie) : (Laval)

OU détenir tout autre DEC et avoir atteint les objectifs 022P, 022W (mathématiques), 022K (psychologie) : (Laval)

OU pour les détenteurs d'un DEC technique, vous référer à l'annuaire des universités concernées ou à leur site Web : (Laval, Sherbrooke)

Universités offrant le programme spécialisé

Laval (orientation, psychoéducation), Sherbrooke

Voir aussi Développement de carrière p. 176

Durée des études : 3 ans (doit compléter ensuite une maîtrise pour devenir membre de l'OCCOPPQ)

Indice d'accès : 87 % sont admis

Philosophie

Définition et objectifs du programme

La philosophie pourrait se définir comme un effort de réflexion sur le monde; ainsi le philosophe, étant avant tout observateur, regarde le monde qui l'entoure et s'observe lui-même, homme parmi les hommes.

Ce programme offre à l'étudiant une formation de base en philosophie en couvrant les étapes essentielles de l'histoire de la pensée. Cette formation porte sur les principaux auteurs de l'histoire de la philosophie et donne à l'étudiant une sérieuse initiation à la pensée de l'auteur étudié, en le situant dans une perspective historique et en lui permettant d'acquérir une vision globale des questions traitées par la philosophie. Il donne donc à l'étudiant les outils nécessaires à la réflexion philosophique : il développe chez lui des habiletés méthodologiques, des aptitudes à l'autonomie intellectuelle et à la recherche.

Nature du travail

Le philosophe étudie la pensée de l'homme manifestée soit dans ses connaissances soit dans ses actions.

Les diplômés en philosophie œuvrent pour la plupart dans les institutions d'enseignement de niveau collégial ou universitaire. D'autres se destinent principalement à la recherche. Cette formation peut également mener à d'autres fonctions où une telle formation peut être pertinente : journaliste, éditeur, animateur de projets sociaux, emplois relatifs au théâtre ou au cinéma.

Préalable du collégial

Détenir un DEC : (toutes les universités)

Universités offrant le programme spécialisé

Bishop's (philosophy), Concordia (Honours), Laval, McGill (philosophy), Montréal, Sherbrooke, UQAM, UQTR

Universités offrant une majeure

Bishop's, Concordia, McGill, Montréal, Sherbrooke, UQAM

Universités offrant une mineure

Bishop's, Concordia, McGill (philosophy, history and philosophy of science), Montréal, UQAM

Universités offrant un diplôme de 1er cycle

Laval, Sherbrooke

Voir aussi Littérature comparée et philosophie p. 318 et Science politique et philosophie p. 229

Durée des études : 3 ans

Indice d'accès : 86 % sont admis

Philosophie et études classiques

Définition et objectifs du programme
Ce programme forme des étudiants spécialisés dans la pensée philosophique qui s'est en grande partie élaborée, au terme d'une évolution marquée par la continuité, la réaction, l'adaptation, à partir de ce que nous ont légué les anciens, et plus particulièrement les Grecs, puis leurs héritiers latins et médiévaux.

Comprendre avec rigueur ces peuples si lointains et pourtant si proches : voilà l'objet des études classiques.

Nature du travail
Compte tenu de la qualité de la formation reçue et les habiletés intellectuelles acquises, ce diplômé peut intégrer une équipe d'archéologues, ou travailler comme recherchiste dans les médias et les musées.

Les principaux employeurs sont les gouvernements, les grandes entreprises, les établissements d'enseignement, les musées et les firmes d'archéologues.

Préalable du collégial
Détenir un DEC

Université offrant le programme spécialisé
Montréal

Durée des études : 3 ans

Indice d'accès : 82 % sont admis

Psychoéducation

Définition et objectifs du programme

La psychoéducation a pour objet l'étude scientifique de l'inadaptation en vue d'une intervention préventive et curative.

Le programme touche à plusieurs secteurs, étant donné la diversité dans les domaines de types d'inadaptation à rééduquer. Il vise à former des spécialistes dans la rééducation des individus-problèmes que ce soit en milieu institutionnel, semi-ouvert et ouvert. Il vise également à dispenser aux étudiants un ensemble cohérent de connaissances, de méthodes et de techniques fondées sur les sciences de l'homme. Le programme prévoit des cours de psychologie du développement, de techniques de rééducation, de physiologie et comportement et de motricité.

Nature du travail

La fonction du psychoéducateur consiste à aider l'individu inadapté (enfant, adolescent, adulte) dans toutes les circonstances de sa vie, en travaillant surtout à corriger l'orientation de ses comportements et aussi à développer de façon optimale ses possibilités physiques, intellectuelles, morales et sociales. Ses activités peuvent être l'animation, l'évaluation des difficultés des inadaptés, la collaboration à l'élaboration de plans et stratégies de rééducation.

Le psychoéducateur œuvre principalement dans les centres d'accueil pour jeunes inadaptés, dans les centres de services sociaux et dans les hôpitaux psychiatriques. Il peut également intervenir en garderies et dans l'industrie. Les commissions scolaires engagent le psychoéducateur à titre de conseiller pédagogique. Il peut enfin enseigner au niveau collégial ou universitaire.

Préalables du collégial

Détenir un DEC : (Sherbrooke, UQAT, UQO)

OU détenir un DEC en sciences humaines : (Montréal, Sherbrooke, UQO)

OU détenir un DEC en sciences de la nature : (Montréal)

OU détenir un DEC en histoire et civilisation et avoir atteint l'objectif 022P (méthodes quantitatives) : (Montréal)

OU détenir un DEC et avoir atteint l'objectif 022P (mathématiques) : (UQTR)

OU détenir tout autre DEC et avoir atteint l'objectif 022W (mathématiques) : (Montréal)

OU, pour les détenteurs d'un DEC technique, vous référer à l'annuaire des universités concernées ou à leur site Web : (UQO, UQTR)

De plus, il y a possibilité d'entrevues et / ou de tests d'admission (UQAT, UQO, UQTR).

Psychoéducation (suite)

Universités offrant le programme spécialisé
Montréal, Sherbrooke, UQAT, UQO (+ UQO campus de Saint-Jérôme et Gatineau), UQTR

Université offrant une mineure
Montréal

Voir aussi Psychoéducation et psychologie p. 222

N.B. : Des études de 2ᵉ cycle sont requises pour devenir membre de l'OCCOPPQ (Ordre des Conseillers et Conseillères d'Orientation et des Psychoéducateurs et Psychoéducatrices du Québec)

Durée des études : 3 ans

Indice d'accès : 53 % sont admis

Psychoéducation et psychologie

Définition et objectifs du programme
Ce programme a été pensé pour les étudiants qui hésitent entre les deux disciplines, qui souhaitent ajouter une dimension appliquée à l'introduction aux notions fondamentales et qui veulent un programme centré sur l'enfance et l'adolescence, en vue d'œuvrer dans le domaine de la psychologie ou de la psychoéducation. Pour l'étudiant de psychologie intéressé à travailler spécifiquement auprès d'enfants ou de familles, il y a là une plus-value à sa formation.

Ce programme bidisciplinaire a donc été conçu en tenant compte des cours requis par les deux ordres professionnels.

Nature du travail
Les diplômés de ce programme bidisciplinaire de 1er cycle seront aptes à aller sur le marché du travail immédiatement après leurs études de premier cycle dans divers domaines d'intervention psychosociale. Ils auront également les bases requises pour être admis aux études supérieures tant en recherche que dans les programmes plus professionnels conduisant aux deux ordres professionnels concernés.

Préalables du collégial
Détenir un DEC en sciences humaines et avoir atteint les objectifs 022W (mathématiques), 022V (biologie),

OU détenir un DEC en sciences de la nature,

OU détenir un DEC en histoire et civilisation et avoir atteint l'objectif 022P (méthodes quantitatives), 022W (statistiques), 022V (biologie),

OU détenir tout autre DEC et avoir atteint les objectifs 022W (statistiques) **ou** 022X, 022W (mathématiques) **ou** 022X, 022Y (mathématiques) **ou** 022P, 022W (mathématiques), **plus** 022K (psychologie) et 1 objectif en biologie.

Université offrant le programme spécialisé
Montréal

Durée des études : 3 ans

Indice d'accès : 17 % sont admis

Psychologie

Définition et objectifs du programme

Selon le code des professions, le psychologue « fournit au public des services professionnels dans lesquels sont appliqués les principes et les méthodes de la psychologie scientifique; notamment, il pratique la consultation et l'entrevue, utilise et interprète les tests standardisés de capacités mentales, d'aptitudes et de personnalité pour fins de classification et d'évaluation psychologiques et recourt à des techniques psychologiques pour fins d'orientation, de rééducation et de réadaptation ».

La formation du psychologue tourne particulièrement autour des cours de psychologie, de techniques d'entrevue, de psychophysiologie, de dynamique de groupe et de psychopathologie. Pour porter le titre de psychologue, il faut être membre de la Corporation professionnelle des pychologues du Québec et cette corporation exige un doctorat en psychologie ou un diplôme jugé équivalent comme condition d'admission.

Nature du travail

Le psychologue cherche à comprendre le comportement et les manifestations de l'être humain. Il recherche, recommande ou applique lui-même le traitement qui convient aux différents désordres psychologiques. Il étudie les effets des facteurs héréditaires et du milieu sur la mentalité et le comportement de l'individu. Il diagnostique, traite et cherche le moyen de prévenir les troubles de personnalité et les problèmes d'adaptation de l'individu avec son milieu.

Les champs d'action du psychologue sont très variés. Il peut œuvrer dans les domaines de la psychologie expérimentale, du développement humain, de la psychologie clinique, de la psychologie-conseil, de la psychologie industrielle et de la psychologie scolaire.

Préalables du collégial

Détenir un DEC en sciences humaines et avoir atteint les objectifs 022W (mathématiques), 022V (biologie) : (McGill, Montréal, Sherbrooke, UQAC, UQTR); et les objectifs 022P, 022W ou 022X, 022Y, 022Z (mathématiques) et 022V (biologie) : (Laval); et les objectifs 022P (mathématiques), 022V (biologie) : UQAM, UQO

OU détenir un DEC en sciences de la nature (Concordia (B.Sc.), McGill, Montréal, Sherbrooke, UQAC, UQAM, UQO, UQTR) et avoir atteint les objectifs 022K (psychologie) : (Laval)

OU détenir tout autre DEC et avoir atteint les objectifs 022X, 022Y (mathématiques), 00UR, 00US, 00UT (physique), 00UL, 00UM (chimie), 00UK (biologie) : (Concordia)

Psychologie (suite)

OU détenir tout autre DEC et avoir atteint les objectifs 022W (mathématiques), 022V (biologie), 022K (psychologie) : (Concordia (B.A.), Laval, Montréal, Sherbrooke) et Bishop's moins 022W (mathématiques)

OU détenir tout autre DEC et avoir atteint les objectifs 022P (mathématiques), 022V ou 01Y5 (biologie) : (UQAM, UQO)

OU détenir tout autre DEC et avoir atteint les objectifs 022P ou 022W (mathématiques) et 022V (biologie) : (UQAC)

OU détenir tout autre DEC et avoir atteint les objectifs 022W (mathématiques), 022V (biologie) : (UQTR)

OU détenir un DEC en histoire et civilisation et avoir atteint l'objectif 022P, 022W (mathématiques), 022V (biologie) : (Montréal); et avoir atteint les objectifs 022P, 022W ou 022X, 022Y, 022Z (mathématiques), 022V (biologie), 022K (psychologie) : (Laval)

OU, pour les détenteurs d'un DEC technique, vous référer à l'annuaire de l'université concernée ou à son site Web : (Laval)

Universités offrant le programme spécialisé
Bishop's (applied psychology, psychology, neuroscience), Concordia (B.A. et B.Sc. psychology + Honours, behavioral neuroscience), Laval, McGill (psychology), Montréal (+ cheminement Honor), Sherbrooke, UQAC, UQAM, UQO (offert par entente inter-universitaire avec l'UQAM), UQTR

Universités offrant une majeure
Bishop's, Concordia (psychology), McGill, Montréal

Universités offrant une mineure
Bishop's, Concordia (psychology), McGill (psychology, behavioural science, educational psychology), Montréal, UQAC (psychologie et psychologie organisationnelle)

Universités offrant un diplôme de 1er cycle
Sherbrooke, TÉLUQ

Durée des études : 3 ans pour le baccalauréat (doit compléter le baccalauréat et poursuivre directement au doctorat pour devenir membre de la corporation professionnelle).

Indice d'accès : 73 % sont admis

Psychologie et sociologie

Définition et objectifs du programme

Ce programme vise une clientèle étudiante qui s'intéresse à une formation dans les deux disciplines ou ayant fréquenté l'une ou l'autre des deux disciplines et qui voudra, face au caractère éclaté des cheminements académiques en sciences humaines, se donner une formation plus systématique et cohérente dans ces deux disciplines fondamentales.

Le programme vise donc à permettre à l'étudiant de pouvoir formuler des raisonnements articulant les savoirs théoriques et thématiques de la psychologie et la sociologie, d'assimiler la littérature scientifique portant sur les comportements humains qu'elle soit le résultat d'expérimentation, d'observation quantitative ou qualitative.

Nature du travail

Les diplômés de ce programme bidisciplinaire auront acquis des connaissances en vue de nombreux profils de carrière exigeant des habiletés et des compétences en termes de flexibilité et de versatilité d'adaptation aux caractéristiques des personnes et des groupes sociaux en situation de travail.

Préalable du collégial

Détenir un DEC

Université offrant le programme spécialisé

Montréal

Durée des études : 3 ans

Indice d'accès : 90 % sont admis

Relations internationales et droit international

Définition et objectifs du programme
Ce programme offre une formation intégrée en relations internationales et en droit international. Il vise à assurer une formation générale nécessaire à la compréhension et à l'analyse des phénomènes internationaux, notamment en ce qui a trait aux enjeux politiques et juridiques de la mondialisation, aux régimes politiques et juridiques des pays étrangers et à la politique étrangère des États. Il permet l'acquisition tant des concepts utilisés par la science politique que le langage et les concepts utilisés en droit.

Nature du travail
Le diplômé travaillera dans la fonction publique locale, nationale ou internationale, dans le mouvement associatif, dans les grandes entreprises qui œuvrent à l'échelle internationale ou dans les communications internationales. Ce sera un atout supplémentaire pour lui de posséder un niveau de maîtrise suffisante de l'anglais, et même de posséder une troisième langue.

Préalable du collégial
Détenir un DEC

Université offrant le programme spécialisé
UQAM

Université offrant une mineure
Sherbrooke (relations internationales)

Voir aussi Études internationales p. 205

Durée des études : 3 ans
Indice d'accès : 37 % sont admis

Sciences historiques et études patrimoniales

Définition et objectifs du programme
Ce programme est basé sur la complémentarité entre les six disciplines suivantes : l'histoire, l'ethnologie, l'histoire de l'art, l'archivistique, l'archéologie et la muséologie. Force est de constater que cette complémentarité disciplinaire constitue un élément essentiel à l'étude du patrimoine culturel.

L'étudiant acquiert une compréhension des enjeux théoriques et pratiques de la consignation, du classement et de l'interprétation des traces culturelles dans une perspective patrimoniale.

Nature du travail
Ce diplômé sera apte à intégrer les approches de plusieurs sciences historiques dans l'étude du patrimoine tout en pouvant mener une recherche ou une intervention professionnelle en respectant les principes scientifiques fondamentaux des disciplines historiques. Il sera aussi en mesure de considérer les dimensions internationales et interculturelles du patrimoine.

Préalable du collégial
Détenir un DEC

Université offrant le programme spécialisé
Laval

Voir aussi Histoire et études classiques p. 210

Durée des études : 3 ans

Indice d'accès : 100% sont admis

Science politique

Définition et objectifs du programme

Le programme vise à donner à l'étudiant une solide formation en analyse politique c'est-à-dire dans l'identification et l'explication des phénomènes de pouvoir. Il étudie dans les diverses expressions de ces phénomènes de pouvoir, soit les structures, les attitudes, les comportements et les idéologies. Il s'intéresse aussi aux diverses théories développées afin de pouvoir les expliquer ainsi qu'aux techniques utilisées pour les analyser. Le programme permet donc à l'étudiant d'acquérir des connaissances fondamentales et d'assimiler les méthodes nécessaires à l'analyse et à la compréhension des phénomènes politiques.

La formation du politicologue porte principalement sur les différents systèmes politiques, l'économie, les statistiques, les relations inter-nationales et l'administration publique.

Nature du travail

Le politicologue est le spécialiste qui, par ses études et analyses, fournit aux administrateurs d'entreprise, d'association, aux gens d'un parti politique ou d'un gouvernement, des rapports les aidant à élaborer des façons de diriger leurs affaires. Il étudie la théorie, l'origine, l'évolution, l'interdépendance et le fonctionnement des institutions et des systèmes politiques. Il analyse les renseignements qu'il recueille, en fait la synthèse et l'interprétation et fait part de ses constatations et de ses conclusions aux partis politiques ou aux organismes qui peuvent les utiliser.

Les champs d'activité du politicologue sont très variés : il peut enseigner au collégial, il peut offrir ses services aux gouvernements, il peut également travailler pour les médias, dans la recherche, pour les partis politiques et les organismes privés.

Préalable du collégial

Détenir un DEC : (toutes les universités)

Universités offrant le programme spécialisé

Bishop's (political studies), Concordia (Honours), Laval, McGill (political science), Montréal (+ cheminement intensif), UQAC, UQAM, UQO

Universités offrant une majeure

Bishop's (political studies, international political economy), Concordia (political science), McGill (political science), Montréal, UQAM, UQO

Universités offrant une mineure

Bishop's (political studies, public administration and public policy), Concordia (political science, human rights), McGill (political science, Canada/Quebec; comparative politics; international relations; political economy; politics, law and society, South Asia), Montréal, Sherbrooke, UQAC, UQAM, UQO

Voir aussi Études politiques appliquées p. 206

Durée des études : 3 ans

Indice d'accès : 76 % sont admis

Science politique et philosophie

Définition et objectifs du programme
Ce programme bidisciplinaire permet aux étudiants de développer des compétences générales et transférables qu'ils pourront maîtriser davantage au niveau des études de 2e cycle soit en science politique, soit en philosophie ou encore appliquer dans divers milieux de travail.

Nature du travail
Les diplômés de ce programme bidisciplinaire se verront offrir des perspectives de carrière à la fois dans le domaine de la recherche et de l'enseignement universitaire, mais aussi dans des contextes professionnels plus spécifiques tels que le journalisme, la fonction publique, les relations diplomatiques, les institutions internationales et les organismes non gouvernementaux.

Préalable du collégial
Détenir un DEC

Universités offrant le programme spécialisé
Laval (philosophie et science politique), Montréal

Durée des études : 3 ans

Indice d'accès : 42 % sont admis

Sciences religieuses ou Catéchèse, Sciences des religions, Enseignement secondaire des,

Définition et objectifs du programme
Ce programme vise à développer la capacité d'analyse et d'interprétation du phénomène religieux. Il aborde la problématique religieuse dans des activités comprenant l'utilisation de divers instruments de travail (manuels, montage). Il est offert aussi aux futurs professeurs désireux de guider les jeunes dans l'évolution de leur foi ou dans une vie morale respectueuse de toutes les valeurs humaines. Ce programme peut contribuer à l'orientation et l'aménagement de l'enseignement religieux au secondaire.

La formation de l'étudiant sera axée sur des cours de psychologie, et principalement sur des cours de formation religieuse tels : introduction à la Bible, les sacrements, faits et phénomènes religieux et didactique pour ceux qui visent l'enseignement.

Nature du travail
Le programme prépare aux différents types d'animation ou d'enseignement religieux et moral. Il permet également le perfectionnement de personnes déjà engagées dans ce travail.

Préalable du collégial
Détenir un DEC : (toutes les universités)

ET fournir une lettre d'intention pour le programme « Religion Honours » : (Concordia)

Universités offrant le programme spécialisé
Bishop's (religion), Concordia (religion - Honours), McGill (religious studies - western religions, Asian religions), UQAM (sciences des religions)

Universités offrant une majeure
Bishop's, Concordia (religion), McGill (religious studies - scriptures and interpretations/world religions), Montréal (sciences des religions appliquées), UQAM (sciences des religions)

Universités offrant une mineure
Bishop's, Concordia (religion), McGill (religious studies, scriptural language, world religions, catholic studies), Montréal (sciences religieuses, sciences des religions)

Durée des études : 3 ans

Indice d'accès : 80 % sont admis

Sécurité et études policières

Définition et objectifs du programme
Ce baccalauréat offre à l'étudiant une solide formation fondamentale pluridisciplinaire qui lui permet d'assimiler et d'intégrer l'essentiel des connaissances sur la police et la sécurité intérieure, l'initie aux métiers de la sécurité intérieure (gendarme, enquêteur, gestionnaire en sécurité privée) et le rend apte à analyser et à résoudre les problèmes de sécurité intérieure, spécialement les problèmes criminels.

Nature du travail
Le diplômé de ce baccalauréat visera une carrière en sécurité, gestion policière et d'enquête, notamment criminelle.

Préalables du collégial
Détenir un DEC en sciences humaines

OU détenir un DEC en sciences de la nature

OU détenir un DEC en histoire et civilisation et avoir atteint l'objectif 022P (méthodes quantitatives)

OU détenir tout autre DEC et avoir atteint un objectif en statistiques

Université offrant le programme spécialisé
Montréal (analyse, intervention)

Durée des études : 3 ans

Indice d'accès : 39 % sont admis

Sécurité publique

Définition et objectifs du programme
Il s'agit d'un programme de perfectionnement qui s'adresse à tous les policiers du Québec. Il comprend 30 crédits de formation générale en intervention policière, 54 crédits de formation spécifique en enquête ou en gestion et 6 crédits de formation complémentaire. C'est une première dans le réseau universitaire québécois puisque ce programme repose sur la collaboration de l'École nationale de police du Québec (ENPQ) et des universités francophones suivantes : HEC Montréal, Laval, Montréal, Sherbrooke, TÉLUQ, UQAC, UQAM, UQAR, UQAT, UQTR, afin de couvrir l'ensemble du territoire québécois.

Nature du travail
Le diplômé de ce programme aura acquis les connaissances et le développement d'habiletés en enquête, en gestion ainsi qu'en intervention policière (patrouille-gendarmerie). Il saura répondre aux exigences croissantes du travail policier et de la sécurité publique en général.

Préalables du collégial
Détenir un DEC en techniques policières

OU détenir une AEC en techniques policières

ET posséder une année d'expérience pertinente en tant que policier et être à l'emploi d'une organisation policière.

Universités offrant le programme spécialisé
UQTR en collaboration avec l'ENPQ et les 10 universités listées plus haut.

Durée des études : 3 ans

Indice d'accès : 67 % sont admis

Service ou Travail social

Définition et objectifs du programme

Le programme favorise la formation de travailleurs sociaux capables d'analyse critique et d'intervention efficace face à la société, aux groupes sociaux et aux individus. Le programme met en évidence l'interaction fondamentale entre l'individu et son contexte social et porte sur les différents lieux d'intervention et sur les divers problèmes sur lesquels il est appelé à se pencher. Un programme de tronc commun assure l'acquisition de connaissances de base ayant rapport à l'objectif général. L'étudiant choisit ensuite entre deux orientations : soit l'intervention sociale auprès de personnes ou de petits groupes, soit l'intervention sociale auprès des collectivités.

La formation du travailleur social est axée sur les méthodologies d'intervention, les méthodes et techniques de recherche, la sociologie, les méthodes d'organisation et les principes de gestion.

Nature du travail

Le travailleur social cherche à assurer ou améliorer le bien-être autant individuel que collectif. Par ses conseils, il cherche à prévenir certains problèmes, à faciliter l'adaptation d'individus à leur environnement et à solutionner ou réduire certaines difficultés.

Les services gouvernementaux et les organismes nationaux de développement et de planification sont les principaux employeurs.

Préalables du collégial

Détenir un DEC : (McGill, Sherbrooke, UQAC, UQAM, UQAR (+ campus de Lévis), UQAT, UQO)

OU détenir un DEC en sciences humaines : (Laval, Montréal, Sherbrooke, UQO)

OU détenir un DEC en histoire et civilisation et avoir atteint l'objectif 022P (méthodes quantitatives) : (Montréal, Laval + l'objectif 022K (psychologie)

OU détenir un DEC en sciences de la nature (Montréal), et avoir atteint l'objectif 022K (psychologie) : (Laval)

OU détenir tout autre DEC et avoir atteint les objectifs 022W (statitistiques) **ou** 022X, 022W (mathématiques) **ou** 022P (méthodes quantitatives), 022K (psychologie) : (Laval)

OU détenir tout autre DEC et avoir atteint un objectif en statistiques : (Montréal)

OU, pour les détenteurs d'un DEC technique, vous référer à l'annuaire des universités concernées ou à leur site Web : (Laval, UQAT, UQO)

De plus, il y a possibilité d'entrevue et/ou possibilité de répondre à un questionnaire écrit (UQAR, UQAT, UQO), et de fournir une lettre de recommandation (McGill)

Service ou Travail social (suite)

Universités offrant le programme spécialisé
Laval, McGill (social work), Montréal, Sherbrooke, UQAC, UQAM, UQAR (+ campus de Lévis), UQAT, UQO (+ UQO campus de Saint-Jérôme)

Université offrant une mineure
Sherbrooke (service social)

Durée des études : 3 ans
Indice d'accès : 54 % sont admis

Sexologie

Définition et objectifs du programme

Ce programme donne une formation interdisciplinaire qui permet l'acquisition de connaissances sur les plans biologique, psychologique et socio-culturel. Il favorise également l'apprentissage des différentes approches pédagogiques qui permettent à l'étudiant d'intervenir de façon efficace dans le domaine de l'éducation sexuelle.

La formation du sexologue comporte particulièrement des cours de physiologie, de sexologie, de techniques d'intervention et de psychologie. L'étudiant a un choix à faire entre une spécialisation pour le milieu scolaire ou pour la santé et les affaires sociales.

Nature du travail

Le sexologue peut œuvrer dans le domaine de l'éducation sexuelle en milieu scolaire ou de l'information sexuelle dans le milieu de la santé et des affaires sociales.

Le sexologue peut occuper un emploi comme enseignant ou comme personne-ressource pour les enseignants dans les écoles. Il peut encore travailler comme praticien dans les Centres locaux de services communautaires (CLSC) ou les Centres de services sociaux (CSS) ou dans les centres hospitaliers pour les cliniques de planning des naissances. Il peut aussi œuvrer dans les organismes para-publics tels les cliniques pour jeunes, les associations de planning des naissances et les centres pour mères célibataires.

Préalable du collégial

Détenir un DEC

Université offrant le programme spécialisé

UQAM

Durée des études : 3 ans

Indice d'accès : 62 % sont admis

Sociologie

Définition et objectifs du programme

La sociologie peut être définie comme étant la science qui tente d'expliquer les faits sociaux. Ainsi, le programme vise à développer chez l'étudiant une aptitude à l'observation et à la description des phénomènes sociaux. Il tend également à le familiariser avec certaines techniques d'analyse et à développer sa capacité de synthèse.

L'apprentissage de la discipline se fait à travers les points suivants : l'histoire de la pensée sociologique, les différences sociologiques, les méthodes et les analyses concrètes. Par les cours optionnels au programme, l'étudiant acquiert des connaissances dans diverses disciplines des sciences sociales, telles l'histoire, les sciences politiques et les sciences économiques.

Nature du travail

Le sociologue étudie et examine les phénomènes sociaux. Il analyse et explique les données obtenues et les présente avec des conclusions et des recommandations aux gouvernements ou aux organismes intéressés. Le sociologue apporte aussi son aide aux autres sciences humaines en étudiant les aspects historiques, psychologiques et ethniques des problèmes qui les intéressent.

Les champs d'activités du diplômé en sociologie sont assez variés. Il peut œuvrer dans la recherche, dans l'enseignement collégial ou dans "l'action sociale". Il peut également travailler dans la fonction publique ou para-publique, en milieu industriel ou syndical.

Préalables du collégial

Détenir un DEC : (Bishop's, Concordia, Laval, McGill, Montréal, UQAM, UQAR, UQO)

OU détenir un DEC en sciences humaines : (toutes les universités)

Universités offrant le programme spécialisé

Bishop's (sociology), Concordia (sociology + Honours, anthropology & sociology), Laval, McGill (sociology), Montréal (orientations : fondamentale, études de la population, relations ethniques, immigration et racisme, santé et société), UQAM, UQAR (développement social et analyse des problèmes sociaux), UQO

Universités offrant une majeure

Bishop's (global studies and empire, criminology, law and social policy, media, technology and contemporary studies, gender, diversity and equity services, social sustainability, family, health and community), Concordia (sociology, community and ethic studies), McGill (sociology), Montréal, UQAC (sociologie et anthropologie), UQAM, UQO

Universités offrant une mineure

Bishop's (sociology, gerontology), Concordia, McGill, Montréal, UQAC (sociologie et communication appliquée), UQAM, UQO

Durée des études : 3 ans

Indice d'accès : 84 % sont admis

Théologie, sciences des religions

Définition et objectifs du programme

Ce programme vise à préparer l'étudiant à un rôle particulier, selon ses goûts et ses aptitudes, dans l'Eglise et la société d'aujourd'hui. Il lui donne une méthode de réflexion propre à la recherche théologique actuelle. Il vise ainsi à préparer des personnes à diverses pratiques reliées à l'intervention ou à la recherche-information sur le plan théologique et pastoral. Le programme permet l'acquisition de connaissances liées aux sources historiques et aux réalités fondamentales de la foi.

La formation porte principalement sur la Bible, les sacrements, l'ecclésiologie, la vie morale et spirituelle, etc.

Nature du travail

Les champs d'activités de l'étudiant en théologie peuvent être de trois ordres. D'abord le clergé : les tâches sont très nombreuses et variées et consistent entre autres à préparer et diriger les offices du culte public, administrer les sacrements, participer aux activités humanitaires, etc. Ensuite l'enseignement : si la formation de l'étudiant comporte des cours de formation pédagogique, ce programme peut conduire à l'enseignement au niveau secondaire. Enfin l'animation dans différents milieux, tels les foyers de vieillards, diverses associations, les écoles, les hôpitaux, etc.

Préalables du collégial

Détenir un DEC : Laval, McGill, Montréal, Sherbrooke, UQAM

Universités offrant le programme spécialisé

Bishop's, Laval (sciences des religions), McGill (theology, religious studies), Montréal (+ cheminement Honor), Sherbrooke, UQAM

Universités offrant une majeure

Bishop's (Judaic & Christian traditions, world religions, religion & culture), Concordia (theological studies + Honours), McGill (theology, religious studies), Montréal, Sherbrooke, UQAM

Universités offrant une mineure

Bishop's (religion), Concordia (theological studies), Sherbrooke

Durée des études : 3 ans

Indice d'accès : 80 % sont admis

Certificats du secteur des sciences humaines ouverts aux sortants du niveau collégial

Admissibilité à partir d'un DEC préuniversitaire
- Action communautaire à Montréal
- Administration des services publics à l'UQAM
- Adult education à Concordia
- Analyse des médias à la TÉLUQ
- Animation de groupe à l'UQO
- Animation culturelle à l'UQAM
- Animation des petits groupes à l'UQAR
- Anthropologie sociale et culturelle à Laval
- Aptitude à l'enseignement spécialisé d'une langue seconde à Laval
- Archéologie à Laval et l'UQAC
- Archivistique à Laval et Montréal
- Arts management à Bishop's
- Arts & sciences (general) à Concordia
- Art et science de l'animation à Laval
- Canadian Irish studies à Concordia
- Communication à l'UQAM
- Communication appliquée à Montréal
- Communication écrite à l'UQTR
- Communication organisationnelle à la TÉLUQ
- Communication publique à Laval et UQO
- Community service à Concordia
- Coopération internationale à l'UQAC
- Criminologie à Laval
- Culture and media studies à Bishop's
- Développement des communautés rurales à l'UQAR
- Développement international à l'UQO
- Développement international et action humanitaire à Laval
- Développement local et régional à l'UQAT
- Développement de la pratique enseignante en milieu nordique à l'UQAT
- Diversité culturelle à Laval
- Droit à Laval
- Droit de l'entreprise et du travail à l'UQO
- Droit social et du travail à l'UQAM
- Économique à l'UQAM et Laval
- Education en garde scolaire à Sherbrooke
- English second language à Bishop's
- Enseignement au préscolaire et au primaire en milieu nordique à l'UQAT
- Enseignement spécialisé d'une langue seconde à Laval
- Ethnologie à Laval
- Études anglaises à Laval
- Études autochtones à Laval et l'UQAT
- Études bibliques à Laval
- Études féministes à l'UQAM

- Études néo-helléniques conjointes entre Montréal, Concordia, McGill
- Études pastorales à Laval
- Études politiques à Sherbrooke
- Études pluridisciplinaires à la TÉLUQ
- Études en santé mentale à l'UQAC
- Études sur la toxicomanie à Laval
- Family life education à Concordia
- Formation d'aides enseignants en milieu autochtone à l'UQAC
- Formation des adultes à Sherbrooke
- Formation des adultes en milieu de travail à Laval
- Formation pédagogique à Sherbrooke
- Formation de suppléants en milieu scolaire autochtone à l'UQAC
- Géographie à Laval et UQAC
- Gender, diversity & equity studies à Bishop's
- Gérontologie à Bishop's, Laval, Montréal et l'UQTR
- Gérontologie sociale à l'UQAM
- Gestion des documents et des archives à l'UQAC et l'UQAM
- Gestion de l'information numérique à Montréal
- Gestion des ressources humaines à Laval
- Gestion des services municipaux à l'UQAM
- Histoire à Laval, Sherbrooke, l'UQAC, l'UQAM, l'UQO et l'UQTR
- Histoire du livre et de l'édition à Sherbrooke
- Human psychology à Bishop's
- Immigration et relations interethniques à l'UQAM
- Intégration socio-communautaire des personnes ayant une déficience intellectuelle à l'UQAC
- Intervention auprès des groupes à l'UQAT
- Intervention auprès des groupes et en gestion à l'UQAT
- Intervention communautaire à l'UQAC
- Intervention éducative en milieu familial et communautaire à l'UQAM
- Intervention et prévention des dépendances chez les jeunes des Premières Nations à l'UQAC
- Intervention jeunesse à l'UQAC
- Intervention psychosociale à l'UQAM et l'UQTR
- Langue et culture arabes à l'UQAM
- Langues et cultures d'Asie à l'UQAM
- Langue espagnole à Laval
- Médias de l'information et des communications à l'UQO
- Multidisciplinaire à Sherbrooke et l'UQAT
- Œuvres marquantes de la culture occidentale à Laval
- Orientation à Laval
- Pastoral ministry à Concordia
- Pédagogie de la danse en milieu du loisir à l'UQAM
- Perfectionnement en transmission d'une langue autochtone à l'UQAC
- Petite enfance et famille à Montréal
- Philosophie à Laval et Sherbrooke
- Philosophie préparatoire aux études théologiques à Laval
- Philosophie pour les enfants à Laval
- Planification territoriale et gestion des risques à l'UQAM
- Pratiques et interventions culturelles à l'UQAR
- Pratiques psychosociales à l'UQAR
- Psychologie à Laval, Sherbrooke, TÉLUQ, l'UQAC, l'UQAM, l'UQAR, l'UQO et l'UQTR
- Psychologie générale à l'UQAT

- Psychologie organisationnelle à l'UQAC
- Psychologie du travail et des organisations à l'UQO
- Publicité à Montréal
- Relations industrielles à Laval
- Relations internationales à Sherbrooke
- Relations publiques à Montréal
- Relations du travail à Laval
- Scénarisation cinématographique à l'UQAM
- Sciences de l'activité physique à l'UQAC
- Sciences de la consommation à Laval
- Sciences de l'éducation à Laval et l'UQAR
- Sciences des religions à Montréal, Laval et l'UQAM
- Science politique à Laval, l'UQAC et l'UQO
- Sciences religieuses à Montréal
- Sciences sociales à la TÉLUQ et l'UQAM
- Service social à Laval
- Sociologie à Laval et l'UQO
- Sociologie et communication appliquées à l'UQAC
- Systèmes d'information géographique à l'UQAM
- TESL à Concordia
- Technolinguistique autochtone à l'UQAC
- Théologie à Laval
- Théologie orthodoxe à Sherbrooke
- Théologie pastorale à Sherbrooke
- Théologie pratique à Montréal
- Tourisme durable à Laval
- Toxicomanies et autres dépendances à l'UQAC
- Travail social à l'UQO
- Women's studies à Concordia

Admissibilité à partir d'un DEC technique
- Action communautaire à Montréal
- Adult education à Concordia
- Animation de groupe à l'UQO
- Animation des petits groupes à l'UQAR
- Anthropologie sociale et culturelle à Laval
- Aptitude à l'enseignement d'une langue étrangère ou seconde à Laval
- Archéologie à Laval et l'UQAC
- Archivistique à Laval et Montréal
- Art et science de l'animation à Laval
- Arts & science (general) à Concordia
- Canadian Irish studies à Concordia
- Communication à l'UQAM
- Communication appliquée à Montréal
- Communication organisationnelle à la TÉLUQ
- Communication publique à Laval et l'UQO
- Community service à Concordia
- Coopération internationale à Montréal et l'UQAC
- Criminologie à Laval
- Développement des communautés rurales à l'UQAR
- Développement international à l'UQO
- Développement international et action humanitaire à Laval
- Développement local et régional à l'UQAT
- Diversité culturelle à Laval
- Droit à Laval
- Économique à Laval et à l'UQAM

- Éducation à la petite enfance (formation initiale) à l'UQAM
- Éducation contemporaine à l'UQAR
- Enseignement professionnel et technique à Laval
- Enseignement spécialisé d'une langue seconde à Laval
- Ethnologie à Laval
- Études anglaises à Laval
- Études autochtones à Laval et l'UQAT
- Études bibliques à Laval
- Études classiques à Laval
- Études pastorales à Laval
- Études pluridisciplinaires à TÉLUQ
- Études russes à Laval
- Études sur la toxicomanie à Laval
- Études en santé mentale à l'UQAC
- Family life education à Concordia
- Formateurs en milieu de travail à l'UQAM
- Formation des adultes en milieu de travail à Laval
- Formation d'aides-enseignants en milieu autochtone à l'UQAC
- Formation de suppléants en milieu scolaire autochtone à l'UQAC
- Géographie à Laval et l'UQAC
- Gérontologie à Laval, Montréal et l'UQTR
- Gestion des documents et des archives à l'UQAC et l'UQAM
- Gestion de l'information numérique à Montréal
- Gestion des ressources humaines à Laval
- Histoire à Laval, l'UQAC, l'UQO, et l'UQTR
- Intégration sociocommunautaire des personnes ayant une déficience intellectuelle à l'UQAC
- Interprétation visuelle à l'UQAC
- Intervention communautaire à l'UQAC
- Intervention éducative en milieu familial et communautaire à l'UQAM
- Intervention jeunesse à l'UQAC
- Intervention et prévention des dépendances chez les jeunes des Premières Nations à l'UQAC
- Intervention psychosociale à l'UQAM et l'UQTR
- Médias de l'information et des communications à l'UQO
- Orientation à Laval
- Pastoral ministry à Concordia
- Perfectionnement en transmission d'une langue autochtone à l'UQAC
- Petite enfance et famille : intervention précoce à Montréal
- Philosophie à Laval
- Philosophie pour les enfants à Laval
- Pratiques et interventions culturelles à l'UQAR
- Pratiques psychosociales à l'UQAR
- Psychoéducation à l'UQAR
- Psychologie à Laval, l'UQTR, l'UQAR, l'UQAC et TÉLUQ
- Psychologie organisationnelle à l'UQAC
- Psychologie générale à l'UQAT
- Psychologie du travail à l'UQO
- Publicité à Montréal
- Relations industrielles à Laval
- Relations publiques à Montréal
- Relations du travail à Laval
- Sciences de l'activité physique l'UQAC
- Sciences de la consommation à Laval
- Sciences de l'éducation à Laval

- Science politique à Laval, l'UQAC et l'UQO
- Sciences des religions à Laval et Montréal
- Sciences religieuses à Montréal
- Sciences sociales à la TÉLUQ
- Service social à Laval
- Sociologie à Laval et l'UQO
- Sociologie et communication appliquées à l'UQAC
- Soutien pédagogique dans les services de garde éducatifs à l'UQAM
- Technolinguistique autochtone à l'UQAC
- TESL à Concordia
- Théologie à Laval
- Théologie pratique à Montréal
- Tourisme durable à Laval
- Toxicomanie à Laval
- Toxicomanies et autres dépendances à l'UQAC
- Toxicomanie : prévention et réadaptation à Montréal
- Travail social à l'UQO
- Troubles envahissants du développement à l'UQAR
- Victimologie à Montréal
- Women's studies à Concordia

Autres majeures offertes dans ce secteur

- African studies à McGill
- Animation spirituelle et engagement communautaire à Montréal
- Arts Administration à Bishop's
- Canadian Studies à McGill
- Canadian and Quebec Studies à Bishop's
- Child studies à Concordia
- Community, public affairs & policy studies à Concordia
- Economics (+ Honours) à Concordia
- Éducation des adultes à la TÉLUQ
- Études est-asiatiques à Montréal
- Études italiennes à Montréal
- Études latino-américaines à McGill (latin-american and Carribean studies)
- Études médiévales à Montréal
- History and Philosophy of Science à McGill
- Histoire, culture et société à l'UQAM
- Italian studies à McGill
- Liberal Arts à Bishop's
- Modern languages à Bishop's
- Muséologie et patrimoines à l'UQO
- North American studies à McGill
- Philosophy and western religions à McGill (+ Honours)
- Science and human affairs à Concordia
- Sciences des religions appliquées à Montréal
- Western society and culture à Concordia (+ Honours)
- Women's studies à Concordia et McGill (+Honours)

Autres mineures offertes dans ce secteur

- Adult education à Concordia
- African studies à McGill
- Animation spirituelle et engagement communautaire à Montréal
- Arts et Sciences à Montréal
- Behavioural science (Psychology) à McGill
- Canadian ethnic and racial studies à McGill
- Canadian ethnic studies à McGill
- Canadian Irish studies à Concordia
- Canadian studies à McGill
- Catholic studies à McGill
- Communication publique à l'UQO
- Coopération internationale à l'UQAC
- Démographie à Montréal
- Développement international à l'UQO
- Diversity and the contemporary world à Concordia
- Économique à Sherbrooke
- Éducation à Concordia
- Éthique et droit à Montréal
- Études arabes à Montréal
- Études classiques à l'UQAM
- Études est-asiatiques à Montréal
- Études européennes à Montréal
- Études féministes à l'UQAM
- Études islamiques à Montréal
- Études italiennes à Montréal
- Études latino-américaines à Montréal
- Études médiévales à Montréal et l'UQAM
- Études québécoises à Montréal
- Géographie à l'UQAC
- Gestion des documents et des archives à l'UQAM et l'UQAC
- Health & sports studies à Bishop's
- Histoire à Sherbrooke, l'UQAC et l'UQO
- History and Philosophy of Science à McGill
- Interdisciplinary studies in sexuality à Concordia
- Interprétation visuelle à l'UQAM
- Intervention jeunesse à l'UQAC
- Intervention psychosociale à l'UQAM
- International development studies à McGill
- International relations à McGill
- Italian studies à McGill
- Langue et culture arabes à l'UQAM
- Langues et cultures d'Asie à l'UQAM
- Langue portugaise et cultures lusophones à Montréal
- Multidisciplinaire à Sherbrooke
- Muséologie et patrimoines à l'UQO
- North American studies à McGill
- Philosophy and Western religions à McGill
- Politiques publiques du travail à l'UQO
- Popular culture à Bishop's
- Pratiques et interventions culturelles à l'UQAR
- Psychologie du travail et des organisations à l'UQO
- Religious Studies : World religions, Scriptural languages à McGill

- Russian culture à McGill
- Sciences cognitives à Montréal
- Sciences religieuses à Montréal
- Service social à Sherbrooke
- Sexual Diversity Studies à McGill
- Social studies of medicine à McGill
- Technologies de l'information et des communications à l'UQO
- Théologie à Sherbrooke
- Western society & culture à Concordia
- Women's studies à Concordia et McGill

Autres diplômes de 1er cycle offerts dans ce secteur

- Apprentissage du français parlé et écrit pour non-francophone à l'UQAC
- Approche critique du christianisme à Montréal
- Communication écrite à l'UQTR
- Criminologie à Montréal
- Développement du langage chez les enfants des Premières Nations à l'UQAC
- Développement de l'efficience personnelle et professionnelle à l'UQAT
- Développement des petites collectivités à l'UQAT
- Développement socio-économique à l'UQAC
- Droit à Montréal
- Éducation en garde scolaire à Sherbrooke
- Éducation au préscolaire et en enseignement au primaire pour étudiants en séjour à l'UQAC
- Éducation préscolaire et enseignement primaire (perfectionnement) à l'UQAM
- Enseignement secondaire pour étudiants en séjour d'études à l'UQAC
- Études autochtones à l'UQAT
- Études ethniques à l'UQAM
- Études féministes à l'UQAM
- Formation catéchétique à Sherbrooke
- Formation à distance en théologie à Sherbrooke
- Formation à l'enseignement d'une langue seconde en contexte autochtone à l'UQAT
- Français écrit pour non-francophones à l'UQAM
- Géographie à Sherbrooke
- Géomatique appliquée à Sherbrooke
- Histoire des arts visuels à Sherbrooke
- Histoire et culture des Premières Nations du nord-est de l'Amérique du Nord à l'UQAC
- Information – communication à l'UQO
- Initiation au travail d'équipe à l'UQAT
- Intégration sociocommunautaire des personnes ayant une déficience intellectuelle à l'UQAC

- Intervention auprès des jeunes : fondements et pratiques à Montréal
- Intervention en apprentissage d'une langue autochtone à l'UQAC
- Intervention en déficience intellectuelle à Montréal
- Intervention jeunesse autochtone à l'UQAC
- Intervention psychoéducative à Montréal (offert exclusivement au campus Laval)
- Intervention rituelle et symbolique à l'UQAC
- Langues et cultures : allemandes, anglaises, arabes, catalanes, chinoises, grecques, hispaniques, italiennes, japonaises, latines, portugaises et cultures lusophones, néo-helléniques, russes à Montréal
- Pastorale en milieux de santé à Montréal
- Prévention des dépendances chez les jeunes des Premières Nations à l'UQAC
- Psychologie : le développement humain à l'UQAT
- Psychologie : les fondements à l'UQAT
- Psychologie : les problématiques à l'UQAT
- Relation d'aide à l'UQAC
- Relations ethniques à Montréal
- Relations publiques à l'UQO
- Religions dans le monde contemporain à Montréal
- Résolution de conflit à l'UQAT
- Sciences sociales à TÉLUQ
- Travail de rue et en proximité à l'UQTR

Sciences de l'administration/ Administration

Secteur des sciences de l'administration
Tableau de correspondance des codes d'objectifs utilisés comme préalables

Disciplines	Sujets	Objectifs du programme 300.A0* (utilisés comme préalables dans ce secteur)	Code de cours communs[1] pour le programme 300.A0*	Objectifs équivalents du programme 200.B0*	Code de cours des anciens programmes
Biologie	Biologie humaine (pour certaines universités)	022V	101-901-RE	00XU	101-901-77 101-902-86 101-911-93 101-921-96
Économie	Introduction à l'économie globale	022M	383-920-RE 383-921-RE		383-920-90 383-921-91
Mathématiques	Calcul différentiel	022X	201-103-RE	00UN	201-103-77 201-103-95
Mathématiques	Calcul intégral	022Y	201-203-RE	00UP	201-203-77 201-203-95
Mathématiques	Algèbre linéaire et géométrie vectorielle	022Z	201-105-RE	00UQ	201-105-77 201-105-94
Mathématiques	Statistiques	022W	201-301-RE 201-302-RE 360-301-RE		201-307-77 201-337-77 201-300-94
Mathématiques	Méthodes quantitatives	022P	201-300-RE 360-300-RE		360-300-91
Sciences humaines	Méthode de recherche	022Q	300-300-RE		300-300-91
Psychologie	Psychologie générale	022K	350-102-RE 350-103-RE		350-102-91

[1] Des collèges peuvent utiliser leurs propres codes de cours

* 200.B0   DEC en Sciences de la nature
  300.A0   DEC en Sciences humaines

Secteur des sciences de l'administration
Tableau de correspondance des codes d'objectifs utilisés comme préalables (suite)

Disciplines	Sujets	Objectifs du programme 300.A0* (utilisés comme préalables dans ce secteur)	Code de cours communs[1] pour le programme 300.A0*	Objectifs équivalents du programme 700.A0*	Code de cours des anciens Programmes
Biologie	Biologie humaine (pour certaines universités)	022V	101-901-RE	01Y5 01YJ	101-901-77 101-902-86 101-911-93 101-921-96
Économie	Introduction à l'économie globale	022M	383-920-RE 383-921-RE	01YB	383-920-90 383-921-91
Mathématiques	Calcul différentiel	022X	201-103-RE	01Y1	201-103-77 201-103-95
Mathématiques	Calcul intégral	022Y	201-203-RE	01Y2	201-203-77 201-203-95
Mathématiques	Algèbre linéaire et géométrie vectorielle	022Z	201-105-RE	01Y4	201-105-77 201-105-94
Mathématiques	Statistiques	022W	201-301-RE 201-302-RE 360-301-RE	01Y3	201-307-77 201-337-77 201-300-94
Mathématiques	Méthodes quantitatives	022P	201-300-RE 360-300-RE		360-300-91
Sciences humaines	Méthode de recherche	022Q	300-300-RE	01Y8 01Y9 01YA	300-300-91
Sciences humaines	Méthode de recherche	022Q		032A[2]	300-300-91
Psychologie	Psychologie générale	022K	350-102-RE 350-103-RE	01Y9	350-102-91

[1] Des collèges peuvent utiliser leurs propres codes de cours
[2] Objectif du programme 700.B0 DEC en Histoire et civilisation

* 300.A0 DEC en Sciences humaines
  700.A0 DEC en Sciences, lettres et arts

Secteur des sciences de l'administration

Ce grand secteur regroupe six (6) programmes de baccalauréat et vingt-trois (23) concentrations ou options ou majeures ou mineures référées au baccalauréat en administration des affaires (B.A.A.).

Normalement, le DEC en Sciences humaines (option administration) objectifs 022X, 022Y, 022Z (mathématiques) est celui qui mène aux études universitaires de ce grand secteur. De plus, le DEC en histoire et civilisation peut donner accès à certains de ces programmes.

L'indice d'accès aux programmes est établi à partir du nombre d'offres d'admission par rapport au nombre de demandes d'admission **des sortants des collèges**. Ces données sont fournies majoritairement par la CRÉPUQ.

Le marché du travail s'ouvre de façon très positive pour plusieurs domaines du secteur de l'administration. Dans l'ordre, la finance, la comptabilité, la gestion des systèmes d'information, le marketing et les ressources humaines sont en grande demande sur le marché présentement.

Administration

Définition et objectifs du programme

Ce programme permet à l'étudiant d'acquérir les connaissances et de développer les aptitudes nécessaires à l'exercice des fonctions de gestionnaire, d'entrepreneur, de consultant et de travailleur autonome. Après une formation de tronc commun, l'étudiant a à choisir une concentration encore appelée spécialisation, option, secteur ou même majeure selon les institutions. Toutes ces possibilités de spécialisation sont listées plus bas, mais il faut retenir que toutes aboutissent à un même grade qui est le baccalauréat en administration des affaires (B.A.A.) pour les universités francophones, le «Bachelor of Business Administration» ou le «Bachelor of Commerce» pour les universités anglophones. (B.B.A., B.Com.)

Nature du travail

Selon la définition légale, l'administrateur peut exercer les activités professionnelles suivantes : participer à l'établissement, à la direction et à la gestion d'organismes publics ou d'entreprises, en déterminer ou en refaire les structures, ainsi que coordonner leur mode de production ou de distribution et leurs politiques économiques et financières.

Préalables du collégial

Détenir un DEC : (UQTR : des connaissances en mathématiques favorisent une meilleure réussite), UQAM

OU détenir un DEC en sciences de la nature : Laval

OU détenir un DEC en sciences humaines et avoir atteint les objectifs 022X, 022Y, 022Z (mathématiques) : (Bishop's, HEC Montréal, Laval, McGill, Sherbrooke, TÉLUQ)

OU détenir un DEC en sciences informatiques et mathématiques : (Laval, UQTR)

OU détenir tout autre DEC et démontrer, par la réussite d'un test, une connaissance suffisante en mathématiques : (TÉLUQ (si le test n'est pas réussi, la Téluq peut y suppléer par un cours d'appoint), UQAM, UQO); pour Laval et Sherbrooke, et avoir atteint les objectifs 022X, 022Y, 022Z **ou** 00UN, 00UP, 00UQ (mathématiques)

OU détenir tout autre DEC et avoir atteint 1 objectif en mathématiques : (UQAR, UQAT), ou avoir atteint au moins 2 des objectifs 022X, 022Z (mathématiques), 022M (économie) : (Concordia)

OU détenir un DEC et le candidat qui ne possède pas les connaissances équivalentes à un cours de mathématiques de niveau collégial devra réussir un cours universitaire en mathématiques : (UQAC)

OU détenir un DEC et avoir atteint au moins l'un des objectifs suivants : 022X, 022Z, 022W, 022P (mathématiques) : (UQO)

OU, pour les détenteurs d'un DEC technique, vous référer aux annuaires des universités concernées ou à leur site Web : (Bishop's, HEC Montréal, Laval, Sherbrooke, TÉLUQ, UQAC, UQAM, UQAR, UQAT, UQO, UQTR)

Administration (suite)

Universités offrant le programme spécialisé
Bishop's (business administration), Concordia (business administration, B. commerce), HEC Montréal (administration des affaires : 3 profils linguistiques offerts : régulier (en français); bilingue (français-anglais); ou trilingue (français-anglais-espagnol)), Laval (administration des affaires : cheminement spécialisé ou cheminement mixte)), McGill (B. commerce, management), Sherbrooke, TÉLUQ (administration, cheminement général bilingue), UQAC, UQAM, UQAR (+ campus de Lévis) UQAT, UQO, UQTR (2 cheminements dont l'un de 90 crédits et l'autre de 120 crédits)

Universités offrant une majeure
Bishop's, McGill

Universités offrant une mineure
Bishop's, Concordia (business studies), McGill, Sherbrooke, UQAC, UQAR, UQAT

Universités offrant un diplôme de 1er cycle
Sherbrooke, TELUQ (administration, administration de services), UQO (administration)

Durée des études : 3 ans

Indice d'accès : 85 % sont admis

Administration (suite)

Liste des options offertes et jumelage possible des options, majeures, mineures pour l'obtention d'un B.A.A. ainsi que les universités les offrant :

A- OPTIONS SIMPLES
1- Assurance : UQAR (+Campus de Lévis) (services financiers)
Laval (concentration en gestion des risques et assurance)

2- Comptabilité :
(Voir aussi Comptabilité ou Sciences comptables ou Comptabilité de management, p. 259)
Bishop's (accounting)
Concordia (accounting)
HEC Montréal (comptabilité professionnelle)
Laval (comptabilité générale, de management CMA et concentration en comptabilité)
McGill (accounting)
Sherbrooke (comptabilité)

Au sens de la loi des professions, il y a trois types de formation en comptabilité :

– Le comptable agréé (C.A.) est, sauf de rares exceptions, le seul professionnel habilité à exercer la comptabilité publique : vérification de livres ou comptes, au niveau de la science comptable, et offre des services au public à ces fins.

– Le comptable en management accrédité (C.M.A.) a reçu une formation spécialisée en management. De plus, il a de solides connaissances en optimisation des processus, en production, en finance, en ressources humaines, en marketing, etc. Agent de changement et d'intégration, le CMA est en contact direct avec ceux qui innovent, qui évaluent, qui prennent des décisions, qui organisent, qui opèrent. Le professionnel CMA contribue au succès des organisations en étant un partenaire actif dans l'amélioration continue de leur performance globale.

– Le comptable général licencié (C.G.A.) est celui qui rend des services de tenue de livres et de comptabilité industrielle et commerciale.

– Le grade universitaire du Baccalauréat en Administration des Affaires (B.A.A.) est octroyé par les Universités au terme de la réussite de 90 crédits universitaires. *Les étudiants devront s'inscrire à des crédits supplémentaires exigés par les Ordres Professionnels afin de se préparer à passer les examens de ces Ordres, et ce, dans le but d'obtenir un des titres professionnels de C.A., C.G.A. ou C.M.A.* Ces bacheliers devront s'adresser à l'Ordre Professionnel concerné pour connaître le nombre de cours supplémentaires à faire après l'obtention du B.A.A. Les titres de C.A., C.G.A. ou C.M.A. ne sont pas octroyés par les universités mais par les Ordres Professionnels.

Administration (suite)

3- Économique, économie appliquée :
Concordia (economics, major & minor)
HEC Montréal (économie appliquée)
McGill (economics, honours and major)
TÉLUQ (économie)

4- Entrepreneurship :
Bishop's
HEC Montréal (management avec 2 profils distincts :
Entrepreneur et Gestionnaire)
Laval (concentration en entrepreneuriat et gestion des
PME)
McGill (entrepreneurship)
TELUQ (gestion des organisations, communication
organisationnelle)
UQAR (+Campus de Lévis : entrepreneurship)
UQO (entrepreneuriat et PME)
UQTR (entrepreneuriat et management innovateur)

5- Finance :
Bishop's
Concordia (major & minor + Honours)
HEC Montréal (2 profils : Finance d'entreprise, Finance
de marché et conseil en placement)
Laval
McGill (major)
Sherbrooke
TÉLUQ (planification financière)
UQAC
UQAM
UQAR (+ Campus Lévis : finance corporative, services
financiers)
UQAT et UQO et UQTR

6- Gestion de l'aéronautique :
UQAC

7- Gestion - information et systèmes :
Concordia (data intelligence, minor, management
information systems, major & minor)
HEC Montréal (technologies de l'information)
Laval (concentration en systèmes d'information
organisationnels
McGill (information systems) (+major))
Sherbrooke (gestion de l'information et des systèmes)
TELUQ (technologie et systèmes d'information)
UQAM (systèmes d'information)

8- Gestion urbaine et immobilière :
Laval (concentration gestion urbaine et immoblière)

Administration (suite)

9- Gestion internationale / International business :
Bishop's (international business)
Concordia (international business, major & minor)
HEC Montréal (affaires internationales)
Laval (concentration en gestion internationale et en développement international et action humanitaire))
McGill (international business and management)
UQAC, UQAM (gestion et carrière internationales)
TÉLUQ (études internationales)

10- Gestion du tourisme
TÉLUQ

11- Labour – Management relations :
Concordia (human resource management) (+ major & minor))
McGill (labour management relations and human resources) (+ major)

12- Management :
Bishop's (general management)
Concordia (management, major & minor)
HEC Montréal (2 profils : Entrepreneur, Gestionnaire)
Laval
McGill (operations management, strategic management)
Sherbrooke (management)
TÉLUQ (gestion des organisations)
UQTR (entrepreneuriat et management innovateur)

13- Marketing :
Bishop's
Concordia (major & minor)
HEC Montréal (2 profils : Gestion de marketing, Gestion du commerce de détail)
Laval (concentration en marketing)
McGill (major)
Sherbrooke
UQAC
UQAM
UQAR (+Campus de Lévis)
UQAT
UQO (marketing et relations publiques)
UQTR
TÉLUQ

14- Mathématiques :
McGill (mathematics, statistics (major)

15- Méthodes quantitatives :
HEC Montréal (méthodes quantitatives de gestion)
TÉLUQ (gestion des opérations et méthodes quantitatives)

Administration (suite)

16- Production :
> Concordia (supply chain operations management, major & minor)
> HEC Montréal (gestion des opérations et de la logistique)
> Laval (concentration en opérations et logistique)
> UQAM (gestion des opérations)
> UQTR (logistique)

17- Psychologie :
> McGill (major)

18- Ressources humaines :
> (Voir aussi Gestion des ressources humaines, p. 263)
> Bishop's (human resources management)
> Concordia (human resource management, major & minor)
> HEC Montréal (gestion des ressources humaines)
> Laval (concentration en gestion des ressources humaines)
> McGill (organizational behaviour)
> Sherbrooke (gestion des ressources humaines)
> TELUQ (gestion des ressources humaines)
> UQAC (gestion des ressources humaines)
> UQAM (gestion des ressources humaines)
> UQAR (+Campus de Lévis; gestion des ressources humaines)
> UQAT (ressources humaines)
> UQO (gestion des personnes)
> UQTR (gestion des ressources humaines)

B-   OPTIONS MIXTES

1-   Economics / accounting : (honours)
> McGill

2-   Economics / finance : (honours)
> McGill

3-   N'importe quelle double concentration parmi les options offertes :
> Bishop's

4-   Profil avec options :
> UQO et UQO campus de Saint-Jérôme

Administration (suite)

5- **Deux options parmi les suivantes :**

HEC Montréal (affaires internationales, comptabilité professionnelle, économie appliquée, finance, gestion des ressources humaines, gestion des opérations et de la logistique, management, marketing, méthodes quantitatives de gestion, technologies de l'information ou option personnalisée)

McGill (accounting, entrepreneurship, finance, information systems, international business, labour management relations and human resources, management sciences, marketing, operations management, organizational behavior and human resources management, strategic management, ou 1 concentration + 1 mineure (sciences humaines, arts et lettres, sciences)

UQTR DOUBLE CONCENTRATION (choix de 2 concentrations parmi toutes les concentrations offertes en administration à raison d'une année par concentration pour un total de 4 années d'études).

Corporation de l'Ordre des administrateurs agréés du Québec

Sigle : Adm.A

Définition : administrateur agréé (Adm.A)
Professionnel de la gestion, doté d'une capacité reconnue de comprendre et décider, dont la formation universitaire, l'expérience, ainsi que la satisfaction aux critères d'admission de la Corporation, confirment la compétence à administrer les biens ou les ressources d'autrui, justifiant ainsi son appartenance au réseau d'experts que forme la Corporation.

Critères d'admissibilité au titre de Adm.A.
Pour être admis à la Corporation, le détenteur d'un baccalauréat en administration des affaires (B.A.A.), doit satisfaire aux conditions suivantes :
- Faire la démonstration d'une expérience pertinente équivalant à 24 mois. À l'intérieur des programmes coopératifs de certaines universités, les stages peuvent être reconnus comme expérience pertinente.
- Réussir l'examen d'admission à la Corporation.

Note :
Les finissants en concentration management accèdent directement
à l'examen de la Corporation, de même que les finissants des
autres concentrations qui bénéficient de la recommandation des
autorités universitaires, selon des critères établis conjointement
avec la Corporation.
Ce titre s'adresse particulièrement aux finissants en management,
marketing, finance, ressources humaines, production et systèmes
d'information.

Comptabilité professionnelle ou Sciences comptables ou Comptabilité de management

Définition et objectifs du programme

Au sens de la loi des professions, il y a trois types de formation en comptabilité :

– Le comptable agréé (C.A.) est, sauf de rares exceptions, le seul professionnel habilité à exercer la comptabilité publique : vérification de livres ou comptes, au niveau de la science de la comptabilité, et offre des services au public à ces fins.

– Le comptable en management accrédité (C.M.A.) a reçu une formation spécialisée en management. De plus, il a de solides connaissances en optimisation des processus, en production, en finance, en ressources humaines, en marketing, etc. Agent de changement et d'intégration, le CMA est en contact direct avec ceux qui innovent, qui évaluent, qui prennent des décisions, qui organisent, qui opèrent. Le professionnel CMA contribue au succès des organisations en étant un partenaire actif dans l'amélioration continue de leur performance globale.

– Le comptable général licencié (C.G.A.) est celui qui rend des services de tenue de livres et de comptabilité industrielle et commerciale.

– Le grade universitaire du Baccalauréat en Administration des Affaires (B.A.A.) est octroyé par les Universités au terme de la réussite de 90 crédits universitaires. *Les étudiants devront s'inscrire à des crédits supplémentaires exigés par les Ordres Professionnels afin de se préparer à passer les examens de ces Ordres, et ce, dans le but d'obtenir un des titres professionnels de C.A., C.G.A. ou C.M.A.* Ces bacheliers devront s'adresser à l'Ordre Professionnel concerné pour connaître le nombre de cours supplémentaires à faire après l'obtention du B.A.A. Les titres de C.A., C.G.A. ou C.M.A. ne sont pas octroyés par les universités mais par les Ordres Professionnels.

La formation de l'étudiant en sciences comptables est diversifiée et comporte entre autre des cours de gestion, de comptabilité financière, d'économique, de vérification et de fiscalité.

Nature du travail

Le travail du diplômé en sciences comptables consiste à planifier, diriger et contrôler les affaires financières. Il peut conseiller l'administration sur les nouvelles mesures fiscales. Enfin, il dresse des états financiers qui doivent être soumis à la direction, au conseil d'administration ou aux actionnaires.

Ce diplômé travaille généralement pour des institutions bancaires, des organismes publics ou para-publics, des entreprises, des industries. Il peut également travailler en cabinet privé et dans l'enseignement ou la recherche à l'intérieur des universités ou des cégeps.

Comptabilité professionnelle ou Sciences comptables ou Comptabilité de management (suite)

Préalables du collégial

Détenir un DEC en sciences humaines et avoir atteint les objectifs 022X, 022Y, 022Z (mathématiques) : (HEC Montréal, McGill, UQAR)

OU détenir tout autre DEC et avoir atteint les objectifs 022P (statistiques), 022X, 022Y, 022Z (mathématiques) : (UQTR obligation de posséder un ordinateur portable)

OU détenir un DEC en sciences humaines **ou** en sciences de la nature : (UQAM, UQTR)

OU détenir un DEC et avoir atteint au moins l'un des objectifs parmi les suivants : 022X, 022Z, 022P, 022W (mathématiques) : (UQAR, UQAT)

OU détenir un DEC et le candidat qui ne possède pas au moins un cours de mathématiques peut être admis moyennant la réussite d'un test de mathématiques ou d'un cours universitaire en mathématiques : (UQAC, UQO)

OU, pour les détenteurs d'un DEC technique, vous référer aux annuaires des universités concernées ou à leur site Web : (HEC Montréal, UQAC, UQAM, UQAR, UQAT, UQO, UQTR)

Universités offrant le programme spécialisé

HEC Montréal (comptabilité professionnelle), McGill, UQAC, UQAM (Sciences comptables et CA, CGA, CMA), UQAR (+Campus de Lévis) UQAT, UQO, UQTR (régulier et possibilité également de faire un baccalauréat intensif en 2 ans)

Universités offrant une majeure

Concordia (accountancy), McGill

Universités offrant une mineure

Concordia (managerial accountancy, financial accountancy), UQAC

Voir aussi Administration, p. 251

Durée des études : 3 ans

Indice d'accès : 84 % sont admis

Gestion publique

Définition et objectifs du programme
Ce programme vise la formation de professionnels de la gestion aptes à comprendre la spécificité de la gestion publique. Pour atteindre cet objectif, on propose une approche pluridisciplinaire de la gestion publique grâce à une grande diversité de cours offerts en gestion des organisations et des ressources humaines, en administration publique, en analyse économique, en analyse des politiques publiques, ainsi qu'en droit administratif. Le programme permet aussi de s'inscrire à une activité de synthèse qui prépare aux études de cycles supérieurs en management public.

Nature du travail
Le diplômé de ce programme sera orienté vers des responsabilités administratives dans des organisations publiques, notamment dans les ministères et organismes gouvernementaux, dans les administrations régionales, municipales, scolaires, ainsi que dans les établissements de santé.

Préalables du collégial
Détenir un DEC en sciences humaines,

OU détenir un DEC en sciences de la nature,

OU, pour les détenteurs d'un DEC technique, vous référer à l'annuaire de l'université concernée ou à son site Web.

Université offrant le programme spécialisé
UQAM

Durée des études : 3 ans

Indice d'accès : 66 % sont admis

Gestion du tourisme et de l'hôtellerie

Définition et objectifs du programme
Ce programme a pour objectif de former des professionnels du tourisme, capables de gérer le phénomène touristique et les diverses entreprises qui y sont reliées. Leur compétence se situera, selon la concentration choisie, soit au niveau du management et du marketing, soit au niveau de la planification et du développement ou encore au niveau de la gestion hôtelière et de restauration offerte conjointement avec l'Institut de tourisme et d'hôtellerie du Québec (ITHQ). L'UQAM et l'ITHQ offrent un cheminement intégré DEC/Baccalauréat en gestion du tourisme La formation aborde le tourisme dans ses multiples facettes : sociale, culturelle, environnementale, politique et économique

Nature du travail
Le détenteur de ce baccalauréat peut mieux comprendre le secteur touristique national et international dans toute sa complexité, afin de contribuer à son développement. Ceux qui auront suivi la concentration en gestion hôtelière et de restauration pourront prendre la direction d'une unité hôtelière ou de restauration.

Préalables du collégial
Détenir un DEC

OU, pour les détenteurs d'un DEC technique, vous référer à l'annuaire de l'université concernée ou à son site Web.

Université offrant le programme spécialisé
UQAM

Durée des études : 3 ans

Indice d'accès : 62 % sont admis

Gestion des ressources humaines

Définition et objectifs du programme
Ce programme vise à donner à l'étudiant une formation fondamentale, une formation générale en gestion et une formation spécialisée en gestion des ressources humaines.

Nature du travail
Ce programme prépare à l'exercice de responsabilités professionnelles dans le domaine de la gestion des ressources humaines, et ce, dans une perspective stratégique, tenant compte des autres fonctions de l'entreprise et du contexte concurrentiel dans lequel elle évolue.

Préalables du collégial
Détenir un DEC en sciences humaines : (UQO)

OU détenir un DEC : (UQAM, UQO)

OU, pour les détenteurs d'un DEC technique, vous référer aux annuaires des universités concernées ou à leur site Web : (UQAM, UQO)

Universités offrant le programme spécialisé
UQAM, UQO (relations industrielles et ressources humaines)

Universités offrant une majeure
Concordia (human resource management), McGill (labour management relations and human resources)

Universités offrant une mineure
Concordia (human resource management), UQAC

Voir aussi Administration, Ressources humaines, p. 256

Durée des études : 3 ans

Indice d'accès : 76 % sont admis

Relations industrielles ou de travail

Définition et objectifs du programme

Ce programme veut donner une formation de base en administration. Par la suite, il fournit les connaissances requises afin de rendre l'étudiant apte à utiliser certaines techniques professionnelles dans une optique de «relations de travail».

Les principales orientations de cette formation sont les relations de travail, les organisations ouvrières et patronales, la gestion des ressources humaines ainsi que l'économie du travail et les politiques gouvernementales.

Nature du travail

Le conseiller en relations de travail doit apporter ses conseils, gérer des ressources humaines et différentes politiques s'y rapportant, représenter son employeur dans les relations avec les employés et mettre en œuvre des mesures tendant à une certaine qualité de vie au travail.

Préalables du collégial

Détenir un DEC en sciences humaines (Laval + 022P ou 022W (mathématiques), Montréal, UQO)

OU détenir un DEC : (UQO)

OU détenir tout autre DEC (McGill (arts)) et avoir atteint les objectifs 022X, 022Y, 022Z (mathématiques) : (McGill (gestion)), ou avoir atteint l'objectif 022W ou 022P (mathématiques) : (Laval), ou avoir atteint un objectif en statistiques : (Montréal)

OU détenir un DEC en sciences de la nature
(Laval, Montréal)

OU détenir un DEC en histoire et civilisation et avoir atteint l'objectif 022P (méthodes quantitatives) (Montréal, Laval (+ 022W (mathématiques))

OU, pour les détenteurs d'un DEC technique, vous référer à l'annuaire de l'université concernée ou à son site Web : (UQO)

Universités offrant le programme spécialisé

Laval, Montréal, UQO (relations industrielles et ressources humaines)

Université offrant une majeure

McGill (labour management relations and human resources)

Université offrant un Faculty Program

McGill (Industrial relations)

Durée des études : 3 ans

Indice d'accès : 81 % sont admis

Certificats du secteur des sciences de l'administration ouverts aux sortants du niveau collégial

Admissibilité à partir d'un DEC préuniversitaire
- Accès aux professions comptables à HEC Montréal
- Accounting à McGill
- Administration à HEC Montréal, Laval, TÉLUQ, l'UQAC, l'UQAT (distance), l'UQAM, l'UQO et l'UQTR
- Administration des affaires à Sherbrooke
- Administration de services à la TÉLUQ
- Analyse des processus organisationnels à HEC Montréal
- Analyse de la sécurité de l'information et des systèmes à HEC Montréal
- Analyse des systèmes d'affaires à Laval
- Arts management à Bishop's
- Assurance et rentes collectives à Laval
- Business administration à Bishop's
- Business studies à Concordia
- Cheminement en assurance de dommages à la TÉLUQ
- Commerce de détail à HEC Montréal
- Comptabilité à Laval, Sherbrooke, TÉLUQ, l'UQAM et l'UQO
- Comptabilité professionnelle à HEC Montréal
- Création d'entreprises à HEC Montréal
- Entrepreneurship à l'UQAR (+Campus de Lévis)
- Finance à McGill
- Gestion comptable des organisations à HEC Montréal
- Gestion financière à HEC Montréal et Sherbrooke
- Gestion de l'hôtellerie et de la restauration des terroirs à l'UQAC
- Gestion des affaires électroniques à HEC Montréal
- Gestion des organisations à Sherbrooke
- Gestion des ressources humaines à HEC Montréal, la TÉLUQ, l'UQAC, l'UQAR (Campus de Lévis), l'UQAT et l'UQTR
- Gestion des services de santé et des services sociaux à la TÉLUQ
- Gestion du crédit à la TÉLUQ
- Gestion d'entreprise à HEC Montréal
- Gestion des opérations et de la logistique à HEC Montréal
- Gestion de projets à HEC Montréal
- Gestion du marketing à HEC Montréal et Sherbrooke
- Gestion du tourisme à TÉLUQ
- Gestion du travail de bureau à la TÉLUQ
- Gestion et pratiques socioculturelles de la gastronomie à l'UQAM
- Gestion urbaine et immobilière à Laval
- Health and social services management à McGill
- Human resources à Bishop's, McGill
- Informatique de gestion à l'UQAC et l'UQO

- Leadership organisationnel à HEC Montréal
- Logistique à HEC Montréal
- Management à HEC Montréal, Laval, McGill et Sherbrooke
- Marketing à McGill, UQAC, UQAR (+Campus de Lévis) et UQTR
- Northern social work practice à McGill
- Planification financière à la TÉLUQ et à l'UQAR
- Planification financière personnelle à HEC Montréal
- Politiques publiques du travail à l'UQO
- Public relations management à McGill
- Relations industrielles à Laval
- Relations industrielles et ressources humaines à l'UQO
- Relation du travail à Laval et à la TÉLUQ
- Risk management à McGill
- Santé et sécurité au travail à Sherbrooke, l'UQAC et l'UQO
- Sciences comptables à l'UQAC, l'UQAR (+Campus de Lévis), l'UQAT (distance) et l'UQO
- Services financiers à Laval
- Supervision à HEC Montréal
- Supply chain and logistics management à McGill
- Systèmes d'information et analyse d'affaires à HEC Montréal
- Systems analysis and design à McGill
- Vente relationnelle à HEC Montréal

Admissibilité à partir d'un DEC technique
- Aboriginal social work practice à McGill
- Accounting à McGill
- Administration à Laval, UQAC, UQAM, UQAR (+Campus de Lévis), UQAT (distance), UQO et UQTR
- Administration des affaires à Sherbrooke
- Administration de services à la TÉLUQ et à l'UQAM
- Analyse des systèmes d'affaires à Laval
- Assurance et produits financiers à l'UQAR (+Campus de Lévis)
- Assurance et rentes collectives à Laval
- Business studies à Concordia
- Coaching à l'UQAC
- Comptabilité à Laval, l'UQAM, l'UQO et l'UQTR
- Économique à l'UQAM
- Entrepreneurship à l'UQAR (+Campus de Lévis)
- Gestion des ressources humaines à l'UQAT, l'UQTR, l'UQAR (+Campus de Lévis) et l'UQAC
- Gestion informatisée et affaires électroniques à l'UQAM
- Gestion urbaine et immobilière à Laval
- Health and social services management à McGill
- Human resources management à McGill
- Immobilier à l'UQAM
- Management à Laval et McGill
- Marketing à McGill, UQTR, UQAC, UQAR (+Campus de Lévis),
- Northern social work practice à McGill
- Planification financière à l'UQAR (+Campus de Lévis), l'UQAC et l'UQAM
- Politiques publiques du travail à l'UQO
- Psychologie du travail à l'UQO
- Public relations management à McGill
- Relations du travail à Laval
- Relations industrielles à Laval

- Relations industrielles et ressources humaines à l'UQO
- Risk management à McGill
- Santé et sécurité au travail à l'UQAC, l'UQO et l'UQTR
- Sciences comptables à l'UQAC, UQO, UQAR (+Campus de Lévis), UQAT (distance), UQTR, McGill Sécurité publique à l'UQAC
- Services financiers à Laval
- Software development à McGill
- Systems analysis and design à McGill

Autres mineures offertes dans ce secteur

- Administration à Sherbrooke, l'UQAC et l'UQAM
- Assurance, fraud prevention and investigative services à Concordia
- Business administration à Bishop's
- Économique à Sherbrooke
- Entrepreneurship à Bishop's et Concordia
- Études urbaines à l'UQAM
- Gestion à l'UQAT
- Gestion appliquée à la police et à la sécurité à Montréal
- Gestion des ressources humaines à l'UQAC
- Gestion des services de santé et des services sociaux à Montréal
- Marketing à l'UQAC
- Patrimoine urbain à l'UQAM
- Urbanisme opérationnel à l'UQAM

Autres diplômes de 1er cycle offerts dans ce secteur

- Aspects humains de l'organisation à l'UQAT
- Commerce électronique à l'UQAR
- Commerce international à l'UQAM
- Comptabilité financière à l'UQAC
- Éléments de gestion à Sherbrooke
- Enquête policière et intervention policière à l'UQTR
- Gestion 2 cheminements : gestion ou comptabilité professionnelle à HEC Montréal
- Gestion appliquée à la police et à la sécurité à Montréal
- Gestion policière à l'UQTR
- Gestion philanthropique à Montréal
- Gestion de projet à l'UQAT
- Gestion des ressources humaines à l'UQAM
- Gestion des services de santé et des services sociaux à Montréal
- Gestion stratégique du transport aérien à l'UQAC
- Gestion du transport aérien à l'UQAC
- Gestion du tourisme à l'UQAM

- Initiation à la gestion à l'UQAT
- Initiation à la gestion des ressources humaines à l'UQAT
- Marketing à l'UQAM et l'UQAR (Campus de Lévis)
- Perfectionnement de gestion à l'UQAM
- Relations industrielles à Montréal
- Sciences comptables à l'UQAC, l'UQAM et l'UQAR (Campus de Lévis)

Brèves définitions de certaines options offertes en administration

Administration des régimes de retraite :
Cette concentration permet de développer les compétences nécessaires à la gestion des régimes de retraite telles que les connaissances légales et les connaissances en mathématiques financières et actuarielles.

Assurances :
Ces gestionnaires commencent souvent leur carrière comme vendeurs mais deviennent vite responsables de la gestion financière et de la planification des bureaux d'assurances.

Commerce international :
(Gestion internationale, affaires internationales)
Cette spécialisation vise à familiariser l'étudiant avec les différentes facettes de la gestion en tenant compte des enjeux internationaux et à le doter d'outils nécessaires pour mener à bien des opérations partout dans le monde.

Droit et gestion de l'entreprise :
Ce programme mène à une connaissance plus approfondie du contexte légal dans lequel évolue l'entreprise.

Économie appliquée :
Cette spécialisation prépare à analyser le contexte économique du monde des affaires dans le but d'appliquer les plus récentes théories au contexte de l'entreprise. La microéconomie et la macroéconomie, la conjoncture, l'organisation industrielle, l'économie internationale et l'économétrie font partie du cursus.

Entrepreneurship :
Cette spécialisation vise à encadrer et à former des créateurs d'entreprises, des étudiants désirant prendre la relève d'une entreprise familiale, des superviseurs de premier niveau et des consultants.

Finance (Finance d'entreprise et Finance de marché et conseil en placement) :
Cette spécialisation vise l'apprentissage de l'analyse des techniques financières requises pour travailler dans l'une des trois principales branches de la finance : gestion financière d'entreprise, octroi de crédits (institutions de dépôt) ainsi que placement et gestion de portefeuille.

Gestion des coopératives :
Travaille à la promotion et au développement du marché coopératif.

Gestion du développement urbain :
Mène à deux spécialités :
a) gestion urbaine : travaille à la gestion et au développement d'une ville
b) évaluation immobilière

Gestion des ressources humaines (personnel) :
Recrute, sélectionne, embauche et parfois aussi procède à la mise à pied du personnel en fonction des besoins de l'industrie. S'occupe aussi de l'application des conventions collectives.

Intrapreneurship :
Diagnostic des forces internes de l'organisation.

Logistique :
Se rapporte à tout ce qui concerne l'approvisionnement : fournisseurs, appels d'offres, contrôle des stocks, inventaires, liquidations, etc...

Management :
Spécialiste voyant à la bonne marche d'une entreprise. Vise à la coordination d'un ensemble d'activités en vue du fonctionnement maximal d'une organisation.

Marketing :
Responsable de la vente du produit. En définissant le type de consommateur éventuel, ses comportements et ses besoins, il lui faut élaborer des stratégies de vente afin de le rejoindre. En tenant compte des coûts de production, du mode de distribution du produit, du coût de la publicité et du pourcentage de profit, il lui faut en plus suggérer le prix et mettre au point des stratégies de vente.

Production :
Ce gestionnaire analyse et solutionne les problèmes reliés à la production industrielle : il tente de rentabiliser au maximum la production industrielle par une utilisation optimale des ressources humaines et technologiques de l'entreprise.

Sciences immobilières :
Responsable de l'administration immobilière, de la vente d'immeubles et de l'évaluation foncière.

Beaux-Arts / Fine Arts

Secteur des beaux-arts
Tableau de correspondance des codes d'objectifs utilisés comme préalables

Disciplines	Sujets	Objectifs du programme 510.A0* (utilisés comme préalables dans ce secteur)	Code de cours communs[1] pour ce programme	Objectifs équivalents pour ce programme	Code de cours des anciens Programmes
Arts plastiques	Dessin	0162			510-122-90
	Langage visuel I	0164			510-112-91
	Langage visuel II	0165			510-212-91
	Couleur	0166			510-232-90
	Organisation bidimensionnelle	016B			510-312-91
	Organisation tridimensionnelle	016C			510-412-91

[1] Des collèges peuvent utiliser leurs propres codes de cours

* 510.A0   DEC en Arts plastiques

Secteur des beaux-arts
Tableau de correspondance des codes d'objectifs utilisés comme préalables (suite)

Disciplines	Sujets	Objectifs du programme 501.A0* (utilisés comme préalables dans ce secteur)	Code de cours communs[1] pour ce programme	Objectifs équivalents pour ce programme	Code de cours des anciens programmes
Musique	Interpréter des pièces musicales	01DG			551-121-93 551-121-93 551-221-93 551-321-93 551-421-93 ou 551-131-93 551-231-93 551-331-93 551-431-93
	Manifester de l'acuité auditive dans la reproduction vocale et écrite de textes musicaux	01DH			551-101-76 551-201-76 551-301-76 551-401-76 ou 551-105-93 551-205-93 551-305-93 551-405-93
	Explorer des éléments du langage musical	01DJ			551-106-93 551-206-93 551-306-93 551-406-93
	Apprécier diverses caractéristiques d'œuvres musicales	01DK			551-111-93 551-211-93 551-311-93 551-411-93

[1] Des collèges peuvent utiliser leurs propres codes de cours

* 501.A0   DEC en Musique

Secteur des beaux-arts

Ce grand secteur regroupe vingt-six (26) programmes de type baccalauréat dont seize (16) sont nettement de type baccalauréat spécialisé.

Normalement, les DEC en Arts et Lettres (500.A1), en Musique (501.A0), en Danse (506.A0) et en Arts plastiques (510.A0) sont ceux qui mènent à ce genre d'études universitaires.

L'indice d'accès aux programmes est établi à partir du nombre d'offres d'admission par rapport au nombre de demandes d'admission **des sortants des collèges**. Ces données sont fournies majoritairement par la CRÉPUQ.

500.A1   ARTS ET LETTRES
(D.É.C. EN ARTS ET LETTRES)

Le programme Arts et Lettres à l'ordre collégial vise à donner à l'étudiant une formation équilibrée, intégrant les composantes de base d'une formation littéraire et artistique rigoureuses, et le rendant apte à poursuivre des études universitaires dans les grands domaines des Arts, des Lettres, et des Communications, à l'exception de la Danse, de la Musique et des Arts plastiques.

Animation 3D et design numérique

Définition et objectifs du programme
Ce programme vise à offrir une solide formation professionnelle permettant de maîtriser les fondementrs théoriques et pratiques de la création 3D dans le contexte d'aujourd'hui. L'étudiant pourra découvrir, stimuler, développer et démontrer son réel potentiel de création dans la perspective d'une production 3D séquentielle et collective. Il pourra ainsi acquérir 2 niveaux de spécialisation : le premier niveau étant dans le domaine des effets visuels en cinéma et en télévision ou en jeu vidéo; le deuxième niveau étant plutôt dans la chaîne de production 3D en industrie.

Nature du travail
Le diplômé pourra œuvrer en tant qu'artiste 3D en cinéma, jeu interactif, multimédia, architecture et design industriel. Il pourra aussi travailler pour certaines industries de pointe bénéficiant d'images de synthèse (échographie dans le secteur médical, simulateurs de vols en aéronautique, etc.)

Préalables du collégial
Détenir un DEC et présenter un portfolio, une lettre d'intention et se soumettre à une entrevue si nécessaire (UQAT)

OU détenir un DEC et présenter un dossier visuel acceptable (portfolio qui obtient le seuil de passage minimal de 60% en regard du contenu et des critères d'évaluation (UQAC)

Universités offrant le programme spécialisé
UQAC (offert au Centre NAD de Montréal), UQAT (création numérique)

Université offrant une majeure
UQAT (création en 3D)

Université offrant une mineure
UQAT (création en 3D, design de jeux vidéo)

Voir aussi Imagerie et médias numériques (Computation arts) p. 120

Durée des études : 3 ans

Indice d'accès : 35 % sont admis

Art dramatique

Définition et objectifs du programme
La formation en art dramatique permet à ces futurs professionnels de découvrir tous les aspects reliés au théâtre. Ils sont en mesure de choisir l'un ou l'autre des secteurs reliés à cette profession tels la production, la critique, l'animation de théâtre, l'interprétation, la mise en scène.

Les objectifs de ce programme sont de permettre aux étudiants, par une formation générale, une meilleure compréhension de tout ce qui entoure le théâtre et ce, par un apprentissage théorique et pratique.

Nature du travail
Pour le professionnel qui se spécialise dans l'animation de théâtre, le travail consiste à fournir tous les moyens techniques et physiques aux «amateurs» pour atteindre leurs objectifs en vue de monter un spectacle. Pour l'acteur, son rôle se situe principalement à l'étude de textes en vue d'une interprétation pour les médias électroniques ou autres. Le metteur en scène étudie la pièce et dirige les acteurs selon sa façon de concevoir le rôle de chacun. Ce dernier doit coordonner toutes les activités des personnels impliqués à la réussite de l'œuvre présentée.

Préalables du collégial
Détenir un DEC : (Bishop's, Laval, McGill, UQAM)

OU détenir un DEC et passer une entrevue/audition et lettre d'intention pour le programme **« theatre-performance »**, une entrevue/audition, lettre d'intention/portfolio pour les programmes **« design for theatre »** et **« theatre and development »** : (Concordia)

Universités offrant le programme spécialisé
Bishop's (drama), Concordia (theatre-performance, design for theatre, theatre and development), Laval (études théâtrales), McGill (english drama and theatre), UQAM (jeu; scénographie; enseignement; études théâtrales)

Universités offrant une majeure
Bishop's (drama), Concordia (theatre, playwriting), McGill (english drama and theatre), UQAM (études théâtrales)

Universités offrant une mineure
Bishop's, Concordia (theatre), McGill (english drama and theatre), UQAC (théâtre), UQAM (études théâtrales), UQTR (interprétation théâtrale)

Université offrant un diplôme de 1er cycle
Laval (théâtre)

Durée des études : 3 ans

Indice d'accès : 45 % sont admis

Art et design

Définition et objectifs du programme
Ce programme permet et favorise une ouverture sur le monde visuel par l'interaction entre la maîtrise du langage formel et de son application dans les différents modes d'expression en arts visuels, design graphique ou bande dessinée. Cette structure de programme dispense des connaissances, propose des possibilités d'expérimentation et permet de cheminer dans les processus de création, de conceptualisation et de communication.

Nature du travail
Ce diplômé recevra en cours de formation ce qu'il lui faut pour œuvrer dans différents secteurs lui permettant de fonctionner dans les structures établies des mondes d'arts visuels, de design graphique et de bande dessinée

Préalables du collégial
Détenir un DEC en arts

OU détenir tout autre DEC en soumettant un portfolio adapté aux exigences du programme

Université offrant le programme spécialisé
UQO (arts visuels, bande dessinée, design graphique)

Durée des études : 3 ans

Indice d'accès : non disponible

Art et science de l'animation

Définition et objectifs du programme
Ce programme vise à former des créateurs capables de se positionner de manière stratégique dans un milieu très compétitif et en pleine effervescence. Sans ignorer l'importance d'une formation technique solide, le programme met l'accent sur la formation théorique et pratique. Une partie de l'enseignement vise à enrichir l'étudiant d'une culture relative à l'animation et à développer son champ d'expertise en animation grâce à un enseignement personnalisé en atelier reposant sur une approche par projet permettant de monter un portfolio.

Nature du travail
Ce diplômé pourra œuvrer dans la conception et la production de projets au sein de multiples domaines, tels le jeu interactif, le multimédia d'apprentissage, la culture scientifique, le cinéma documentaire ou de fiction, les arts visuels, le design graphique, la muséologie, l'archéologie, l'environnement et l'architecture.

Préalables du collégial
Détenir un DEC

De plus le candidat devra déposer un dossier visuel numérique conforme (CD-ROM ou DVD)

Université offrant le programme spécialisé
Laval

Durée des études : 3 ans

Indice d'accès : 75% sont admis

Arts (interdisciplinaire en)

Définition et objectifs du programme
Ce programme interdisciplinaire en art vise à fournir une formation théorique et pratique fondée sur l'étude d'une discipline du champ de l'art, dans un rapport obligé avec une ou plusieurs autres disciplines. Favorisant une démarche globale et décloisonnée, cette formation, en accord avec les pratiques courantes de l'art, incitera à une expression artistique plus ouverte et permettra une meilleure compréhension des phénomènes esthétiques.

Les cheminements de ce programme sont : **arts numériques, arts plastiques, design, cinéma et vidéo et théâtre.**

Nature du travail
Cette formation interdisciplinaire permettra à l'artiste de se réaliser en tant que tel et de participer activement à l'élaboration de l'environnement par les différents champs de spécialisation offerts plus ouverts et décloisonnés.

Préalables du collégial
Détenir un DEC en arts plastiques ou arts et lettres

OU détenir tout autre DEC ayant un rapport avec la concentration choisie dans le baccalauréat interdisciplinaire en arts.

Université offrant le programme spécialisé
UQAC

Université offrant une majeure
Concordia (intermedia/cyberarts)

Durée des études : 3 ans

Indice d'accès : 100 % sont admis

Arts plastiques / arts visuels et médiatiques

Définition et objectifs du programme

Ce programme offre à l'artiste la possibilité de réaliser, par une étude spécialisée des arts visuels, des œuvres offertes à la contemplation esthétique. La formation permet aussi à l'étudiant de s'impliquer davantage, par son imagination créatrice et son sens de la communication, à certains problèmes de l'environnement.

Après une formation artistique générale, autant avec les idées et les conceptions qu'avec les matériaux et les outils, l'artiste est en mesure de choisir une spécialisation dans laquelle son rôle de créateur peut s'épanouir davantage. Les spécialités les plus connues sont le graphisme (gravure), la couleur (peinture) et la forme (sculpture).

Nature du travail

Le spécialiste peut créer pour publication ou vente de ses œuvres. Il peut également, moyennant certains cours de psycho-pédagogie, enseigner aux niveaux primaire et secondaire. Certains services de loisirs et centres culturels requièrent ses services. Il lui est possible aussi d'œuvrer dans les disciplines reliées au domaine de la communication de même que dans les manifestations artistiques et culturelles de son milieu.

Préalables du collégial

Détenir un DEC : (Bishop's, Concordia, UQO)

OU détenir un DEC en arts plastiques (Laval, UQTR)

OU détenir un DEC et avoir réussi les cours collégiaux suivants : 2 cours de dessin, 1 cours de pictural, 1 cours de sculptural ou 3D, 2 cours d'histoire de l'art ou d'esthétique + fournir un dossier visuel (Laval, UQTR); la réussite d'un cours en photographie numérique est recommandée (Laval)

OU détenir un DEC et avoir atteint les objectifs 0162, 0164, 0165, 0166, 016B, 016C (arts plastiques) et 1 cours d'esthétique et 1 cours d'histoire de l'art : (UQAM)

OU, pour les détenteurs d'un DEC technique, vous référer aux annuaires des universités concernées ou à leur site Web : (Laval, UQO, UQTR)

De plus, il y a possibilité du dépôt d'une lettre d'intention et d'un portfolio (**Concordia**), d'un portfolio (**UQO**), et du dépôt d'une lettre de motivation et d'un dossier visuel (**UQAM**).

Arts plastiques / arts visuels et médiatiques (suite)

Universités offrant le programme spécialisé
Bishop's (fine arts), Concordia (computation arts), Laval (pratique des arts visuels et médiatiques), UQAM (arts visuels et médiatiques : pratique artistique, enseignement), UQO (arts visuels, bandes dessinées), UQTR (arts visuels, arts plastiques, nouveaux médias, sérigraphie, gravure, sculpture, verre soufflé, peinture, dessin)

Universités offrant une majeure
Bishop's (fine arts), Concordia (ceramics, fibres, painting & drawing, photography, print media, sculpture, studio art, intermedia/cyberarts, art history & studio arts), UQO (arts visuels, bandes dessinées)

Universités offrant une mineure
Bishop's, Concordia (photography, print media,), UQAC (arts plastiques), UQAT (arts plastiques, peinture, production artistique), UQO (arts visuels, bandes dessinées)

Université offrant un diplôme de 1er cycle
Sherbrooke (arts visuels)

Durée des études : 3 ans
Indice d'accès : 76 % sont admis

Arts plastiques, Enseignement des

Définition et objectifs du programme
Ce programme favorise chez le futur enseignant une prise de conscience lui permettant de se définir et de s'adapter au renouveau pédagogique de sa spécialité.

La formation professionnelle est également centrée sur l'art de la communication.

Nature du travail
Le professeur en arts plastiques peut enseigner aux niveaux préscolaire, élémentaire, secondaire et en enfance inadaptée. Il doit cependant détenir un permis légal d'enseigner du ministère de l'Éducation.

Préalables du collégial
Détenir un DEC en arts plastiques : (Concordia, Laval, UQAC, UQTR)

OU détenir un DEC (UQAT, UQO)

OU détenir un DEC et avoir atteint les objectifs 0162, 0164, 0165, 0166, 016B, 016C (arts plastiques) et 2 cours d'histoire de l'art : (UQAM)

OU détenir un DEC et avoir atteint les objectifs 0161, 0162, 0165, 0168, 016B et 016D plus une activité d'apprentissage en arts visuels : (UQAC)

OU détenir un DEC et avoir acquis les compétences suivantes : 1 cours en dessin, 2 en pictural, 2 en sculptural, 2 en histoire de l'art : ces cours doivent être d'une durée de 45 heures : (Laval)

OU, pour les détenteurs d'un DEC technique, vous référer aux annuaires des universités concernées ou à leur site Web : (UQAC, UQO, UQTR)

De plus, il y a possibilité de devoir déposer un cartable de travaux personnels (**UQAC, UQAM, UQTR**) et de passer une entrevue (**UQAC, UQTR**). Dépôt d'une lettre d'intention et d'un portfolio (**Concordia**). Avoir réussi un test de connaissance du français (**Laval**).

Universités offrant le programme spécialisé
Concordia (art education), Laval (profil international), UQAC (enseignement des arts, arts plastiques et art dramatique), UQAM (enseignement des arts visuels et médiatiques), UQAT (enseignement - profil arts plastiques), UQO (enseignement des arts), UQTR (enseignement des arts plastiques et art dramatique)

Universités offrant une majeure
Bishop's (fine arts), Concordia (art education)

Durée des études : 4 ans

Indice d'accès : 66 % sont admis

Danse

Définition et objectifs du programme

Le programme de baccalauréat en danse stimule chez l'étudiant sa créativité ainsi que son sens de la recherche. Il demande de la part du danseur une aptitude de coordination des mouvements exécutés avec précision et rapidité. La danse est une discipline où la résistance physique et nerveuse, l'initiative et la débrouillardise de même que la ténacité sont de rigueur.

Outre les connaissances techniques et les habiletés propres au danseur, l'étudiant consolide sa formation avec des connaissances théoriques sur la danse et son histoire.

Nature du travail

Le professionnel de la danse s'exécute seul, avec un partenaire ou comme membre d'un groupe afin de divertir un public. Suite à des répétitions sous la direction d'un maître, il peut aller de la danse classique à l'acrobatie.

Le danseur est aussi préparé à œuvrer dans les domaines de l'animation et de l'éducation. Le finissant en danse qui désire enseigner doit avoir complété les exigences requises pour l'obtention d'un permis d'enseignement des autorités compétentes.

Préalables du collégial

Détenir un DEC en danse,

OU détenir tout autre DEC et avoir une formation soutenue et régulière en danse.

Université offrant le programme spécialisé

UQAM (enseignement, pratiques artistiques)

Université offrant une majeure

Concordia (contemporary dance)

Durée des études : 3 ans

Indice d'accès : 53 % sont admis

Design ou communication graphique

Définition et objectifs du programme
Ce programme universitaire forme des artistes créateurs ou concepteurs dans le vaste domaine de l'information visuelle. Leur formation développe leur esprit critique. Leur fonction première est la conversion en images de toute forme de message parlé ou écrit, à partir de simples sigles jusqu'à des campagnes publicitaires importantes.

Les connaissances théoriques, les techniques de base, les exercices répétés concernant les moyens modernes de communication (imprimé, photographie, film, télévision) donnent à l'étudiant un éventail de possibilités lui permettant de développer un langage visuel logique, raffiné et esthétique. C'est aussi une spécialité évolutive; le designer graphiste ne finit jamais d'apprendre et sa création est toujours unique.

Nature du travail
Les graphistes-concepteurs créent des images, des illustrations, des maquettes, etc. qui permettent de traduire des idées, des messages par la conception d'affiches, d'enseignes ou autres pour identifier un organisme ou une entreprise. Ils sont aussi des concepteurs d'images de kiosques, de modules, de publicité animée et de films animés.

Préalables du collégial
Détenir un DEC : (UQAM, UQO))

OU détenir un DEC en arts plastiques (Laval)

OU détenir un DEC et avoir réussi au collégial 2 cours de dessin, 1 cours de pictural, 1 cours de sculptural ou 3D, 2 cours d'histoire de l'art et 1 cours d'initiation à l'informatique + fournir un dossier visuel (Laval)

OU, pour les détenteurs d'un DEC technique, vous référer à l'annuaire de l'université concernée ou à son site Web : (Laval, UQO)

De plus, il y a possibilité de devoir déposer un portfolio et d'être convoqué à une entrevue (Laval, UQAM), déposer un portfolio (UQO)

Universités offrant le programme spécialisé
Laval (design graphique), UQAM (design graphique), UQO (design graphique)

Université offrant une majeure
Concordia (design), UQO (design graphique)

Université offrant une mineure
UQO (design graphique)

Voir aussi Design architectural p. 78,
Design industriel p. 80 et Design d'intérieur p. 81

Durée des études : 3 ans

Indice d'accès : 62 % sont admis

Écriture de scénario et création littéraire

Définition et objectifs du programme
Ce programme offre à l'étudiant une formation bidisciplinaire en études cinématographiques et littératures de langue française. Il vise à doter l'étudiant d'une formation théorique et pratique dans ces deux domaines.

Nature du travail
Ce diplômé se voit offrir l'accès à la maîtrise dans ces deux domaines en plus d'avoir un atout majeur pour entrer sur le marché du travail dans les secteurs littéraire, médiatique, visuel et artistique.

Préalables du collégial
Détenir un DEC

Université offrant le programme spécialisé
Montréal

Durée des études : 3 ans

Indice d'accès : 39 % sont admis

Enseignement de la musique

Définition et objectifs du programme
Ce programme vise la formation de musiciens éducateurs capables de jouer un rôle efficace dans la société par une participation active et de qualité dans tous les champs d'activité de l'enseignement de la musique. La formation d'un enseignant en musique intègre à la fois les aspects musicaux et pédagogiques qui lui permettent de développer les moyens d'assurer un enseignement adéquat de la musique au préscolaire et au primaire, de même qu'au secondaire.

Nature du travail
Ce diplômé travaillera à la réalisation des tâches permettant le développement et l'évaluation des compétences visées dans le programme de formation en fonction des élèves concernés.

Les champs d'activités quoique assez définis demandent quand même un nombre assez grand de candidats : les écoles de musique et les institutions d'enseignement des niveaux primaire et secondaire sont les principaux employeurs.

Préalables du collégial
Détenir un DEC en musique : (McGill, UQAM), + une lettre de motivation et un curriculum vitae à Bishop's.

OU détenir un DEC en musique et réussir une audition instrumentale (Laval)

OU, pour les détenteurs d'un DEC technique, vous référer à l'annuaire de l'université concernée ou à son site Web : (Laval)

Universités offrant le programme spécialisé
Bishop's, Laval (éducation musicale) (donne aussi son programme à Sherbrooke), McGill (double spécialisation (B.Ed.) et (B.Mus.)), UQAM

Voir aussi Enseignement secondaire p. 186 et suivantes

Durée des études : 4 ans

Indice d'accès : 75 % sont admis

Études cinématographiques

Définition et objectifs du programme

Ce programme permet à l'étudiant d'obtenir une formation complète en cinéma. Il développe l'imagination créatrice artistique du candidat mais l'appelle également à tenir compte d'autres facteurs reliés à ce domaine, soit l'esprit critique, l'environnement culturel et les dimensions esthétique, économique, sociale et politique.

Durant ses études, le candidat voit l'évolution technique du cinéma, analyse les films d'autres cinéastes et fait une critique pertinente de toute production courante. Suite à ses recherches, il expérimente concrètement le phénomène cinématographique par la production d'un court film. Il doit rédiger les textes, faire les essais du scénario, réaliser le tournage et faire le montage. Que l'étudiant se dirige vers la réalisation ou la production cinématographique, il doit être en mesure de s'exprimer clairement, oralement ou par écrit, d'apprécier les contacts humains, de même que le travail de bureau. Par son sens de la communication, il doit principalement convaincre les gens de ses idées.

Nature du travail

Le directeur de productions cinématographiques retient un scénario qu'il juge digne d'intérêt. Ensuite il prépare, organise et coordonne la production du film tout en établissant le budget. Il choisit un réalisateur. Ce dernier, après étude du texte, décide de l'interprétation artistique à lui donner. Par la suite, le directeur de production et le réalisateur travaillent de concert pour que l'œuvre soit réussie. Ils doivent choisir les acteurs, les costumes, les décors et les lieux du tournage. Le réalisateur donne son avis pour modifier certaines scènes ou certains jeux des acteurs tandis que le producteur approuve le montage final du film. À noter que le directeur de production peut réaliser un film et que le réalisateur peut en produire.

Préalable du collégial

Détenir un DEC : (Concordia, Montréal, UQAM)

De plus, dépôt d'une lettre d'intention et d'un portfolio : (Concordia), dépôt d'une production médiatique suivi d'une entrevue de qualification (UQAM)

Universités offrant le programme spécialisé

Concordia (film studies, film production), Montréal, UQAM (communication-cinéma)

Universités offrant une majeure

Concordia (film animation, film production, film studies, film studies & art history), Montréal

Universités offrant une mineure

Concordia (film animation, film studies, cinema, interdisciplinary studies in sexuality), McGill (world cinemas), Montréal, UQAC (cinéma et vidéo), UQAT (cinéma)

Durée des études : 3 ans

Indice d'accès : 66 % sont admis

Études cinématographiques et littérature comparée

Définition et objectifs du programme

Ce programme offre à l'étudiant une formation bidisciplinaire en études cinématographiques et littérature comparée. Il vise à doter l'étudiant :

1) d'une formation théorique et critique en littérature et en cinéma;
2) de connaissances sur l'interaction des différents médias dans la culture;
3) d'une formation transdisciplinaire grâce entre autres à plusieurs cours axés sur l'interaction des disciplines et des médias;
4) d'une spécialisation dans une aire culturelle donnée.

Nature du travail

Les diplômés de ce programme ont accès à la maîtrise en littérature comparée et en études cinématographiques en plus d'avoir un atout majeur pour entrer sur le marché du travail dans le domaine de la culture, des communications et du multimédia.

Préalable du collégial

Détenir un DEC

Université offrant le programme spécialisé

Montréal

Durée des études : 3 ans

Indice d'accès : 53 % sont admis

Gestion et design de la mode

Définition et objectifs du programme
Ce programme vise la formation de professionnels dans le domaine de la mode en leur permettant d'acquérir : une vision globale du phénomène de la mode; une perspective d'ensemble du processus de conception, de production et de commercialisation de la mode; une compréhension et une capacité d'analyse des modes de communication caractéristique du domaine; le sens esthétique et le souci de la qualité et de l'originalité; une perception fine et empirique de l'industrie et des entreprises de la mode et du vêtement; une rigueur professionnelle pour contribuer à la normalisation des conditions d'exercice de la profession et à l'amélioration de la qualité de son environnement, de ses produits et de ses services.

Nature du travail
Selon la concentration qu'ils auront choisie, les finissants pourront exercer leurs activités professionnelles en design et stylisme de mode, en gestion industrielle de la mode ou en commercialisation de la mode.

Préalables du collégial
Détenir un DEC technique : vous référer à l'annuaire de l'université concernée ou à son site Web.

Université offrant le programme spécialisé
UQAM (design et stylisme de mode, commercialisation de la mode, gestion industrielle de la mode)

Durée des études : 3 ans
Indice d'accès : 75 % sont admis

Histoire de l'art

Définition et objectifs du programme

Ce programme offre à l'étudiant la possibilité d'orienter sa carrière dans deux domaines assez divergents : la critique de l'art actuel ou encore la compréhension des œuvres du passé.

La formation débute par un bloc de cours obligatoires dont l'objectif est de donner à l'étudiant une vue d'ensemble des principales manifestations artistiques de l'Antiquité à nos jours par l'acquisition de connaissances générales. Ensuite l'étudiant se spécialise par une série de cours optionnels, sur des groupes d'œuvres identifiées à un moment précis de l'histoire de l'art. Sa perception de l'art se raffine et il développe, outre ses connaissances, des modes d'analyse. Enfin, une dernière série de cours obligatoires assure une qualité de formation sur le plan théorique et sur l'étude des œuvres d'art.

Nature du travail

L'étudiant diplômé dans ce programme peut orienter sa carrière dans des secteurs différents. Pour trois des cinq principaux domaines, soit l'enseignement, les musées et les bibliothèques, il doit se spécialiser lors d'études ultérieures. L'enseignement est possible seulement aux niveaux collégial et universitaire. Les principales fonctions de celui qui œuvre dans les musées sont la conservation et la diffusion des œuvres d'art tandis que le finissant qui choisit de travailler en bibliothèque publique ou universitaire doit voir à l'achat et au classement des livres d'art ou de matériel visuel en art.

Le finissant peut également faire de la recherche en architecture, peinture, sculpture, orfèvrerie ancienne ou encore en art contemporain. Ces recherchistes œuvrent dans des musées, des universités, des services gouvernementaux ou privés. Enfin les médias d'information engagent ces finissants pour la critique cinématographique, artistique, musicale, littéraire et autres.

Préalable du collégial

Détenir un DEC (Bishop's, Laval, McGill, Montréal, UQAM)

OU pour les détenteurs d'un DEC technique, vous référer à l'annuaire de l'université concernée ou à son site Web : (Laval)

Universités offrant le programme spécialisé

Bishop's, Laval, McGill (art history), Montréal (+ cheminement Honor), UQAM

Universités offrant une majeure

Bishop's (fine arts), Concordia (art history and studio art, art history, art history and film studies), McGill (art history), Montréal, UQAM

Universités offrant une mineure

Bishop's, Concordia (art history and studio art, art history), McGill (art history), Montréal, UQAC (théorie et histoire de l'art), UQAM

Université offrant un diplôme de 1er cycle

Sherbrooke (histoire des arts visuels)

Durée des études : 3 ans

Indice d'accès : 91 % sont admis

Musique

Définition et objectifs du programme

Les universités québécoises offrent à l'étudiant un large éventail de programmes spécialisés reliés à la musique. Le baccalauréat général en musique donne à l'étudiant une solide formation musicale générale.

L'étudiant musicien peut également choisir un baccalauréat spécialisé dans un domaine spécifique. En plus des connaissances générales musicales offertes dans tous ces programmes, des cours spécialisés permettent au candidat d'acquérir des notions fondamentales nécessaires à son choix

Nature du travail

Plusieurs possibilités s'offrent au finissant en musique, selon les études faites. Il peut être instrumentiste, jouer d'un ou de plusieurs instruments en récital, en accompagnement, etc. Le chanteur de concert interprète des œuvres classiques, d'opéras ou d'église en utilisant conjointement sa formation musicale et son talent d'acteur tandis que le chanteur populaire s'exécute pour atteindre un style personnel d'expression vocale. D'autres peuvent devenir chefs d'orchestre (direction d'ensembles musicaux), ou encore compositeurs-arrangeurs (peuvent créer ou modifier une œuvre pour un soliste ou un ensemble).

Préalables du collégial

Détenir un DEC en musique (McGill, Montréal), ou un DEC (Bishop's), + réussir une audition Instrumentale (Laval)

OU détenir tout autre DEC (Concordia, Montréal), et avoir atteint les objectifs 01DH, 01DK, 01DG (musique) : (Sherbrooke, UQAM),

OU, pour les détenteurs d'un DEC technique, vous référer à l'annuaire de l'université concernée ou à son site Web : (Laval)

De plus, il y a possibilité d'entrevues et de tests d'admission, d'une audition ou d'un examen instrumental de qualification et d'un test de classement (Montréal, Sherbrooke, UQAM). Possibilité de devoir fournir des compositions ou de se soumettre à une rédaction (Montréal). L'audition est prévue pour tous les candidats (McGill). Possibilité d'une entrevue/audition, du dépôt d'une lettre d'intention, d'un portfolio et passation d'un test théorique (Concordia). Le candidat doit passer un test d'aptitude. Il doit aussi absolument préciser son instrument sur le formulaire de demande d'admission. Il doit aussi inscrire le cheminement avec mention dans lequel il désire être admis ainsi que le code qui lui est associé. (Laval)

Musique (suite)

Universités offrant le programme spécialisé
Bishop's (music), Concordia (jazz studies, music performance, music composition), Laval (interprétation classique, composition, interprétation jazz et musique populaire, musicologie, programme sans mention), McGill (music technology, composition, history, theory, performance, early music, guitar, jazz, harpsichord, organ, piano, orchestral instruments, voice), Montréal (composition électroacoustique, composition instrumentale, composition mixte, musique générale, interprétation chant baroque et classique, interprétation instruments baroques et classiques, interprétation jazz, musicologie, écriture), Sherbrooke (interprétation musicale classique, interprétation musicale jazz, musique et culture, pédagogie musicale, multimédia), UQAM (pratique artistique, enseignement)

Universités offrant une majeure
Bishop's (classical or popular music), Concordia (electroacoustic studies, integrative music studies), McGill, Montréal (musiques numériques), UQAM

Universités offrant une mineure
Bishop's (classical), Concordia (electroacoustic studies, music), McGill, Montréal (musique art et société, musiques numériques)

Université offrant un diplôme de 1er cycle
McGill (artist diploma), Sherbrooke (culture musicale, interprétation musicale)

Durée des études : 3 ans

Indice d'accès : 75 % sont admis

Certificats du secteur des beaux-arts ouverts aux sortants du niveau collégial

Admissibilité à partir d'un DEC préuniversitaire
– Animation 3D et design numérique à l'UQAC
– Art et science de l'animation à Laval
– Arts numériques à l'UQAC
– Arts plastiques à Laval, l'UQAC, l'UQAM, l'UQAT et l'UQTR
– Arts visuels à Sherbrooke, l'UQO
– Bande dessinée à l'UQO
– Cinéma à l'UQAT
– Cinéma et vidéo à l'UQAC
– Culture musicale à Sherbrooke et Laval
– Cybermuséologie à l'UQO
– Design graphique à l'UQO
– Diversité culturelle à Laval
– Études cinématographiques à Laval
– Histoire de l'art à Laval et l'UQAM
– Interprétation musicale à Sherbrooke
– Interprétation théâtrale à l'UQTR
– Musical studies à Bishop's
– Pédagogie de la danse en milieu du loisir à l'UQAM
– Pédagogie musicale à Sherbrooke
– Peinture à l'UQAT
– Réalisation audionumérique à Laval
– Scénarisation cinématographique à l'UQAM
– Studio arts à Bishop's
– Technologie Web à l'UQAT
– Théâtre à l'UQAC et Laval
– Théorie et histoire de l'art à l'UQAC

Admissibilité à partir d'un DEC technique
– Animation 3D et design numérique à l'UQAC
– Arts numériques à l'UQAC
– Arts plastiques à Laval, l'UQAC, l'UQAM, l'UQAT et l'UQTR
– Arts visuels à l'UQO
– Bande dessinée à l'UQO
– Cinéma à l'UQAT
– Cinéma et vidéo à l'UQAC
– Culture musicale à Laval
– Création 3D à l'UQAT
– Création en multimédia interactif à l'UQAT
– Cybermuséologie à l'UQO
– Design graphique à l'UQO
– Études cinématographiques à Laval
– Histoire de l'art à Laval
– Peinture à l'UQAT
– Production artistique à l'UQAT
– Réalisation audionumérique à Laval
– Scénarisation cinématographique à l'UQAM
– Théâtre à Laval et l'UQAC
– Théorie et histoire de l'art à l'UQAC

Autres majeures offertes dans ce secteur

- Bande dessinée à l'UQO
- Création en 3D à l'UQAT
- Fine arts à Bishop's
- Muséologie et patrimoine à l'UQO
- Studio honours à Bishop's

Autres mineures offertes dans ce secteur

- Arts et design : bande dessinée à l'UQO
- Arts numériques à l'UQAC
- Bande dessinée à l'UQO
- Cinéma à l'UQAT
- Création en 3D à l'UQAT
- Création en multimédia interactif à l'UQAT
- Cybermuséologie à l'UQO
- Design de jeux vidéo à l'UQAT
- Fine Arts à Bishop's
- Interdisciplinary Studies in Sexuality à Concordia
- Journalisme à l'UQAT
- Muséologie et patrimoine à l'UQO
- Multimédia à l'UQAT
- Production artistique à l'UQAT
- Technologie Web à l'UQAT

Autres diplômes de 1er cycle offerts dans ce secteur

- Arts administration à Bishop's
- Effets visuels pour le cinéma et la télévision à l'UQAT
- Création en multimédia interactif à l'UQAT
- Histoire de l'art à l'UQTR
- Initiation musicale à Sherbrooke
- Peinture à l'UQAT
- Production audio-visuelle des Premières Nations à l'UQAC
- Théâtre à Laval
- Verre à l'UQTR

Lettres et langues /
Language and Literature

Secteur des lettres et des langues
Tableau de correspondance
des codes d'objectifs
utilisés comme préalables

Disciplines	Sujets	Objectifs du programme 501.A1* (utilisés comme préalables dans ce secteur)	Code de cours communs[1] pour ce programme	Objectifs équivalents pour ce programme	Code de cours des anciens programmes
Langues autres que la langue d'enseignement selon la discipline étudiée (anglais, françcais, allemand, espagnol, italien, russe)	Niveau élémentaire I	01P1			
	Niveau élémentaire II	01P2			
	Niveau intermédiaire	01P3			
	Niveau avancé	01P4			

[1] Des collèges peuvent utiliser leurs propres codes de cours

* 500.A1   DEC en Arts et lettres

Secteur des lettres et langues

Ce grand secteur regroupe trente (30) programmes de type baccalauréat dont vingt et un (21) sont nettement de type baccalauréat spécialisé.

Normalement, un DEC comprenant des objectifs plus spécifiques en lettres et en langue, ou pas, selon les cas, est celui qui mène à ce genre d'études universitaires.

L'indice d'accès aux programmes est établi à partir du nombre d'offres d'admission par rapport au nombre de demandes d'admission **des sortants des collèges**. Ces données sont fournies majoritairement par la CRÉPUQ.

500.A1 ARTS ET LETTRES
(D.É.C. EN ARTS ET LETTRES)

Le programme Arts et Lettres à l'ordre collégial vise à donner à l'étudiant une formation équilibrée, intégrant les composantes de base d'une formation littéraire et artistique rigoureuses, et le rendant apte à poursuivre des études universitaires dans les grands domaines des Arts, des Lettres, et des Communications, à l'exception de la Danse, de la Musique et des Arts plastiques.

Allemand

Définition et objectifs du programme

Ce programme a comme objectif principal de rendre l'étudiant capable de comprendre, parler, lire et écrire correctement la langue germanique. Vu l'importance des découvertes scientifiques et de la recherche de la culture germanique, la connaissance de cette langue est fort utile. Avec le français, l'allemand est la langue la plus répandue en Europe.

La formation universitaire de l'étudiant débute là où il est rendu dans l'étude de l'allemand. Si le candidat maîtrise déjà cette langue ou encore si c'est sa langue maternelle, il peut s'inscrire dès son admission à un niveau très avancé.

Nature du travail

Les possibilités d'emploi pour le finissant qui a acquis une bonne connaissance de l'allemand sont diversifiées. Il peut œuvrer pour les gouvernements fédéral et provinciaux, particulièrement dans les affaires extérieures, l'immigration, la santé et le bien-être social, la culture, le commerce (tourisme et voyages). D'autres débouchés tels la publicité, la radio-télévision et le cinéma ainsi que la traduction et l'interprétation sont ouverts aux diplômés.

Pour le finissant qui désire enseigner l'allemand au niveau universitaire, il doit poursuivre sa formation au niveau de la pédagogie.

Préalable du collégial
Détenir un DEC

Université offrant le programme spécialisé
McGill (german studies)

Universités offrant une majeure
Bishop's (International major in German studies), McGill (contemporary german studies, german language and literature, german literature and culture)

Universités offrant une mineure
Bishop's, Concordia, McGill (german literature, german literature and culture)

Voir aussi Études allemandes, p. 197

Durée des études : 3 ans

Indice d'accès : 91 % sont admis

Anglais, langue et littérature (linguistique)

Définition et objectifs du programme
Ce programme vise à rendre l'étudiant, anglophone ou francophone qui possède déjà une bonne base de la langue anglaise, capable de comprendre, parler, lire et écrire l'anglais couramment et correctement pour le préparer à l'étude de la littérature d'expression anglaise par des œuvres considérées comme les plus importantes.

La formation comprend des cours de langue anglaise et de linguistique qui permettent à l'étudiant d'établir un bon équilibre entre l'étude formelle de la langue et la pratique dans l'expression orale et écrite. L'étude de la littérature anglaise lui permet de suivre l'évolution de la pensée et de la civilisation anglaises. Des ateliers d'expression ou de création littéraire, diverses littératures anglophones, des activités plus spécifiques comme des cours de didactique de l'anglais ou de stylistique donnent à l'étudiant une solide culture générale ainsi qu'une connaissance approfondie de la langue anglaise.

Nature du travail
Le marché du travail offre au diplômé des possibilités d'emploi dans plusieurs domaines. On le retrouve dans des milieux tels que l'administration publique fédérale et provinciale, le commerce (agence de voyages, compagnies aériennes), les industries culturelles (traduction, édition) ou encore dans les relations publiques, la publicité et les médias d'information.

Préalables du collégial
Détenir un DEC : (Bishop's, Concordia, McGill, Montréal)

OU détenir un DEC et avoir atteint 2 objectifs dans la langue qui sera étudiée. Si ce n'est pas fait au niveau collégial, l'université peut y suppléer : (Sherbrooke)

OU détenir un DEC **et,** pour les étudiants provenant d'un collège francophone, avoir atteint l'objectif 01P3 (anglais), niveau avancé II d'un test standardisé : (Laval)

De plus, il y a possibilité de tests d'admission ou de tests de classement et obligation de passer un test de connaissance de l'anglais oral et écrit (**Montréal, Sherbrooke**). À **Laval et McGill** il y a obligation d'un test de classement ou d'équivalences pour les admis. À **Concordia**, déposer une lettre d'intention et un portfolio pour les programmes « creative writing et english & creative writing ».

Universités offrant le programme spécialisé
Bishop's (literature), Concordia (english literature, english and creative writing + Honours, english & history), Laval (études anglaises), McGill (literature : drama/theatre ; cultural studies), Montréal (études anglaises, + cheminement Honor), Sherbrooke (études anglaises et interculturelles, rédaction, littérature et traduction).

Anglais, langue et littérature (linguistique) (suite)

Universités offrant une majeure
Bishop's (cultural and media studies concentration, film studies concentration, literature concentration, popular narrative concentration and film, media and cultural studies), Concordia (creative writing, english literature), McGill (literature : drama/theatre; cultural studies), Montréal (études anglaises)

Universités offrant une mineure
Bishop's (literature, film studies, creative writing & journalism), Concordia (english literature, creative writing, professional writing), McGill (literature : drama/theatre, cultural studies), Montréal (études anglaises) Sherbrooke (études anglaises), UQAC (anglais, langue seconde)

Université offrant un diplôme de 1er cycle
Laval (études anglaises)

Durée des études : 3 ans

Indice d'accès : 73 % sont admis

Anglais, Enseignement de l'

Définition et objectifs du programme
Ce programme forme de futurs maîtres d'anglais en développant des connaissances et des attitudes qui leur permettent de s'adapter aux exigences pédagogiques.

La formation contribue à améliorer le niveau de connaissance de la langue anglaise parlée et écrite à l'aide souvent de l'audio-visuel dans un laboratoire de langues par exemple. L'apprentissage comprend également des stages en enseignement de l'anglais dans le milieu scolaire. L'étudiant qui termine ce programme obtient, suite à une recommandation favorable des autorités compétentes, un permis d'enseignement.

Nature du travail
L'enseignant qui possède ce diplôme peut exercer sa profession dans les milieux scolaires aux niveaux primaire et secondaire.

D'autres champs d'activités deviennent accessibles tels la fonction publique, la publicité, le journalisme, la rédaction et la traduction.

Préalables du collégial
Détenir un DEC : (Bishop's, Laval, McGill, UQAC, UQAM, UQAT, UQTR)

OU, pour les étudiants provenant d'un collège francophone, détenir un DEC et avoir atteint un des objectifs suivants selon les cas : 01P1, 01P2, 01P3, 01P4 (anglais) : (Concordia, Sherbrooke)

Le candidat venant d'un collège anglophone devra réussir le TFLM (Test de Français Laval-Montréal), et le candidat francophone devra réussir le niveau avancé d'un test d'anglais standardisé le TFLM (**Laval**). De plus, il y a possibilité d'un test obligatoire d'équivalence pour les candidats admis (**Laval**) ainsi qu'un test évaluant les connaissances en anglais écrit et oral des candidats (**UQAC, UQTR**). De plus, pour l'**UQAC**, posséder une compétence de niveau intermédiaire avancé en anglais. Obligation d'un test de français écrit ainsi qu'un test de l'anglais (**UQAM**). **Concordia** exige une entrevue, d'écrire une lettre d'intention, de déposer 2 lettres de recommandation et de passer un test de connaissance de l'anglais et du français oral et écrit. **Bishop's** exige une lettre de motivation et un curriculum vitae.

Universités offrant le programme spécialisé
Bishop's, Concordia (teaching of english as a second language), Laval (enseignement de l'anglais langue seconde), McGill, Sherbrooke, UQAC (enseignement de l'anglais et/ou de l'espagnol) UQAM (enseignement de l'anglais langue seconde), UQAT (enseignement de l'anglais langue seconde), UQTR (enseignement des langues secondes : anglais ou anglais et espagnol)

Voir aussi Enseignement d'une langue seconde, p. 184

Durée des études : 4 ans

Indice d'accès : 80 % sont admis

Espagnol

Définition et objectifs du programme
Ce programme permet à l'étudiant de comprendre et de s'exprimer correctement en espagnol oralement et par écrit. Il le rend également capable d'analyser et d'expliquer un texte littéraire et de se familia-riser avec les périodes et courants fondamentaux de la littérature espagnole.

Durant sa formation, l'étudiant reçoit des enseignements qui lui permettent de faire des analyses grammaticale, phonologique et phonétique à partir de documents en langue espagnole. Il voit aussi les œuvres des principaux auteurs de cette littérature et est en mesure d'analyser ces textes par leur genre et leurs particularités (thèmes et style).

Nature du travail
Le diplômé en études hispaniques peut trouver un emploi dans les agences gouvernementales et les différents ministères comme l'Industrie et le Commerce, la Main-d'œuvre et l'Immigration et les Affaires extérieures. D'autres aussi œuvrent dans des domaines tels l'édition (traduction et rédaction), le tourisme et la publicité.

Préalables du collégial
Détenir un DEC (Concordia, Laval, McGill), et avoir atteint l'équivalent de l'objectif 01P3 (espagnol). Si cette formation n'a pu être suivi au collège, l'université peut y suppléer : (Laval). Avoir réussi 2 cours de niveau collégial en espagnol si offerts, sinon l'université pourra y suppléer : (Concordia)

De plus, il y a un test de classement ou d'équivalences obligatoire pour les candidats admis : (Laval, McGill)

Universités offrant le programme spécialisé
Concordia (literature and society + Honours, expression and culture), Laval (études hispaniques), McGill (hispanic studies)

Universités offrant une majeure
Bishop's, Concordia (expression and culture, literature and society), McGill (hispanic literature and culture, hispanic languages)

Universités offrant une mineure
Bishop's, Concordia (spanish, spanish translation), McGill (hispanic languages), UQAC

Voir aussi Études hispaniques, p. 204

Durée des études : 3 ans

Indice d'accès : 91 % sont admis

Études anciennes, classiques, grecques ou latines

Définition et objectifs du programme
Le programme de baccalauréat en études anciennes, grecques ou latines, permet à l'étudiant de connaître les divers aspects des civilisations anciennes notamment leur histoire, leurs institutions et leurs arts. Il reçoit une formation philosophique, philologique et littéraire. Pour l'étude plus spécifique de la philologie ancienne, l'étudiant doit posséder une compétence en langue grecque (ancienne) ou latine.

L'étudiant reçoit d'abord un aperçu des rudiments des deux langues, latin et grec. Des connaissances de l'histoire des littératures grecque et latine, de la géographie du monde méditerranéen, des institutions, de l'évolution et des grandes réalisations de l'histoire de l'art et des techniques du monde gréco-romain complètent la formation de l'étudiant. Que le candidat se dirige en archéologie classique, en études grecques, en histoire ancienne, en études latines ou encore qu'il vise une formation plus générale des études anciennes, il obtient durant ses études toutes les connaissances requises pour l'utilisation des outils de base indispensables à l'étude de l'Antiquité gréco-romaine et acquiert une méthode de travail pour la recherche en bibliothèque.

Nature du travail
Le marché du travail est ouvert à tout poste demandant une formation universitaire. Les conditions du marché du travail, l'initiative et la détermination du candidat sont des facteurs importants dans la recherche d'un emploi.

Préalable du collégial
Détenir un DEC (Toutes les universités)

Universités offrant le programme spécialisé
Bishop's (classics - honours), Concordia (classics - honours), Laval (études anciennes), McGill (classics - honours), Montréal (études classiques)

Universités offrant une majeure
Bishop's, Concordia, McGill (classics), Montréal (études classiques)

Universités offrant une mineure
Bishop's, Concordia, McGill (classics), Montréal (études classiques), UQAM (études classiques)

Durée des études : 3 ans

Indice d'accès : 90 % sont admis

Études anglaises et littérature comparée

Définition et objectifs du programme
Ce programme bidisciplinaire assurera une formation en littérature comparée et en études anglaises. Il réunit la formation traditionnelle en études anglaises et la formation plus théorique en littérature comparée. Considérant qu'il faut être bilingue pour faire ce programme, il offre aux étudiants la possibilité d'étudier dans les deux langues et d'approfondir leurs connaissances des littératures et cultures anglaises et françaises. Les étudiants inscrits à ce programme auront accès aux ressources des deux départements et ils pourront continuer leurs études soit à la maîtrise en études anglaises soit à celle de littérature comparée.

Nature du travail
Les diplômés d'un tel programme auront acquis une ouverture vers le monde et sur les enjeux actuels de l'interaction des cultures.

Ce nouveau type de formation constitue un atout pour entrer sur le marché du travail dans un contexte de globalisation que nous entrevoyons déjà.

Préalables du collégial
Détenir un DEC et avoir réussi un test de connaissance de l'anglais (Montréal)

OU détenir un DEC et se soumettre à un test d'admission qui évaluera la connaissance en anglais écrit et oral (UQTR)

Universités offrant le programme spécialisé
Montréal, UQTR

Durée des études : 3 ans
Indice d'accès : 67 % sont admis

Études françaises (littératures de langue française) et linguistique

Définition et objectifs du programme

L'objectif principal de ce programme est de permettre aux étudiants ayant pour préoccupation principale la littérature ou l'étude du langage d'acquérir une solide formation théorique et méthodologique dans l'autre discipline, et ainsi, de former des littéraires qui connaissent à fond les différents niveaux de structuration du langage des linguistes en mesure de nuancer et d'enrichir leurs connaissances fondamentales par une réflexion sur les dimensions de l'expressivité et de la créativité artistique que recèle le corpus littéraire.

Nature du travail

Les étudiants ayant suivi ce programme pourront se diriger vers des études supérieures éventuellement. Toutefois, leur formation peut les mener directement dans des emplois orientés vers la rédaction, la révision de texte, ou toute autre forme d'occupation demandant une haute maîtrise du langage.

Préalable du collégial

Détenir un DEC : (Bishop's, Concordia, Montréal, UQAM)

Universités offrant le programme spécialisé

Bishop's, Concordia (études françaises), Montréal (littératures de langue française et linguistique), UQAM (études littéraires)

Université offrant une majeure

Bishop's (français, étude de la langue française), Concordia (rédaction professionnelle)

Universités offrant une mineure

Bishop's (français), Concordia (langue française)

Durée des études : 3 ans

Indice d'accès : 90 % sont admis

Études littéraires

Définition et objectifs du programme
Le programme en études littéraires apprend à l'étudiant l'exploration du phénomène littéraire, français, québécois et étranger. Le candidat étudie les œuvres d'auteurs qui ont marqué la littérature actuelle, du Moyen Âge à aujourd'hui.

En plus de l'étude d'œuvres et d'auteurs célèbres, le candidat se familiarise avec la para-littérature (bandes dessinées, radioromans, romans policiers, chansonniers). Il est en mesure de comparer le phénomène littéraire avec d'autres domaines d'art. Sa formation se poursuit par des ateliers d'écriture pour un médium précis (télévision, cinéma, théâtre) et un genre précis (nouvelle, conte, poésie) avec les contraintes de la problématique actuelle.

Nature du travail
Les principaux débouchés du diplômé en études littéraires sont dans les domaines des relations humaines, de la communication ainsi que de la création littéraire, cinématographique et radiophonique. La recherche lui est accessible également.

Préalables du collégial
Détenir un DEC : (Concordia, Laval, McGill, Sherbrooke, UQAC, UQTR)

OU détenir un DEC et avoir réussi un test de connaissance du français : (Laval (pour les candidats anglophones), UQAM, UQAR)

Universités offrant le programme spécialisé
Concordia (english literature, littérature de langue française), Laval (études littéraires), McGill (literature english and langue et littérature françaises), Sherbrooke (études littéraires et culturelles), UQAC (études littéraires françaises), UQAM (perspectives critiques, études québécoises, pratiques littéraires et culturelles, création), UQAR, UQTR (études françaises profils : études littéraires, langue et communication, langue et études littéraires)

Universités offrant une majeure
Concordia (english literature, littérature de langue française), McGill (littérature et langue françaises, english literature, lettres,), UQAC (études littéraires françaises), UQAR (études littéraires)

Universités offrant une mineure
Concordia (english literature, littérature de langue française), McGill (english literature, langue et littérature françaises, langue et traduction, critique littéraire), UQAC (études littéraires françaises), UQAR (études littéraires)

Durée des études : 3 ans

Indice d'accès : 73 % sont admis

Études québécoises ou canadiennes-françaises

Définition et objectifs du programme
Ce programme a comme objectif principal de développer chez l'étudiant une pensée personnelle en découvrant l'univers des écrivains de chez-nous, poètes, romanciers, dramaturges.

Le candidat reçoit d'abord des connaissances de base en études française et en linguistique. Durant sa formation, l'étudiant s'initie à différentes méthodes d'exploration et de recherche en littérature. Il apprend à «lire» une œuvre, à en découvrir la nature avec l'aide de son professeur qui devient plus «un guide suggérant la méthode d'approche plutôt qu'un maître dispensant le savoir». Des ateliers de création permettent au candidat d'élaborer sa propre vision du monde et de mettre en valeur sa pensée. L'étudiant peut compléter son programme en choisissant des cours d'autres concentrations comme la pédagogie, l'histoire ou la sociologie en vue d'un choix face à une carrière.

Nature du travail
Les débouchés sur le marché du travail sont en fonction de l'orientation que l'étudiant a choisie durant ses études. Les principaux champs d'action sont dans l'enseignement aux niveaux secondaire et collégial, dans les différents gouvernements (agent culturel ou d'information ou autres), et enfin dans les communications (médias d'information, publicité, édition).

Préalable du collégial
Détenir un DEC

Université offrant le programme spécialisé
Bishop's (études françaises et québécoises)

Universités offrant une majeure
Bishop's (études françaises et québécoises), McGill (études québécoises)

Universités offrant une mineure
Bishop's, McGill (études québécoises), Montréal

Durée des études : 3 ans

Indice d'accès : 100 % sont admis

Français, langue et littérature

Définition et objectifs du programme

Ce programme assure à l'étudiant une connaissance approfondie de la langue française et plus particulièrement de la littérature française. Il l'initie aux différentes méthodes d'approche, de recherche et d'analyse littéraires. Selon les cas, les universités qui dispensent les programmes de langue et littérature françaises offrent au candidat différents champs d'études possibles à l'intérieur de leurs programmes tels que études littéraires et culturelles, linguistique, recherche et rédaction. D'autres institutions s'en tiennent principalement à l'étude littéraire française mais permettent l'acquisition de connaissances multidisciplinaires selon le choix du candidat.

L'étudiant acquiert une connaissance scientifique et littéraire du français. Sa formation lui permet également une meilleure compréhension des courants de pensée qui ont influencé l'humanité par l'étude des œuvres de grands auteurs de langue française. Cet apprentissage peut être sous forme de cours de littérature, d'ateliers de création littéraire ou autres, mais assure à l'étudiant le développement d'attitudes et de pensées personnelles face à toute œuvre littéraire.

Nature du travail

Les champs d'action des finissants sont l'enseignement aux niveaux secondaire et collégial ou encore universitaire moyennant une formation plus poussée. La fonction publique, les entreprises gouvernementales, l'Office de la langue française, le Bureau des langues à Ottawa (recherche et enseignement du français) et les services diplomatiques sont des employeurs éventuels pour ces diplômés.

Préalable du collégial

Détenir un DEC : (Bishop's, Concordia, Laval, McGill, Montréal, Sherbrooke, UQAC, UQTR)

Universités offrant le programme spécialisé

Bishop's, Concordia (études françaises, traduction), Laval (études littéraires, langue française et rédaction professionnelle), McGill (langue et littérature françaises), Montréal (littératures de langue française, histoire, poétique et théorie des littératures, dramaturgie, francophonie), Sherbrooke (études littéraires et culturelles), UQAC (études littéraires françaises), UQAM (études littéraires), UQTR (études françaises profils : études littéraires, langue et communication, langue et études littéraires)

Universités offrant une majeure

Bishop's (français, étude de la langue française), Concordia (études françaises, langue ou littérature), McGill, Montréal (littératures de langue française), UQAC (études littéraires françaises)

Universités offrant une mineure

Bishop's (français), Concordia (langue française, littérature de langue française), McGill, Montréal (littératures de langue française), Sherbrooke (lettres et langue françaises)

Universités offrant un diplôme de 1er cycle

Laval (études littéraires), TÉLUQ (pratiques rédactionnelles)

Durée des études : 3 ans

Indice d'accès : 73 % sont admis

Français, langue seconde

Définition et objectifs du programme
Ce programme permet à l'étudiant d'acquérir une connaissance théorique et pratique de la langue française parlée et écrite. Il vise aussi l'acquisition des connaissances en culture et civilisation françaises et québécoises. L'étudiant peut choisir une spécialité, à l'intérieur du programme, dans un des domaines suivants : didactique des langues, études québécoises, langue et linguistique françaises, littératures d'expression française, littérature française et littérature québécoise.

À l'UQAM, ce programmme forme des enseignants spécialistes de l'enseignement du français langue seconde aux niveaux primaire, secondaire ainsi que pour les adultes.

Nature du travail
La formation universitaire reçue permet l'ouverture de plusieurs champs d'action sur le marché du travail. Le diplômé peut œuvrer dans des domaines tels la traduction, le journalisme, l'enseignement. Les différents organismes gouvernementaux, les médias d'information, les milieux scolaires sont des employeurs éventuels pour le finissant.

Préalables du collégial
Détenir un DEC : (Laval, McGill/Montréal, UQAM)

De plus, pour les candidats de collèges anglophones, il y a obligation d'avoir suivi une concentration en français et de réussir un test d'admission en français (**UQAM**). Les admis à **Laval** devront subir, de plus, un test de classement. Les candidats de **Montréal** devront subir un test diagnostique de français.

Universités offrant le programme spécialisé
Laval (étude du français, langue seconde), McGill/Montréal, UQAM (enseignement du français langue seconde)

Université offrant une majeure
Bishop's

Université offrant une mineure
Bishop's

Université offrant un diplôme de 1er cycle
Laval (français langue seconde)

Voir aussi Enseignement d'une langue seconde, p. 184

Durée des études : 3 ans

Indice d'accès : 48 % sont admis

Langues modernes

Définition et objectifs du programme

Les langues modernes offrent aux étudiants la possibilité de se spécialiser dans l'étude des langues et littératures russe et italienne entre autres ou dans l'enseignement de celles-ci.

L'objectif principal de ces programmes est d'abord de permettre à l'étudiant de pouvoir comprendre, parler, lire et écrire correctement une langue moderne. Cet apprentissage se fait à partir d'analyses grammaticales, phonologiques et phonétiques d'œuvres des principaux auteurs littéraires russes ou italiens particulièrement. L'étudiant complète sa formation par l'étude des grandes périodes et des grands mouvements qui ont marqué l'histoire des civilisations russe ou italienne. Le candidat qui se dirige dans l'enseignement d'une langue doit se conformer aux exigences lui permettant d'obtenir un permis d'enseigner émis par le ministère de l'Éducation du Québec.

Nature du travail

Doublée de la connaissance d'une langue et d'une culture étrangères, la formation reçue permet d'œuvrer dans les domaines tels la publicité, les médias d'information, la traduction et l'animation culturelle. On retrouve également de ces spécialistes dans les fonctions diplomatiques pour le fédéral ou le provincial.

Pour l'étudiant qui termine avec un permis d'enseigner, il lui est possible de le faire aux niveaux secondaire et collégial.

Préalables du collégial

Détenir un DEC (Montréal) et avoir atteint 2 objectifs intermédiaires ou avancés, selon le cas, dans la langue qui sera étudiée; l'université concernée pourra y suppléer si la formation n'a pu être offerte au collège : (Concordia, Laval, McGill, UQAC). **Laval** exige en plus un test d'équivalences à l'admission.

Universités offrant le programme spécialisé

Concordia (Honours in italian), Laval (études internationales et langues modernes), McGill (italian, russian : honours) UQAC (anglais, espagnol))

Universités offrant une majeure

Bishop's (english, french, italian, japanese, german), Concordia (italian), McGill (Italian, russian), Montréal (études italiennes)

Universités offrant une mineure

Bishop's (english, french, italian, japanese, german), Concordia (italian german, spanish, spanish translation), McGill (italian, russian), Montréal (études italiennes, langue portugaise et culture lusophone, études arabes), UQAC (anglais langue seconde, espagnol)

Durée des études : 3 ans

Indice d'accès : 85 % sont admis

Lettres et création littéraire

Définition et objectifs du programme
Ce programme se compose de trois grands volets : « Création littéraire », « Approches et méthodes » et « Culture littéraire ». Il permet de développer des compétences spécifiques liées aux théories et aux pratiques de la création littéraire tout en fournissant une solide formation en études littéraires (histoire littéraire, analyses et méthodes littéraires, corpus et formes littéraires) ainsi qu'une fine connaissance de langue et du discours.

Nature du travail
Le diplômé pourra œuvrer dans les organismes culturels, en enseignement collégial, en communication et relation publique, en rédaction technique et professionnelle, révision et correction et en création littéraire. Il pourra travailler comme journaliste et dans la fonction publique à différents paliers du gouvernement.

Préalable du collégial
Détenir un DEC

Université offrant le programme spécialisé
UQAR

Lettres et sciences humaines

Définition et objectifs du programme

Ce programme s'adresse à des étudiants maîtrisant parfaitement la langue parlée et écrite, à des étudiants ouverts sur d'autres cultures et capables de se confronter à des situations abstraites de tous ordres. Après deux années de formation générale interdisciplinaire et une troisième année spécialisée dans une des cinq disciplines de base (études françaises, histoire, histoire de l'art, littérature comparée et philosophie), l'étudiant pourra aussi bien poursuivre des études supérieures que de se diriger sur le marché du travail.

Nature du travail

Le candidat pourra poursuivre des études de maîtrise dans la discipline choisie lors de sa troisième année. Ce programme prépare pour des emplois demandant des individus capables de s'intégrer à des situations en constante évolution.

Préalable du collégial

Détenir un DEC

Université offrant le programme spécialisé

Montréal

Durée des études : 3 ans

Indice d'accès : 100 % sont admis

Linguistique
(Sciences du langage)

Définition et objectifs du programme
Ce programme permet à l'étudiant d'acquérir une connaissance scientifique approfondie de la langue étudiée, de s'initier aux méthodes d'analyse pratiquées dans les différents domaines d'études linguistiques, de voir les développements actuels en science du langage et dans certains cas de faire l'étude d'au moins une langue étrangère ancienne.

Nature du travail
Le linguiste étant le professionnel le plus apte à connaître la structure, le fonctionnement et l'organisation des langues, il est normal de le retrouver dans des fonctions qui exigent une bonne connaissance de la langue. Ainsi il peut œuvrer comme conseiller linguistique pour les entreprises ou les gouvernements et participer notamment à l'élaboration de programmes d'éducation. D'autres sont à l'emploi de maisons d'édition (révision de textes) ou à l'Office de la langue française et enfin dans divers laboratoires de recherche gouvernementaux et privés.

Préalables du collégial
Détenir un DEC : (McGill, UQAC, UQAM)

OU détenir un DEC et avoir atteint certains objectifs en français pour les candidats anglophones seulement : (Laval)

Universités offrant le programme spécialisé
Concordia (Honours in linguistics), Laval (sciences du langage), McGill (linguistics), UQAC (linguistique et langue française), UQAM (profils en : linguistique générale, linguistique appliquée à l'acquisition du français langue seconde, rédaction et révision de textes)

Universités offrant une majeure
Concordia (linguistics), McGill (linguistics), Montréal, UQAM

Universités offrant une mineure
Concordia (linguistics), McGill (linguistics), Montréal (linguistique, philologie française et romane), UQAM

Voir aussi Linguistique et psychologie p. 314

Durée des études : 3 ans

Indice d'accès : 91 % sont admis

Linguistique et psychologie

Définition et objectifs du programme
Ce programme formera des spécialistes aptes à œuvrer au niveau de l'intersection du fonctionnement du cerveau et de la structuration du langage.

Ce carrefour, situé dans le domaine de la neuropsychologie, est un point de rencontre fructueux de la linguistique et de la psychologie, où l'étendue des connaissances est en pleine expansion et où les résultats entraînent de nombreuses retombées fondamentales non seulement pour les deux disciplines, mais également pour l'orthophonie et diverses professions paramédicales.

Nature du travail
Ces diplômés formés en recherche tant fondamentale qu'appliquée dans le domaine de la neurolinguistique verront des ouvertures intéressantes de travail dans les centres hospitaliers compte tenu de la collaboration étroite entre l'université et les centres hospitaliers d'une part et la population vieillissante d'autre part.

Parallèlement, l'orthophonie demeure un secteur en forte expansion.

Préalables du collégial
Détenir un DEC en sciences de la nature,

OU détenir un DEC en sciences humaines et avoir atteint les objectifs 022W (mathématiques), 022V (biologie),

OU détenir un DEC en histoire et civilisation et avoir atteint les objectifs 022P, 022W (mathématiques), 022V (biologie).

OU détenir tout autre DEC et avoir atteint les objectifs 022P, 022W ou 022X, 022Y, 022Z (mathématiques), 022V (biologie) et 022K (psychologie)

Université offrant le programme spécialisé
Montréal

Durée des études : 3 ans

Indice d'accès : 75 % sont admis

Littératures de langues anglaise et française

Définition et objectifs du programme
Ce programme permet à l'étudiant d'aborder avec un esprit critique la langue et la littérature des deux principaux groupes linguistiques au Québec. Il vise à doter l'étudiant d'une formation socio-historique en ces deux domaines.

Nature du travail
Ces diplômés ont accès à la maîtrise dans les deux domaines en plus d'avoir un atout majeur pour entrer sur le marché du travail dans les secteurs littéraire, d'enseignement, médiatique et artistique.

Préalables du collégial
Détenir un DEC et réussir un test de connaissance de l'anglais

Université offrant le programme spécialisé
Montréal

Durée des études : 3 ans

Indice d'accès : 88% sont admis

Littératures de langue française et philosophie

Définition et objectifs du programme
Ce programme permettra aux étudiants d'acquérir une bonne formation générale ainsi qu'une formation spécifiquement conçue pour développer le sens critique, l'esprit de synthèse, la capacité d'analyse et la qualité de l'expression.

Nature du travail
De plus en plus d'entreprises, institutions et organisations publiques reconnaissent les qualités d'une telle formation. Le baccalauréat spécialisé bidisciplinaire en études françaises et philosophie constituera à cet égard, pour les diplômés, un passeport pour l'emploi.

Préalable du collégial
Détenir un DEC

Université offrant le programme spécialisé
Montréal

Durée des études : 3 ans

Indice d'accès : 95 % sont admis

Littératures et philosophie

Définition et objectifs du programme
Ce programme offre à l'étudiant une formation bidisciplinaire en philosophie et en littérature qui lui permette de comprendre les liens entre ces deux disciplines, de façon à développer une intelligence synthétique de la tradition philosophique et de l'histoire des littératures. Il initie aussi l'étudiant aux principaux axes historiques de la constitution de discours littéraires et philosophiques, de l'Antiquité à nos jours.

Il contribue finalement à développer les capacités de lecture et de rédaction de l'étudiant et à former ce dernier aux méthodes d'analyse et de critique des discours littéraires et philosophiques.

Nature du travail
Ces diplômés se dirigeront surtout vers les domaines de la critique littéraire et du journalisme d'idées, le travail de rédaction ou de recherchiste, les fonctions liées au monde de l'édition, voire la collaboration auprès d'organismes culturels. En fait cette formation sera une valeur ajoutée pour plusieurs professions de type médiatique.

Préalables du collégial
Détenir un DEC

Universités offrant le programme spécialisé
Laval, Montréal

Durée des études : 3 ans

Indice d'accès : 86% sont admis

Littérature comparée et philosophie

Définition et objectifs du programme

Ce programme assure une formation approfondie en littérature comparée et en philosophie. Il vise en outre à doter l'étudiant de connaissances sur l'interaction entre les deux disciplines dans le passé et aujourd'hui, à lui donner un esprit critique lui permettant de réfléchir en profondeur sur certaines problématiques spécifiques comme le sujet, l'identité, l'altérité et la diversité humaine. L'étudiant aura aussi à compléter sa formation en apprenant une langue autre que le français et l'anglais.

Nature du travail

Le diplômé de ce programme bidisciplinaire pourra soit aller compléter sa formation à la maîtrise en littérature comparée et à la maîtrise en philosophie, ou encore se diriger vers n'importe quel emploi qui exige un esprit critique et une bonne compréhension des débats politiques et sociaux actuels.

Préalable du collégial

Détenir un DEC

Université offrant le programme spécialisé

Montréal

Université offrant une majeure

Montréal (littérature comparée)

Université offrant une mineure

Montréal (littérature comparée)

Durée des études : 3 ans

Indice d'accès : 100 % sont admis

Traduction

Définition et objectifs du programme
Ce programme vise la formation de traducteurs généralistes. À la fin de ses études, l'étudiant a une parfaite maîtrise du français international de même que de l'anglais. Il peut parler, écrire, comprendre ces langues correctement et clairement.

Durant ses études, le candidat s'entraîne aux mécanismes de la traduction de l'anglais, du français et éventuellement d'une troisième langue et utilise des ouvrages de référence. Il possède alors une culture générale solide de même qu'une base de spécialisation.

Nature du travail
Le traducteur est le spécialiste qui transpose un texte d'une langue à une autre en respectant le plus fidèlement possible la pensée de la version originale. Il y a deux types de traducteurs : les littéraires, habituellement sous contrat avec un éditeur, et les non-littéraires. Ces derniers œuvrent principalement pour le gouvernement fédéral, les gouvernements provinciaux, les sociétés d'État, les grandes compagnies, les bureaux de traduction privés ou encore à leur propre compte.

Préalables du collégial
Détenir un DEC : (McGill, Montréal, UQO, UQTR)

OU détenir un DEC et avoir atteint l'objectif 01P4 (anglais) pour les candidats originaires d'un collège francophone, ou un objectif en français pour les candidats anglophones : (Laval)

OU détenir un DEC et avoir atteint l'objectif 01P4 (anglais) : (Concordia, Sherbrooke), **ou** un cours de la série 600 en français **ou** anglais selon l'origine anglophone **ou** francophone du candidat : (UQO, UQTR)

De plus, il y a un test de connaissance de l'anglais et du français (**Montréal, UQO**), et obligation de réussir un test d'aptitude (**Laval**). **Concordia** demande une lettre d'intention.

Universités offrant le programme spécialisé
Concordia (translation), Laval, McGill (français - traduction), Montréal (orientations générale et « COOP »), Sherbrooke (traduction professionnelle), UQO (traduction et rédaction), UQTR (cours offerts majoritairement en ligne)

Universités offrant une majeure
McGill (français - traduction), Montréal

Universités offrant une mineure
McGill (français - traduction, langue et traduction)

Université offrant un diplôme de 1er cycle
Sherbrooke

Durée des études : 3 ans

Indice d'accès : 72 % sont admis

Certificats du secteur des lettres et langues ouverts aux sortants du niveau collégial

Admissibilité à partir d'un DEC préuniversitaire

- Allemand à l'UQAM
- Anglais à l'UQAM et l'UQTR
- Anglais langue seconde à Sherbrooke et à l'UQAC
- Archivistique à Laval et Montréal
- Communication écrite à l'UQTR
- Communication, rédaction et multimédia à Sherbrooke
- Composition et rédaction françaises à l'UQAM
- Création littéraire à Laval, l'UQAC et l'UQAM
- De base en français langue étrangère à Laval
- Espagnol à Bishop's, l'UQAC, l'UQAM
- Études anglaises à Laval
- Études anciennes - études classiques à Laval
- Études littéraires françaises à l'UQAC
- Études russes à Laval
- Français écrit à l'UQAM
- Français écrit pour non-francophones à l'UQAM
- Français pour non-francophones à l'UQTR
- Français, langue étrangère à Laval
- Français langue seconde à Laval
- Français langue seconde pour non-francophones à Montréal
- Histoire du livre et de l'édition à Sherbrooke
- Initiation à la traduction professionnelle à l'UQO
- Initiation à la rédaction professionnelle à l'UQO
- Intermédiaire-avancé en français langue étrangère à Laval
- Interprétation visuelle à l'UQAM et UQAC
- Interuniversitaire en langue anglaise à TÉLUQ
- Journalisme à Laval
- Langue allemande à Laval
- Langue anglaise à Laval
- Langue espagnole à Laval
- Langue et culture arabes à l'UQAM
- Langues et cultures d'Asie à l'UQAM
- Langue française à Concordia
- Langues modernes à Sherbrooke
- Lettres et langue françaises à Sherbrooke
- Linguistique à Laval
- Littérature française à Laval
- Littérature de jeunesse à l'UQTR
- Littérature québécoise à Laval
- Modern Arabic language and culture à Concordia
- Modern Chinese language (Mandarin) and culture à Concordia
- Modern languages à Bishop's
- Pratiques rédactionnelles à la TÉLUQ
- Productions textuelles à l'UQAR
- Proficiency in English as a second language à Bishop's
- Qualification aux programmes de 1er cycle à Sherbrooke
- Rédaction à Montréal
- Rédaction-communications à l'UQAC
- Rédaction professionnelle anglaise à Sherbrooke

- Rédaction professionnelle à Laval
- Scénarisation cinématographique à l'UQAM
- Technolinguistique autochtone à l'UQAC
- Traduction à Sherbrooke, Montréal, McGill, UQTR
- Traduction 3e langue à Montréal
- Traduction professionnelle à l'UQO

Admissibilité à partir d'un DEC technique
- Anglais à l'UQAM et l'UQTR
- Anglais langue seconde à l'UQAC
- Archivistique à Laval et Montréal
- Communication écrite à l'UQTR
- Création littéraire à Laval, l'UQAC et l'UQAM
- De base en français langue étrangère à Laval
- Espagnol à Laval, l'UQAC et l'UQAM
- Études anglaises à Laval
- Études anciennes - études classiques à Laval
- Études littéraires françaises à l'UQAC
- Études russes à Laval
- Français écrit à l'UQAM
- Français écrit pour non-francophones à l'UQAM
- Français pour non-francophones à l'UQTR
- Français, langue étrangère à Laval
- Français langue seconde à Laval
- Français langue seconde pour non francophones à Montréal
- Initiation à la rédaction professionnelle à l'UQO
- Initiation à la traduction professionnelle à l'UQO
- Intermédiaire-avancé en français langue étrangère à Laval
- Interprétation visuelle à l'UQAC et l'UQAM
- Interuniversitaire en langue anglaise à la TÉLUQ
- Journalisme à Laval
- Langue allemande à Laval
- Langue anglaise à Laval
- Langue et culture arabes à l'UQAM
- Langues et cultures d'Asie à l'UQAM
- Langue espagnole à Laval
- Langue française à Concordia
- Linguistique à Laval
- Littérature française à Laval
- Littérature québécoise à Laval
- Littérature de jeunesse à l'UQTR
- Pratiques rédactionnelles à laTÉLUQ
- Productions textuelles à l'UQAR
- Rédaction à Montréal
- Rédaction-communications à l'UQAC
- Rédaction professionnelle à Laval
- Technolinguistique autochtone à l'UQAC
- Traduction à McGill et Montréal

Autres majeures offertes dans ce secteur

- Classical civilization à Concordia
- Classical Languages and Literature à Concordia
- East Asian Studies à McGill
- Études classiques à Montréal
- Études médiévales à Montréal
- Littérature comparée à Montréal

Autres mineures offertes dans ce secteur

- Allemand à l'UQAM
- Anglais à l'UQAM
- Anglais langue seconde à l'UQAC
- Classical archeology à Concordia
- Classical civilization à Concordia
- Classical languages and literature à Concordia
- Espagnol à l'UQAC et l'UQAM
- Études anglaises à Sherbrooke
- Études arabes à Montréal
- Études classiques à l'UQAM et Montréal
- Études européennes à Montréal
- Études médiévales à Montréal
- Langue et culture arabes à l'UQAM
- Langues et cultures d'Asie à l'UQAM
- Langue française à Concordia
- Littérature comparée à Montréal
- Modern arabic language and culture à Concordia
- Modern chinese language (Mandarin) and culture à Concordia
- Pratiques et interventions culturelles à l'UQAR
- Rédaction-communications à l'UQAC

Autres diplômes de 1er cycle offerts dans ce secteur

- Anglais langue seconde à Sherbrooke et à l'UQAC
- Anglais, Allemand, Espagnol, Italien à l'UQAM
- Communication in English à l'UQTR
- Création littéraire à Sherbrooke
- Espagnol à Sherbrooke
- Études hispaniques à l'UQTR
- Français langue seconde à Sherbrooke
- Journalisme à Montréal
- Langue espagnole à l'UQAC
- Perfectionnement du français écrit à l'UQAC
- Rédaction : principes et perspectives à Montréal
- Rédaction spécialisée à Sherbrooke
- Révision de textes à Sherbrooke
- Written English à l'UQTR

LES ÉTUDES DE CYCLES SUPÉRIEURS «MAÎTRISES» ET «DOCTORATS»

Les 2ᵉ et 3ᵉ cycles universitaires

Dans les pages qui suivent, il y a, par grands secteurs tout comme au premier cycle, une énumération des programmes offerts aux 2ᵉ et 3ᵉ cycles dans les différentes universités québécoises.

Cette liste ne recoupe que les grades offerts. Ce qui signifie qu'on peut accoler le terme «maître en...» pour le 2ᵉ cycle, et «docteur en...» pour le 3ᵉ cycle aux différentes disciplines listées. Par contre, la plupart des universités offrent à l'intérieur de ces grades et disciplines des concentrations, options ou orientations spécifiques aux intérêts des chercheurs et / ou des départements concernés. Ces concentrations ne font pas l'objet de notre préoccupation dans ce chapitre. Autrement dit, elles n'apparaissent pas dans nos listes. Il aurait été possible de le faire dans certains secteurs de recherche mieux cernés et connus, mais impossible, de façon juste et équitable, dans plusieurs secteurs de recherche moins structurés, et ceci sans aucune notion péjorative. C'est donc dire que l'énumération des études de cycles supérieurs des pages suivantes ne comprend que les titres et grades des programmes offerts par les universités et non pas les options ou spécialisations que l'on peut trouver à l'intérieur des programmes. Ce sont uniquement les universités concernées qui sont en mesure de fournir à chacun les informations pertinentes à leurs très nombreux domaines de recherche.

De plus, chaque université québécoise offre un certain nombre de diplômes d'études supérieures spécialisées (DESS) aux études de cycles supérieurs ou encore de micro-programmes. Ils ne font pas non plus partie des préoccupations de ce Guide. Là encore, il convient de s'en référer aux annuaires des universités pour obtenir cette information ou aux sites Web.

Les études de cycles supérieurs sont la continuation des études de premier cycle. Ce qui signifie que, normalement, il faut déjà détenir un baccalauréat de 1er cycle universitaire ou son équivalent pour pouvoir accéder à une maîtrise de 2e cycle et une maîtrise pour accéder au doctorat. Il est exceptionnellement possible d'être admis à une maîtrise sans posséder un 1er cycle universitaire; par exemple à partir d'expériences pertinentes sur le marché du travail. Ce ne sont pas toutes les universités qui donnent cet accès. Certaines permettent même l'accès à un doctorat directement après des études de 1er cycle pour un nombre très restreint de programmes.

Un nouveau phénomène est apparu ces dernières années; les universités offrent maintenant la possibilité aux étudiants de poursuivre un baccalauréat-maîtrise-intégré (**B.M.I.**), c'est-à-dire de poursuivre simultanément un programme qui inclut dans sa définition même le 1er et le 2e cycle intégrés. Le lecteur doit se référer aux annuaires des universités pour chercher cette information, car ce ne sont pas toutes les universités qui offrent de tels programmes, et celles qui l'offrent n'en font pas une règle générale pour l'ensemble de leurs programmes.

Les études de 2e cycle, ou maîtrises, peuvent être de deux ordres : les maîtrises de type professionnel ou de scolarité généralement appelées maîtrises sans mémoire, et les maîtrises de type recherche généralement appelées maîtrises avec mémoire. Les programmes sans mémoire sont principalement constitués de cours à suivre : ils ne comportent donc surtout que des crédits de scolarité et peu ou pas de crédits de recherche. Tandis que les programmes avec mémoire sont principalement constitués de crédits de recherche et peu de crédits de scolarité. Ce sont ces derniers pour lesquels l'étudiant doit élaborer un mémoire de recherche faussement appelé «thèse» à ce niveau par certains. Les programmes avec recherche mènent normalement au doctorat ou études de 3e cycle, tandis que les programmes sans mémoire ou professionnel, ne sont généralement pas constitués pour une poursuite aux études de doctorat. Par contre, il y a des exceptions, et ce n'est certainement pas une règle très bétonnée. On trouve également dans certaines universités des doctorats à caractère professionnel où un étudiant peut poursuivre une spécialité amorcée au 2e cycle même dans les programmes professionnels.

Les études de troisième cycle, ou doctorats, sont la continuation normale des études de maîtrise de 2e cycle. Il faut normalement être détenteur d'une maîtrise ou son équivalent pour accéder à des études de 3e cycle. Il est admis par les universités que, de façon exceptionnelle, un candidat puisse être dirigé à un doctorat sans avoir complété sa maîtrise. Ces cas se produisent lorsqu'il est démontré que le candidat possède des qualités de chercheur indéniables et démontre un intérêt particulier pour une recherche spécifique. Il faut aussi que le candidat se situe parmi les meilleurs de son groupe.

Les études doctorales sont constituées de peu de crédits de scolarité (cours) et d'un maximum de crédits de recherche qui mènent à l'élaboration d'une thèse. Cette thèse, une fois complétée et déposée, doit être défen-due par le candidat devant les membres d'un jury spécia-lement nommés pour ce faire. Quant à lui, le mémoire de maîtrise n'a pas à être défendu devant un jury.

Chaque université a ses propres règlements de régie interne en ce qui concerne les études de cycles supérieurs. Par exemple, les étudiants disposent d'un nombre d'années précis pour compléter soit une maîtrise, soit un doctorat. Ce nombre d'années peut varier selon les établissements. Il n'y a pas de règle universelle. De même, particulièrement pour les études doctorales, un candidat peut être tenu de faire une période de résidence, c'est-à-dire étudier normalement à temps complet. Encore là, chaque université a ses règlements.

Finalement, un programme de maîtrise comporte généralement 45 crédits, et un programme de doctorat, 90 crédits. Par contre, selon les programmes, ce nombre peut varier, et ce, généralement vers la hausse. Enfin, tous ces points doivent faire l'objet d'une vérification dans les annuaires des universités.

Les listes des programmes et grades

Les listes de tous les programmes des études de cycles supérieurs sont par secteurs des sciences de la santé, sciences pures et appliquées, sciences humaines, sciences de l'administration, beaux-arts et lettres et langues. Cette classification est employée afin que la référence à l'intérieur de ce Guide Pratique soit la même pour les études de cycles supérieurs et les études de 1er cycle.

Signification des abréviations

B.M.I.	baccalauréat-maîtrise-intégrés
D.C.L.	doctorate in civil law
D. Éd.	doctorat en éducation
D. Mus.	doctorat en musique
D. Ps.	doctorat en psychologie
D.Th.P.	doctorat en théologie pratique
D. Th.	doctorat en théologie
EMBA	executive MBA
LL. D.	doctorat en droit
LL. M.	maîtrise en droit
L. Th.	licence en théologie
M.A.	maîtrise ès arts
M.A.P.	maîtrise en administration publique
M. Arch.	maîtrise en architecture
M. Atdr.	maîtrise en aménagement du territoire et développement régional
MBA	maîtrise en administration des affaires
M.B.S.I.	maîtrise en bibliothéconomie et sciences de l'information
M.C.L.	master in civil law
M.Comp.Sc.	master in computer science
M. Éd.	maîtrise en éducation
M.Eng.	master in engineering
M. Env.	maîtrise en environnement
M. Erg.	maîtrise en ergothérapie
M.F.A.	master in fine arts
M. Fisc.	maîtrise en fiscalité
M.G.P.	maîtrise en gestion de projet
M. Ing.	maîtrise en ingénierie
M.I.T.	maîtrise en intervention en toxicomanie
M.L.I.S.	master in library and information studies
M. M.	maîtrise en management
M. Mus.	maîtrise en musique
M. Pht.	maîtrise en physiothérapie
M.P.A.	maîtrise professionnelle en audiologie

M.P.O.	maîtrise professionnelle en orthophonie
M. Read.	maîtrise en pratiques de la réadaptation
M. Sc.	maîtrise ès sciences
M. Sc. Géogr.	maîtrise en géographie
M. Sc. A.	maîtrise ès sciences appliquées
M.Serv. Soc.	maîtrise en service social
M.S.W.	master in social work
M. Th.	maîtrise en théologie
M.T.M.	master in teaching of mathematics
M.U.P.	master in urban planning
M. Urb.	maîtrise en urbanisme
Ph. D.	philosophiae doctor (doctorat en...)
S.T.M.	master in sacred theology

SCIENCES DE LA SANTÉ

Anatomie : (M. Sc.) et (Ph. D.) à McGill

Audiologie : (M.P.A.) à Montréal

Biologie cellulaire :
   (M. Sc.) et (Ph. D.) à Sherbrooke

Biologie cellulaire et moléculaire :
   (M. Sc.) et (Ph. D.) à Laval

Biologie moléculaire :
   (M. Sc.) et (Ph. D.) à Montréal

Communication Sciences and Disorders :
   (M. Sc.) (M. Sc.A.) et (Ph. D.) à McGill

Épidémiologie : (M. Sc.) et (Ph. D.) à Laval

Épidémiologie clinique : (M. Sc.) à Laval

Epidemiology and Biostatistics :
   (M. Sc.) et (Ph. D.) à McGill

Ergothérapie : (M.Erg.) à Sherbrooke; (M. Sc.A.) à
   McGill; (M. Sc.) à Laval, Montréal et l'UQTR

Évaluation des technologies de la santé :
   (M. Sc.) à Montréal

Experimental Surgery :
   (M. Sc.) et (Ph. D.) à McGill

Gérontologie : (M.A.) et (Ph. D.) à Sherbrooke

Human Genetics : (M. Sc.) et (Ph. D.) à McGill

Immunologie :
   (M. Sc.) et (Ph. D.) à Sherbrooke

Intervention en toxicomanie : (M.I.T.) à Sherbrooke

Kinésiologie :
   (M. Sc.) et (Ph. D.) à Laval; (Msc.) et (M.A.) à
   McGill; (M. Sc.) à Montréal

Médecine dentaire :
   (M. Sc.) à Montréal;
   (M. Sc.) et (Ph. D.) à McGill

Médecine expérimentale :
    (M. Sc.) et (Ph. D.) à Laval et McGill;
    (M. Sc.) à l'UQAC

Medical Radiation Physics :
    (M. Sc.) à McGill

Microbiologie : (M. Sc.) et (Ph. D.) à Sherbrooke et
    McGill

Microbiologie appliquée : (M. Sc.) à l'INRS

Microbiologie-immunologie (médecine) : (M. Sc.)
    et (Ph. D.) à Laval et Montréal

Neurobiologie : (M. Sc.) et (Ph. D.) à Laval

Nursing : (M. Sc.A.) et (Ph. D.) à McGill

Nutrition : (M. Sc.) et (Ph. D.) à Laval, McGill et
    Montréal

Occupational Health Sciences :
    (M. Sc.A.) et (Ph. D.) à McGill

Oral and Maxillofacial Surgery :
    (M. Sc.) à McGill

Orthophonie : (M.P.O.) à Montréal; (M. Sc.) à Laval et
    UQTR (en instance d'approbation)

Otolaryngology : (M. Sc.) à McGill

Pathologie et biologie cellulaires :
    (M.Sc) et (Ph. D.) à Montréal

Pathology : (M. Sc.) et (Ph. D.) à McGill

Pharmacie d'hôpital : (M. Sc.) à Laval

Pharmacologie : (M. Sc.) et (Ph. D.) à Sherbrooke;
    (M. Sc.) et (Ph. D.) à Montréal

Pharmacology and Therapeutics : (M. Sc.), (M. Sc.A.)
    et (Ph. D.) à McGill

Physiologie : (M. Sc.) et (Ph. D.) à McGill et à
    Sherbrooke

Physiologie-Endocrinologie :
    (M. Sc.) et (Ph. D.) à Laval

Physiothérapie : (M.Pht.) à Laval et Sherbrooke;
    (M. Sc.A.) à McGill; (M. Sc.) à Montréal

Physique-médicale : (M. Sc.) à Laval

Pratique pharmaceutique : (M. Sc.) à Montréal

Pratiques de la réadaptation : (M. Réad.) à Sherbrooke

Psychiatry : (M. Sc.) à McGill

Rehabilitation Science : (M. Sc.), (M. Sc.A.) et (Ph. D.) à McGill

Santé communautaire : (M. Sc.) à Montréal; (M. Sc.) et (Ph. D.) à Laval

Santé communautaire – évaluation : (M. Sc.) à Laval

Santé communautaire – promotion de la santé : (M. Sc.) à Laval

Santé communautaire – santé mondiale : (M. Sc.) à Laval

Santé environnementale et santé au travail : (M. Sc.) à Montréal

Santé et société : (Ph.D.) à l'UQAM

Santé publique : (Ph. D.) à Montréal

Sciences biomédicales : (M. Sc.) et (Ph. D.) à Montréal

Sciences cliniques : (M. Sc.) et (Ph. D.) à Sherbrooke et UQAT

Sciences de la vision : (M. Sc.) à Montréal

Sciences dentaires : (M. Sc.) à Laval et McGill

Sciences dentaires – chirurgie buccale et maxillo-faciale : (M. Sc.) à Laval

Sciences dentaires – gérodontologie : (M. Sc.) à Laval

Sciences dentaires – parodontie : (M. Sc.) à Laval

Sciences expérimentales de la santé (M. Sc.) à INRS

Sciences infirmières : (M. Sc.) et (Ph. D.) à Montréal et Laval; (M.Sc.) à l'UQAR (+ campus de Lévis), l'UQO (+ UQO / campus de Saint-Jérôme), l'UQTR, l'UQAC et l'UQAT

Sciences infirmières – santé mentale et soins psychiatriques : (M.Sc.) à l'UQAR (+ campus de Lévis), l'UQAC, l'UQAT, l'UQO et l'UQTR

Sciences infirmières – soins de première ligne : (M.Sc.) à Laval, l'UQAT et l'UQO

Sciences infirmières – soins tertiaires : (M.Sc.) à Laval

Sciences neurologiques : (M. Sc.) et (Ph. D.) à Montréal et McGill (neuroscience)

Sciences pharmaceutiques : (M. Sc.) et (Ph. D.) à Laval et Montréal

Sciences des radiations et imagerie biomédicale : (M. Sc.) et (Ph. D.) à Sherbrooke

Sciences de la réadaptation : (M. Sc.) et (Ph. D.) à Montréal

Sciences vétérinaires : (M.Sc.) et (Ph.D.) à Montréal

Technologies de la santé : (M.Ing.) à l'ÉTS

Virologie et immunologie : (M. Sc.) et (Ph. D.) à INRS et (Ph. D.) à Montréal

SCIENCES PURES ET APPLIQUÉES

Actuariat : (M. Sc.) et (Ph.D) à Laval

Agricultural Economics : (M. Sc.) à McGill

Agroéconomie : (M.Sc.) à Laval

Agroéconomie – consommation : (M.Sc.) à Laval

Agroforesterie : (M. Sc.) à Laval

Aménagement :
   (M. Sc.A.) et (Ph. D.) à Montréal

Aménagements du territoire et développement
   régional : (M.Atdr.) et (Ph. D.) à Laval

Animal Science :
   (M. Sc.), (M. Sc.A.) et (Ph. D.) à McGill

Architecture :
   (M.Arch.) et (M.Sc,) à Laval; (M.Arch.) et (Ph.D.) à
   McGill; (M.Arch.) à Montréal

Atmospheric and Oceanic Sciences :
   (M. Sc.) et (Ph. D.) à McGill

Biochimie : (M. Sc.) et (Ph. D.) à Laval,
   McGill, Montréal, Sherbrooke et l'UQAM

Biogéosciences de l'environnement : (M. Sc.) à Laval

Bio-informatique :
   (M. Sc.) et (Ph. D.) à Montréal

Biologie : (M. Sc.) et (Ph.D) à Concordia, Laval,
   McGill, Sherbrooke et l'UQAM; (M. Sc.) à l'UQAT;
   (Ph. D.) à l'INRS, l'UQAC et l'UQAR

Biologie cellulaire : (M. Sc.) et (Ph. D.) à Sherbrooke

Biologie végétale :
   (M. Sc.) et (Ph. D.) à Laval

Biophotonique : (M. Sc.) et (Ph. D.) à Laval

Biophysique et biologie cellulaires :
   (M. Sc.) et (Ph. D.) à l'UQTR

Bioresource Engineering : (M. Sc.), (M. Sc.A.) et
   (Ph. D.) à McGill

Building Engineering :
   (M.Eng.), (M.A.Sc.) et (Ph. D.) à Concordia

Chimie : (M. Sc.) à Bichop's et l'UQTR; (M. Sc.) et
   (Ph. D.) à Concordia, Laval, Montréal, McGill,
   Sherbrooke et l'UQAM

Commerce électronique : (M. Sc.) à Montréal
   conjoint avec HEC Montréal

Computer Science :
   (M. Sc.) et (Ph. D.) à McGill; (M.Ap.Comp.Sc.)
   et (Ph. D.) à Concordia; (M. Sc.) à Bishop's

Conception et gestion de projets d'ingénierie
   canadiens : (M. Ing.) à l'ÉTS

Earth and Planetary Sciences :
   (M. Sc.) et (Ph. D.) à McGill

Énergies renouvelables et efficacité énergétique : (M.
   Ing.) et (M.Sc.A.) à l'ÉTS

Entomology : (M. Sc.) et (Ph. D.) à McGill

Environnement :
   (M.Env.) à Sherbrooke; (Ph. D.) à l'UQAR

Finance mathématique et computationnelle :
   (M. Sc.) à Montréal

Food Science and Agricultural Chemistry :
   (M. Sc.) et (Ph. D.) à McGill

Génie : (M.Sc.A.) et (Ph. D.) à l'ÉTS

Génie aérospatial : (M. Sc.) conjoint à Laval,
   à Polytechnique; (M.Ing.) et (M.Sc.A.) à l'ÉTS;
   (M.Ing.) à Sherbrooke; (M.Eng.) à Concordia et
   McGill

Génie agroalimentaire : (M. Sc.) à Laval

Génie biomédical : (M.Ing.), (M. Sc.A.) et (Ph. D.)
   à Polytechnique et Montréal; (M.Eng.)
   et (Ph. D.) à McGill

Génie chimique : (M.Ing.) et (M. Sc.A.) et (Ph. D.)
   à Polytechnique; (M.Eng.) et (Ph. D.) à McGill;
   (Ph.D.) à Laval; (M.Sc.A.) et (Ph.D.) à Sherbrooke

Génie civil : (M.ing.) et (M. Sc.A.) et (Ph. D.) à Polytechnique; (M.Eng.), (M. Sc.) et (Ph. D.) à McGill; (M. Sc.A.), (M.Eng.) et (Ph. D.) à Concordia; (M. Sc.A.) et (Ph. D.) à Sherbrooke; (M. Sc.) et (Ph. D.) à Laval

Génie civil – technologies environnementales : (M.Sc.) à Laval

Génie de la construction : (M.Ing.) et (M.Sc.A.) à l'ÉTS

Génie électrique : (M.Ing.) et (M. Sc.A.) et (Ph. D.) à Polytechnique; (M. Sc.) et (Ph. D.) à Laval; (M.Eng.), (MASc.), et (Ph. D.) à Concordia; (M.Eng.) et (Ph. D.) à McGill; (M.Ing.) et (M.Sc.A.) à l'ÉTS : (M.Ing.) à l'UQAM; (M. Sc.A.) et (Ph. D.) à Sherbrooke et à l'UQTR

Génie énergétique : (M.Ing.) et (M. Sc.A.) à Polytechnique

Génie de l'environnement : (M. Sc.A.) à McGill; (M.Ing.) et (M.Sc.A.) à l'ÉTS

Génie industriel : (M. Sc.A.), (M.Ing.) et (Ph. D.) à Polytechnique; (M. Sc.A.) et (M.Ing.) à l'UQTR et Concordia

Génie informatique : (M.A.Sc.), (M.Eng.) et (Ph. D.) à Concordia; (M.Ing.), (M. Sc.) et (Ph. D.) à Polytechnique

Génie logiciel : (M. Sc.) à Sherbrooke; (M.Ing.) à l'UQAM conjointement avec l'ÉTS; (M.A.Sc.) et (M.Eng.) à Concordia

Génie mécanique : (M.Ing.) et (M. Sc.A.) et (Ph. D.) à Polytechnique; (M. Sc.) et (Ph. D.) à Laval; (M.Ing.) et (M.Sc.A.) à l'ÉTS; (M.Eng.), (M. Sc.A.) et (Ph. D.) à Concordia; (M. Sc.A.) et (Ph. D.) à Sherbrooke; (M.Eng.), (M. Sc.) et (Ph. D.) à McGill

Génie métallurgique : (M.Ing.), (M. Sc.) et (Ph. D.) à Polytechnique

Génie des matériaux et de la métallurgie :
(M. Sc.) et (Ph. D.) à Laval

Génie minéral : (M.Ing.), (M. Sc.A) et
(Ph. D.) à Polytechnique; (M.Ing.) à l'UQAT

Génie des mines : (M. Sc.) et (Ph. D.) à Laval

Génie des mines et des matériaux : (M.Eng.), (M. Sc.)
et (Ph. D.) à McGill

Génie nucléaire :
(Ph. D.) à Polytechnique

Génie physique : (M.Ing.) et (M. Sc.A.) et (Ph. D.)
à Polytechnique

Génie de la production automatisée :
(M.Ing.) et (M.Sc.A.) à l'ÉTS

Gestion de la faune et de ses habitats :
(M. Sc.) à l'UQAR

Gestion durable des écosystèmes
forestiers :(M. Sc.A.) à l'UQO et l'UQTR

Gestion durable des écosystèmes forestiers :
(M.Sc.A.) à l'UQAM

Gestion de l'ingénierie : (M.Ing.) à Sherbrooke

Gestion de l'innovation : (M. Ing.) et (M.Sc.A.) à l'ÉTS

Gestion de projets d'ingénierie : (M. Ing.) et (M.Sc.A.)
à l'ÉTS

Information systems security : (M.Eng.) et (M. Sc.A.)
à Concordia

Informatique :
(M. Sc.) et (Ph. D.) à Montréal, Laval, Sherbrooke
et l'UQAM; (M. Sc.) à l'UQAC et l'UQO

Informatique cognitive :
(Ph. D.) à l'UQAM et TELUQ (conjoint)

Informatique de gestion :
(M. Sc.A.) et (M. Sc.) à UQAM

Ingénierie :
(M. Sc.A.) à l'UQAR et l'UQAT;
(M. Sc.A.) et (Ph. D.) à UQAC; (Ph. D.) à l'UQTR

Ingénierie financière : (M. Sc.) à HEC Montréal

Mathématiques : (M. Sc.) et (Ph. D.)
à Laval, Montréal, Sherbrooke et UQAM;
(M.A.), (M. Sc.) et (Ph. D.) à Concordia; (M.A.)
et (M. Sc.) et (Ph. D.) à McGill

Mathématiques appliquées :
(M. Sc.A.) à Polytechnique

Mathematics and Statistics : (M.A.), (M.Sc.) et (PhD.)
à McGill

Mathématiques et informatique appliquées :
(M. Sc.) à l'UQTR

Mathématiques, option maths de l'ingénieur :
(Ph. D.) à Polytechnique

Mathematics, Teaching of : (M.T.M.) à Concordia

Microbiologie : (M. Sc.) et (Ph. D.) à Laval, McGill et
Sherbrooke

Microbiologie agricole :
(M. Sc.) et (Ph. D.) à McGill

Microbiologie agroalimentaire : (M.Sc.) et (Ph.D.) à
Laval

Microbiologie appliquée :
(M. Sc.) à INRS

Microbiology and Immunology : (M. Sc.) et (M. Sc.A.)
et (Ph. D.) à McGill

Mining and Materials Engineering :
(M.Eng.) et (M. Sc.) et (Ph. D.) à McGill

Modélisation et décision :
(M. Sc.) à HEC Montréal

Occupational Health Sciences :
(M. Sc.A.) et (Ph. D.) à McGill

Océanographie : (M. Sc.) et (Ph. D.) à UQAR;
(Ph. D.) à Laval

Parasitology :
(M. Sc.) et (Ph. D.) à McGill

Physiologie : (M. Sc.) et (Ph. D.) à McGill et Montréal

Physique : (M. Sc.) et (Ph. D.) à Concordia, Laval, McGill, Montréal et Sherbrooke; (M. Sc.) à Bishop's et l'UQTR

Plant Science : (M. Sc.) et (Ph. D.) à McGill

Projets internationaux et ingénierie globale : (M.Ing.) à l'ÉTS

Quality Systems Engineering : (M.Eng.) et (M. Sc.A.) à Concordia

Renewable Resources : (M. Sc.) et (Ph. D.) à McGill

Réseaux de télécommunications : (M. Ing.) et (M.Sc.A.) à l'ÉTS

Ressources maritimes : (M. Sc.) à UQAR

Ressources minérales : (Ph. D.) à l'UQAC

Ressources renouvelables : (M. Sc.) à UQAC

Sciences animales : (M. Sc.) et (Ph. D.) à Laval

Sciences de l'architecture : (M.Sc.) à Laval

Sciences de l'atmosphère : (M. Sc.) à UQAM

Sciences biologiques : (M. Sc.) et (Ph. D.) à Montréal

Sciences du bois : (M. Sc.) et (Ph. D.) à Laval

Sciences de l'eau : (M. Sc.) et (Ph. D.) à INRS

Sciences de l'énergie et des matériaux : (M. Sc.) et (Ph. D.) à INRS et UQTR

Sciences de l'environnement : (M. Sc.) et (Ph. D.) à UQAM et UQTR; (Ph. D.) à UQAC, UQAR et UQAT (profil recherche)

Sciences et génie des matériaux lignocellulosiques : (M.Sc.A.) et Ph.D.) à l'UQTR

Sciences forestières : (M. Sc.) et (Ph. D.) à Laval

Sciences géographiques : (M. Sc. géogr.) et (Ph. D.) à Laval

Sciences géographiques – géographie appliquée : (M. Sc. géogr.) à Laval

Sciences géomatiques : (M. Sc.) et (Ph. D.) à Laval

Sciences géomatiques – géo-informatique : (M. Sc.) à Laval

Sciences géomatiques – géomatique appliquée : (M. Sc.) à Laval

Sciences géomatiques – gestion territoriale et foncière : (M. Sc.) à Laval

Sciences des radiations et imagerie biomédicale : (M. Sc.) et (Ph. D.) à Sherbrooke

Sciences et technologie des aliments : (M. Sc.) et (Ph. D.) à Laval

Sciences et technologies de l'information : (Ph. D.) à l'UQAC et l'UQO

Sciences de la Terre : (M. Sc.A.) à UQAC; (M. Sc.) à UQAM; (M. Sc.) et (Ph. D.) à INRS et Laval

Sciences de la terre – technologies environnementales : (M.Sc.) à Laval

Sciences de la Terre et de l'Atmosphère : (Ph. D.) à l'UQAC et l'UQAM

Sols et environnement : (M. Sc.) et (Ph. D.) à Laval

Statistique : (M. Sc.) et (Ph. D.) à Montréal; (M. Sc.) à Laval

Statistique – biostatistique : (M. Sc.) à Laval

Technologies de l'information : (M. Sc.) à HEC Montréal et la TÉLUQ; (M.Ing.) et (M.Sc.A.) à l'ÉTS

Technologies de la santé : (M. Ing.) et (M.Sc.A.) à l'ÉTS

Télécommunications : (M. Sc.) et (Ph. D.) à l'INRS

Télédétection : (Ph. D.) à Sherbrooke

Urbanisme : (M.Urb.) à Montréal

Urban Planning : (M.U.P.) à McGill

SCIENCES HUMAINES

Adaptation scolaire et sociale :(M.Éd.) à Sherbrooke

Administration de l'éducation :
(M.Éd.) et (M.A.) et (Ph. D.) à Montréal

Administration et évaluation en éducation :
(M.A.) et (Ph. D.) à Laval

Andragogie : (M.A.) et (Ph. D.) à Montréal

Anthropologie : (M.A.) et (Ph. D.) à Laval et
McGill; (M. Sc.) et (Ph. D.) à Montréal;

Archéologie : (M.A.) et (Ph. D.) à Laval

Art – thérapie : (M.A.) à l'UQAT

Bioéthique : (M.A.) à Montréal et McGill

Carriérologie : (M.Éd.) à l'UQAM

Child study : (M.A.) à Concordia

Civil Law : (LL.M) et (D.C.L.) à McGill

Classics : (M.A.) et (Ph. D.) à McGill

Communication : (M.A.) et (Ph. D.) à McGill, et
l'UQAM; (M.A.) à Sherbrooke; (Ph. D.) à
Concordia et Montréal

Communication publique : (M.A.) et (Ph.D) à Laval

Communication publique – communication
internationale et interculturelle : (M.A.) à Laval

Communication publique – journalisme économique :
(M.A.) à Laval

Communication publique – journalisme international :
(M.A.) à Laval

Communication publique – journalisme scientifique :
(M.A.) à Laval

Communication publique – relations publiques :
(M.A.) à Laval

Counselling Psychology : (M.A.) et (Ph. D.) à McGill

Criminologie : (M. Sc.) et (Ph. D.) à Montréal

Démographie : (M. Sc.) et (Ph. D.) à Montréal et
INRS

Développement régional : (M.A.) et (Ph. D.) à
UQAR; (Ph. D.) à UQAC

Didactique : (M.A.) et (Ph. D.) à Laval; (M.Éd.), (M.A.)
et (Ph. D.) à Montréal

Droit : (LL.M.) et (LL.D.) à Laval, Montréal et
Sherbrooke; (LL.M.) et (D.C.L.) à McGill : (D.C.L) à
l'UQAM

Droit aérien et spatial : (LL.M.) et (D.C.L.) à McGill

Droit comparé : (LL.M.) et (D.C.L.) à McGill

Droit - fiscalité : (LL.M.) conjoint Montréal
et HEC Montréal

Droit – de l'entreprise : (LL.M.) à Laval

Droit – de l'environnement, développement durable et
sécurité alimentaire : (LL.M.) à Laval

Droit – droits fondamentaux et droits collectifs :
(LL.M.) à Laval

Droit – international et transnational : (LL.M.) à Laval

Droit et politiques de la santé : (LL.M.) à Sherbrooke

Droit - notariat : (LL.M.) (notariat) à Montréal

Économie appliquée : (M. Sc. en gestion) à HEC
Montréal

Économie rurale : (M. Sc.) à Laval

Économique : (M. Sc.) à Sherbrooke; (M.A.) et
(Ph. D.) à Concordia, Laval et McGill

Éducation : (M.Ed.) à Bishop's et UQAT; (M.Éd.),
(M.A.) et (Ph. D.) à McGill, UQAC, UQAM, UQAR
(+Campus de Lévis) et UQTR; (M.A.) et (Ph. D.) à
UQO; (Ph. D.) à Concordia et Sherbrooke

Éducation comparée et fondements de l'éducation :
(M.A.) et (Ph. D.) à Montréal

Éducation générale : (M.Éd.) à Montréal

Éducation – orthopédagogie : (M.Ed.) à Montréal

Educational Psychology : (M.A.), (M.Ed.) et (Ph. D.) à
McGill

Educational Studies : (M.A.) à Concordia

Educational Technology :
   (M.A.) et (Ph. D.) à Concordia

Évaluation des compétences : (M.Ed.) à Montréal

Enseignement au collégial : (M.Éd.) à Sherbrooke

Enseignement au préscolaire et primaire : (M.Éd.) à
   Sherbrooke

Enseignement au secondaire : (M.Éd.) à Montréal
   (conjointement avec l'UQAM) et Sherbrooke

Environnement : (M.Env.) à Sherbrooke

Éthique : (M.A.) à l'UQAR (+Campus de Lévis)

Ethnologie et patrimoine : (M.A.) et (Ph. D.) à Laval

Études allemandes : (M.A.) à Montréal

Études anciennes : (M.A.) et (Ph. D.) à Laval

Études classiques : (M.A.) à Montréal

Études hispaniques : (M.A.) à Montréal

Études internationales : (M.A.) et (Ph. D.) à Laval;
   (M. Sc. en gestion) à Montréal

Études et interventions régionales : (M.A.) à UQAC

Études politiques appliquées : (M.A.) à Sherbrooke

Études québécoises : (M.A.) et (Ph. D.) à l'UQTR

Études du religieux contemporain : (M.A.) et (Ph. D.)
   à Sherbrooke

Études urbaines : (M. Sc.) et (Ph. D.) à UQAM
   et INRS

Exercise science : (M. Sc.) à Concordia

Formation à distance : (M.A.) à TÉLUQ

Géographie : (M. Sc.) à l'UQAM et l'UQAR;
   (M. Sc.) et (Ph. D.) à Montréal; (M.A.)
   et (M. Sc.) et (Ph. D.) à McGill

Geography, urban and environment studies : (M. Sc.)
   à Concordia

German studies : (M.A.) et (Ph.D.) à McGill

Gérontologie : (M.A.) et (Ph. D.) à Sherbrooke

Gestion de l'éducation et de la formation :
(M.Ed.) à Sherbrooke

Hispanic Studies : (M.A.) et (Ph.D.) à McGill

Histoire : (M.A.) et (Ph. D.) à Concordia, Laval,
McGill, Montréal, Sherbrooke et UQAM; (M.A.) à
l'UQAR

Histoire – archivistique : (M.A.) à Laval

History and Philosophy of Religion : (M.A.) à
Concordia

Human systems intervention : (M.A.) à Concordia

Humanities : (Ph. D.) à Concordia

Intervention éducative : (M.Éd.) à Montréal

Islamic Studies : (M.A.) et (Ph. D.) à McGill

Jewish Studies : (M.A.) à McGill

Judaic Studies : (M.A.) à Concordia

Kinanthropologie : (M. Sc.) à UQAM

Laws : (LL.M.) et (D.C.L.) à McGill

Library and Information Studies : (M.L.I.S.) et (Ph.D.)
à McGill

Loisir, culture et tourisme : (M.A.) à UQTR

Media Studies : (M.A.) à Concordia

Médiation interculturelle : (M.A.) à Sherbrooke

Mesure et évaluation (éducation) :
(M.A.) et (Ph. D.) à Montréal

Muséologie : (M.A.) à Montréal

Orientation : (M.A.) et (Ph. D.) à Laval; (M. Sc.) à
Sherbrooke

Orthopédagogie : (M.Éd.) à l'UQAM

Pédagogie universitaire des sciences médicales :
(M.A.) à Montréal

Philosophie : (M.A.) et (Ph. D.) à Laval,
McGill, Montréal, UQAM, UQTR
et Sherbrooke; (M.A.) à Concordia

Philosophie pratique : (Ph.D.) à Sherbrooke

Political Science : (M.A.) et (Ph. D.) à McGill; (Ph. D.) à Concordia

Pratiques psychosociales : (M.A.) à UQAR

Pratiques de recherche et action publique : (M. Sc.) à l'INRS

Prévention et règlement des différends : (LL.M.) à Sherbrooke

Psychoéducation : (M. Sc.) l'UQAT, l'UQO (+ UQO à Saint-Jérôme); (M. Sc.) et (Ph. D.) à Montréal et l'UQTR : (Ph.D.) à Sherbrooke

Psychologie :(Ph. D.) et (D.Psy.) à Laval et l'UQO; (M.A.) et (M. Sc.) et (Ph. D.) à McGill; (M. Sc.) et (Ph. D.) et (M.Ps.) et (D.Psy.) à Montréal; (M.A.) et (Ph. D.) à Concordia; (Ph. D.) et (D.Ps.) à l'UQTR; (Ph. D.) à l'UQAC; (D.Ps.) à Sherbrooke; (Ph. D.) et (Psy.D.) à l'UQAM

Psychologie – recherche et intervention : (Ph. D.) à Montréal

Psychologie – recherche et intervention (orientation clinique) : (Ph. D.) à Laval

Psychopédagogie : (M.A.) et (Ph. D.) à Laval; (M.A.) en adaptation scolaire à Laval; (M.A.) et (Ph. D.) à Montréal

Public policy and Public administration : (MPPPA) à Concordia

Religion : (Ph. D.) à Concordia

Religious Studies : (M.A.) et (Ph. D.) à McGill

Sacred Theology : (S.T.M.) à McGill

Santé et société: (Ph.D.) à l'UQAM

Science, technologie et société : (M.A.) et (Ph. D.) à l'UQAM

Sciences de l'activité physique : (M. Sc.) à Sherbrooke et l'UQTR; (M. Sc.) et (Ph. D.) à Montréal

Sciences de la communication : (M. Sc.) à Montréal

Sciences économiques :
(M. Sc.) et (Ph. D.) à Montréal

Sciences de l'éducation : (M.A.) à Sherbrooke

Sciences de l'information : (M. Sc.) et (Ph. D.) à Montréal

Sciences géographiques : (M.Sc.) et (Ph.D.) à Laval;
(M. Sc.) à Sherbrooke

Sciences de l'orientation – psychoéducation : (M.A.) à Laval

Sciences de l'orientation – recherche et intervention :
(M.A.) à Laval

Sciences humaines appliquées :
(Ph. D.) à Montréal

Science politique : (M. Sc.) et (Ph. D.) à Montréal;
(M.A.) et (Ph. D.) à Laval et UQAM

Sciences des religions : (M.A.) et (Ph. D.)
à l'UQAM et à Laval; (M.A.) et (Ph. D.) à Montréal

Sciences sociales appliquées : (Ph. D.) à l'UQO

Sciences sociales du développement territorial :
(M.A.) à l'UQO

Service social : (M. Sc.) et (Ph. D.) à Montréal;
(M.Serv.Soc.) et (Ph. D.) à Laval;
(M.Serv.Soc.) à Sherbrooke

Sexologie : (M.A.) et (Ph.D.) (sous réserve
d'approbation) à l'UQAM

Social and cultural anthropology : (M.A.) à Concordia

Social Work : (M.S.W.) et (Ph. D.) à McGill

Sociologie : (M.A.) et (Ph. D.) à Laval,
McGill et UQAM; (M. Sc.) et (Ph. D.)
à Montréal; (M.A.) à Concordia

Special individualized programm : (M.A.) et (Ph. D.) à
Concordia

Teaching of mathematics: (M.T.M.) à Concordia

Technologie éducative : (M.A.) et (Ph. D.) à Laval

Télédétection : (Ph. D.) à Sherbrooke

Théologie : (M.A.) et (Ph. D.) et (L.Th.) et (D.Th.) à Montréal; (M.A.) et (Ph. D.) à Laval; (M.A.) à Concordia;

Théologie - études bibliques : (Ph. D.) à Montréal

Théologie – études pastorales : (M.A.) à Laval

Théologie pratique : (M.A.) et (Ph. D.) à Montréal; (D.Th.P.) à Laval

Travail social : (M.A.) à l'UQO, UQAC, UQAM et UQAT

Traductologie : (M.A.) à Concordia

SCIENCES DE L'ADMINISTRATION

Administration : (M. Sc.) à Concordia; (M. Sc. en gestion) et (Ph. D.) à HEC Montréal; (M. Sc.) et (D.B.A.) à Sherbrooke et le (D.B.A.) est conjoint avec l'UQTR; (Ph.D.) à l'UQAM

Administration des affaires : (M.B.A.) et (Ph. D.) à Concordia et McGill; (MBA) à HEC Montréal (intensif et «en action»), Laval (affaires électroniques, comptabilité, expertise comptable, finance, gestion agroalimentaire, gestion de la santé et de la sécurité du travail, gestion des entreprises, gestion des technologies de l'information, gestion géomatique, gestion internationale, gestion manufacturière et logistique, gestion pharmaceutique, gestion pour cadres en exercice, global business, management, marketing, modélisation et décision organisationnelle, responsabilité sociale et environnementrale des organisations), UQAC, UQTR et Sherbrooke (programme régulier ou pour cadres en exercice), UQAM (cheminement général, spécialisé en entreprises collectives, en financement des entreprises, en gestion de la technologie, en gestion des villes et des métropoles, en immobilier, gestion de la mode (M.B.A.)), UQAT, UQAR (gestion de projet, programme exécutif CMA-M.B.A), (Campus de Lévis, pour cadres en exercice) et UQO (pour cadres en services financiers); (D.B.A.) UQTR programme conjoint avec Sherbrooke.

Administration publique : (M.A.P.), (M. Sc.) et (Ph. D.) à ENAP

Administration des services de santé : (M. Sc.) à Montréal

Affaires internationales : (M. Sc.en gestion) à HEC Montréal

Affaires publiques : (M.A.) (analyse et évaluation, finances publiques, gestion publique) à Laval

Analyse et gestion urbaines : (M.A.P.) à ENAP

Business administration : (Ph. D.) à Concordia

Commerce électronique : (M. Sc. en gestion) à Montréal conjoint avec HEC Montréal

Comptabilité financière et stratégique : (M.Sc.) à HEC Montréal

Comptabilité publique : (M. Sc. en gestion) à HEC Montréal

Conseil en management : (M.B.A.) à l'UQAM

Contrôle de gestion : (M. Sc. en gestion) à HEC Montréal

Développement du tourisme : (M. Sc.) à l'UQAM

Développement international et action humanitaire : (M.B.A.) à Laval

Développement organisationnel : (M. Sc. en gestion) à HEC Montréal

Droit, option fiscalité : (LL.M.) à Montréal conjoint avec HEC Montréal

Économique : (M. Sc.) et (Ph. D.) à l'UQAM; (M. Sc.) à Sherbrooke

Économie appliquée : (M. Sc. en gestion) à HEC Montréal

Économie du développement : (D.B.A.) à Sherbrooke

Économie et finance quantitative : (M.Sc.) à l'UQO

Économie financière appliquée : (M. Sc. en gestion) à HEC Montréal

Études organisationnelles : (M. Sc. en gestion) à HEC Montréal

Études urbaines : (Ph. D.) et (M. Sc.) à UQAM

Environnement : (M.Env.) à Sherbrooke

Exécutif CMA : (M.B.A.) à l'UQO

Executive MBA : (EMBA) à Concordia et conjoint HEC Montréal et McGill

Finance : (M. Sc. en gestion) à HEC Montréal; (M.B.A.) à McGill

Finance appliquée : (M. Sc.) à l'UQAM

Fiscalité : (M.Fisc.) à Sherbrooke; (LL.M.) à Montréal conjoint avec HEC Montréal

Gestion et gouvernance des coopératives et des mutuelles : (M.Adm.) à Sherbrooke

Gestion internationale : (M.B.A.) à McGill

Gestion des opérations et de la production : (M. Sc. en gestion) à HEC Montréal

Gestion des organisations : (M. Sc.) à l'UQAT; (M. Sc.) et (M. Sc. volet scientifique) à l'UQAC

Gestion des personnes en milieu de travail : (M. Sc.) à l'UQAR

Gestion de projet : (M.G.P.) à l'UQAC, l'UQAR (+Campus de Lévis), et ÉTS (projets de construction); (M.G.P.) et (M. Sc.) à l'UQAM, l'UQAT et l'UQO; (M.B.A.) à l'UQTR

Gestion des ressources humaines : (M. Sc. en gestion) à HEC Montréal

Gestion des ressources maritimes : (M. Sc.) et (Ph. D.) à UQAR

Global Strategy and Leadership : (M.B.A.) à McGill

Ingénierie financière : (M. Sc. en gestion) à HEC Montréal

Intelligence d'affaires : (M. Sc. en gestion) à HEC Montréal

International aviation : (I.A.M.B.A.) à Concordia

Investment management : (M.B.A.) et (M. Sc.) à Concordia

Logistique : (M. Sc. en gestion) à HEC Montréal

Management : (M.B.A.) (M.M.) et (Ph. D.) à McGill; (M. Sc. en gestion) à HEC Montréal

Management de projet : (Ph.D.) à l'UQAC

Marketing : (M. Sc. en gestion) à HEC Montréal; (M.B.A.) à McGill

Marketing analytique : (M. Sc.) à Laval

Méthodes analytiques de gestion : (M. Sc. en gestion) à HEC Montréal

Relations industrielles : (M.A.) et (Ph. D.) à Laval; (M. Sc.) et (Ph. D.) à Montréal; (M. Sc.) et (Ph.D) à UQO (relations industrielles et ressources humaines)

Sciences de l'administration : (M. Sc.) à Laval (administration, gestion du développement international et de l'action humanitaire, ingénierie financière) et (Ph.D.) à Laval (comptabilité, finance et assurance, gestion internationale, management, marketing, opérations et systèmes de décision, systèmes d'information organisationnels)

Sciences de l'administration – gestion internationale : (Ph. D.) à Laval

Sciences de l'administration – marketing analytique : (M. Sc.) à Laval

Sciences comptables : (M.B.A.) à l'UQO, l'UQAM et l'UQTR

Sciences de la gestion : (M. Sc.) à l'UQAM

Sciences et génie : (M.B.A.) à l'UQAM

Services financiers : (M.B.A.) à l'UQAM et l'UQO

Stratégie : (M. Sc. en gestion) à HEC Montréal

Technologies de l'information : (M. Sc. en gestion) à HEC Montréa; (M.Sc.) à l'UQAM et la TÉLUQ

BEAUX-ARTS

Art Education : (M.A.) et (Ph. D.) à Concordia; (M.Ed.)
à Bishop's

Art History : (M.A.) et (Ph. D.) à Concordia;
(M.A.) et (Ph. D.) à McGill

Art : (M.A.) à Laval et à l'UQAC

Arts visuels – art avec la communauté :
(M.A.) à Laval

Arts visuels et médiatiques : (M.A.) à l'UQAM

Communication : (M.A.) et (Ph.D.) à l'UQAM

Communications studies : (M.A.) et (Ph.D.) à McGill

Composition : (M.Mus.) à Laval; (M.Mus.) et
(D.Mus.) à McGill et Montréal

Creative arts therapy : (M.A.) à Concordia

Danse : (M.A.) à l'UQAM

Design de l'environnement : (M.Des.) et (M.A.) à
l'UQAM (sous réserve d'approbation)

Design multimédia : (M.A.) à Laval

Didactique instrumentale : (M.Mus.) à Laval

Direction chorale : (M.Mus.) à Sherbrooke

Éducation musicale : (M.Mus.) et (Ph.D.) à Laval

Enseignement des arts : (M.A.) à l'UQAM

Études cinématographiques : (M.A.) et (Ph. D.) à
Montréal

Études des arts : (arts visuels, histoire de l'art,
architecture) : (M.A.) à l'UQAM

Études et pratiques des arts : (Ph. D.) à l'UQAM

Film and moving image studies : (Ph. D.) à Concordia

Film studies : (M.A.) à Concordia

Histoire de l'art : (M.A.) et (Ph. D.) à Laval et l'UQAM;
(M.A.) et (Ph. D.) à Montréal, (Ph. D.
conjointement avec Concordia et Laval)

Interprétation : (M.Mus.) à Laval; (M.Mus.) et (D.Mus.) à Montréal

Muséologie : (M.A.) à l'UQAM

Muséologie, médiation, patrimoine : 2 profils offerts : (Ph. D. international) à l'UQAM conjointement avec l'université d'Avignon et des pays de Vaucluse (UAPV) en France et profil régulier (Ph.D.) à l'UQAM

Musicologie : (M.Mus.) et (Ph.D.) à Laval; (M.A.) et (Ph. D.) à McGill

Music Education : (M.A.) et (Ph. D.) à McGill

Music Technology : (M.A.) et (Ph. D.) à McGill

Music Theory : (M.A.) et (Ph. D.) à McGill

Musique : (M.Mus.) et (Ph. D.) à Laval; (M.A.) et (Ph. D.) à Montréal

Musique – musicologie : (Ph. D.) à Laval

Performance : (M.Mus.) et (D.Mus.) à McGill

Sound Recording : (M.Mus.) à McGill

Studio arts : (M.F.A.) à Concordia

Théâtre : (M.A.) à l'UQAM

LETTRES ET LANGUES

Applied Linguistics : (M.A.) à Concordia

Didactique des langues : (M.A.) à l'UQAM

Education (leadership or curriculum studies) : (M. Ed.) à Bishop's

English : (M.A.) à Concordia; (M.A.) et (Ph. D.) à McGill

Éthique : (M.A.) à UQAR

Études allemandes :(M.A.) à Montréal

Études anglaises : (M.A.) et (Ph. D.) à Montréal

Études françaises : (M.A.) et (Ph. D.) à Sherbrooke

Études hispaniques :(M.A.) à Montréal

Études littéraires : (M.A.) à l'UQAR; (M.A.) et (Ph. D.) à Laval et l'UQAM

French : (M.A.) et (Ph. D.) à McGill

German : (M.A.) et (Ph. D.) à McGill

Italian : (M.A.) à McGill

Lettres : (M.A.) communication sociale, études littéraires)) et (Ph. D.) à l'UQTR; (M.A.) et (Ph. D.) à l'UQAC; (M.A) à l'UQAR

Linguistique : (M.A.) à UQAC; (M.A.) et (Ph. D.) à Laval, McGill, Montréal et UQAM

Linguistique – didactique des langues : (M.A.) et (Ph. D.) à Laval

Linguistique – traductologie : (Ph. D.) à Laval

Littérature : (Ph. D.) à Montréal

Littérature canadienne comparée : (M.A.) et (Ph. D.) à Sherbrooke

Littérature comparée : (M.A.) à Montréal

Littératures d'expression anglaise : (M.A.) et (Ph. D.) à Laval

Littératures d'expression espagnole : (M.A.) et (Ph. D.) à Laval

Littérature et arts de la scène et de l'écran : (M.A.) et (Ph. D.) à Laval

Littératures francophones et résonance médiatiques : (M.A.) à Concordia

Littérature italienne : (M.A.) à McGill

Littératures de langue française : (M.A.) et (Ph. D.) à Montréal

Russian : (M.A.) et (Ph. D.) à McGill

Sémiologie : (Ph. D.) à UQAM

Traduction : (M.A.) et (Ph. D.) à Montréal

Traduction et terminologie : (M.A.) à Laval

La liste et les adresses des établissements universitaires du Québec

Universités
Écoles
Instituts

N.B. : Tous les établissements inclus dans cette liste préparent les étudiants à l'obtention du baccalauréat de premier cycle à l'exception de ENAP et INRS : la TÉLUQ offre des certificats (avec la possibilité d'obtenir un baccalauréat par cumul de trois certificats) et maintenant certains baccalauréats, tandis que l'ENAP et l'INRS n'offrent que des programmes de 2e et 3e cycles. Concrètement l'Institut Armand-Frappier (IAF) est intégré à l'INRS et la TÉLUQ à l'UQAM.

HEC Montréal et Polytechnique sont affiliées à l'Université de Montréal.

Université Bishop's
2600 College Street
Sherbrooke (Québec)
J1M 1Z7
Tél. : Bureau de recrutement et renseignements sur les
    programmes : 819.822.9600 (poste 2681)
    1.877.822.8200 : sans frais
    Bureau d'admissions : 819.822.9600 (poste 2680)
    1.877.822.8200 : sans frais
Adresse Internet : http://www.ubishops.ca
Courrier électronique : recruitment@ubishops.ca

Université Concordia
Adresse générale
1455, rue de Maisonneuve Ouest
Montréal (Québec)
H3G 1M8

Campus Loyola et Campus Sir George Williams

Tél. : 514.848.2424 : numéro général de l'Université
Adresse Internet : http://www.concordia.ca
Courrier électronique :www.connect2concordia.ca

Université Laval
2325, rue de l'Université
Québec (Québec)
G1V 0A6
www.ulaval.ca
    Renseignements généraux : 418.656.3333
    webmestre@ulaval.ca
    Possibilités d'études et exigences d'admission : Bureau
    du recrutement : 418.656.2764 ou 1.877.606.5566
    info@ulaval.ca
    Demande d'admission et suivi du dossier des études :
    Bureau du registraire : 418.656.3080 ou 1.877.785.2825,
    poste 3080 : reg@reg.ulaval.ca

Université McGill
Point de service
3415, rue McTavish
Montréal (Québec)
H3A 1Y1
Tél. : 514.398.7878 : renseignements généraux
Adresse Internet : http://français.mcgill.ca/prospective/
Formulaire de demande d'admission électronique:
http: //français.mcgill.ca/applying/online/

Université McGill – Campus Macdonald
21111, chemin Lakeshore
Ste-Anne-de-Bellevue (Québec)
H9X 3V9
Tél. : 514.398.7928
Adresse Internet : http://www.mcgill.ca/macdonald/

Université de Montréal
Service de l'admission et du recrutement
2332, boul. Édouard-Montpetit
Pavillon J.-A.-DeSève
3e étage
Tél. : 514.343.7076 : bureau des admissions
Courrier électronique : admissions@sar.umontreal.ca
Adresse Internet :
www.futursetudiants.umontreal.ca/fr/index.html
Adresse postale :
C.P. 6205, succursale Centre-ville
Montréal (Québec)   H3C 3T5

HEC Montréal
3000, chemin de la Côte-Sainte-Catherine
Montréal (Québec)   H3T 2A7
Tél. :514.340.6000 : numéro général
Adresse Internet : www.hec.ca
www.facebook.com/HECMontreal

HEC Montréal, Registrariat
5255, Avenue Decelles
Montréal (Québec) H3T 2B1
Tel. : 514.340.6151
registraire.info@hec.ca

Polytechnique Montréal
Campus de l'Université de Montréal
C.P. 6079,
Succursale Centre-ville
Montréal (Québec)   H3C 3A7
Tél. : 514.340.4711 : renseignements généraux
       514.340.4711, poste 4928 : information scolaire
Courrier électronique : monavenir@polymtl.ca
Adresse Internet (université) : www.polymtl.ca

Université du Québec à Chicoutimi
555, boulevard de l'Université
Chicoutimi (Québec)
G7H 2B1
Tél. : 418.545.5011 ou
       1.800.463.9880 : numéro général de l'Université
       418.545.5030 : information universitaire
       418.545.5005 : Bureau du registraire
Adresse Internet : www.uqac.ca

Université du Québec à Montréal
Bureau du recrutement
C.P. 8888
Succursale Centre-ville
Montréal (Québec)
H3C 3P8
Tél. : 514.987.0007

UQAM Registrariat (service aux clientèles universitaires)
Pavillon J.-A.- DeSève
Local DS-R110 (rez-de-chaussée)
320, rue Ste-Catherine Est
Montréal (Québec)
H2X 1L7
Tel. : 514.987.3132
Courrier électronique : admission@uqam.ca
Adresse Internet : www.etudier.uqam.ca

Université du Québec à Trois-Rivières
3351, boulevard des Forges, C.P. 500
Trois-Rivières (Québec)
G9A 5H7
Tél. : 819.376.5011 : centre de ressources multiservice
      819.376.5210 : télécopieur
      1.800.365.0922 : de l'extérieur
Courrier électronique : infoprogramme@uqtr.ca
Adresse Internet : www.uqtr.ca

Université du Québec à Rimouski
300, Allée des Ursulines, C.P. 3300, succ. A
Rimouski (Québec) G5L 3A1
Tél. : 418.723.1986 : numéro général de l'Université
      418.724.1433 : bureau des admissions
      1.800.511.3382 : information sur les programmes
      1.418.724.1708 : télécopieur
Courrier électronique : uqar@uqar.ca
Adresse Internet : http://www.uqar.ca

Campus de Lévis
1595, Boulevard Alphonse-Desjardins
Lévis (Québec)
G6V 0A6
Tél. : 418.833.8800 ou 1.800.463.4712
Courrier électronique : campus_levis@uqar.ca

Université du Québec en Outaouais
C.P. 1250, succursale Hull
283, boul. Alexandre-Taché
Gatineau (Québec)
J8X 3X7
Tél. : 819.595.3900 : numéro général de l'Université
      819.773.1850 : bureau du registraire et services aux étudiants
      1.800.567.1283 : de l'extérieur
Adresse Internet : http://www.uqo.ca
      Pour les futurs étudiants : www.uqo.ca/futurs-etudiants
Courrier électronique : questions@uqo.ca

UQO / Campus de Saint-Jérôme
5, rue Saint-Joseph
Saint-Jérôme (Québec)
J7Z 0B7
Tél. : 450.530.7616
Courrier électronique : saintjerome@uqo.ca
Adresse Internet : uqo.ca/saint-jerome

Université du Québec en Abitibi-Témiscamingue
445, boul. de l'Université
Rouyn-Noranda (Québec)
J9X 5E4
Tél. : 819.762.0971 : numéro général de l'Université
     819.762.0971 : bureau du registraire - poste 2210
     877.870.8728 : numéro sans frais pour l'extérieur
     819.797.4727 : Télécopieur
Adresse Internet : www.uqat.ca
Courrier électronique : registraire@uqat.ca

École de technologie supérieure
1100, rue Notre-Dame Ouest
Montréal (Québec) H3C 1K3
Tél. : 514.396.8888 : bureau du registraire
     1.888.394.7888 : de l'extérieur, sans frais
     514.396.8831 : télécopieur
Courrier électronique : admission@etsmtl.ca
Adresse Internet : http://www.etsmtl.ca

Télé-université
TÉLUQ – Université du Québec
455, rue du Parvis
Québec (Québec)
G1K 9H6
Tél. : 1.888.843.4333 ou 418.657.3695 (Québec et environs)
Courrier électronique : info@teluq.ca
Adresse Internet : http://www.teluq.ca

Bureau de Montréal
100, rue Sherbrooke Ouest
Montréal (Québec)
H2X 3P2

Université de Sherbrooke
Section information et recrutement
Bureau de la registraire
2500, boulevard de l'Université
Sherbrooke (Québec)
J1K 2R1
Tél. : 819.821.7688 : service de l'admission
     819.821.7686 : renseignements sur les programmes
     1.800.267.8337 : information sans frais
Renseignements : www.USherbrooke.ca/information
Adresse Internet : http://www.usherbrooke.ca
Télécopieur : 819.821.7966

École nationale d'administration publique
555, boulevard Charest-Est
Québec (Québec)
G1K 9E5
Tél. : 418.641.3000 #6114
Télécopieur : 418.641.3055
Courrier électronique : brelquebec@enap.ca
Adresse Internet : http://www.enap.ca

Campus de Montréal
École nationale d'administration publique
4750, rue Henri-Julien, 5ᵉ étage
Montréal (Québec)
H2T 3E5
Tel. : 514.849.3449
Télécopieur : 514.849.3369
Courrier électronique : brelmontreal@enap.ca

Campus de Gatineau
École nationale d'administration publique
283, boul. Alexandre-Taché, aile D
Case Postale 1250, succursale Hull
Gatineau (Québec)
J8X 3X7
Tel. : 819.771.6095 #2232
Télécopieur : 819.771.6162
Courrier électronique : brelgatineau@enap.ca

Campus de Saguenay
École nationale d'administration publique
637, boulevard Talbot
Chicoutimi (Québec)
G7H 6A4
Tel. : 418.545.5035
Télécopieur : 418.545.0483
Courrier électronique : brelsaguenay@enap.ca

Campus de Trois-Rivières
École nationale d'administration publique
Pavillon Ringuet – UQTR, local 1116, CP. 500
3351, boulevard des Forges
Trois-Rivières (Québec)
G9A 5H7
Tel. : 819.376.5058
Courrier électronique : breltroisrivieres@enap.ca

Institut national de la recherche scientifique
490, rue de la Couronne
Québec (Québec)
G1K 9A9
Tél. : 418.654.INRS (4677)
Télécopieur : 418.654.2525
Adresse Internet : http://www.inrs.ca
Courrier électronique : registrariat@adm.inrs.ca

Bibliographie

Baccalauréats et Doctorats de 1er cycle, 2012-2013, UQTR, 127 pages

Sites Web des universités, 2012

Statistiques d'admission, 2011, Sherbrooke

Statistiques d'admission, 2011, UQAM

Statistiques d'admission, 2011, UQAR

Statistiques d'admission, 2011, UQTR

Statistiques d'admission, Automne 2011, CRÉPUQ

†Mises à jour directement par les universités : Concordia, ÉTS, HEC Montréal, Laval, Montréal, Polytechnique Montréal, Sherbrooke, TÉLUQ, UQAC, UQAM, UQAR, UQAT, UQO, UQTR

Universités n'ayant pas fait de mise à jour pour la version du Guide 2013 : Bishop's, ÉNAP, INRS, McGill

Index alphabétique des programmes

LA